本书得到以下单位资助出版：
☆内蒙古财经大学
☆中蒙俄经贸合作与草原丝绸之路经济带
构建研究协同创新中心

内蒙古自治区
社会经济发展
蓝皮书

总主编／杜金柱　侯淑霞

内蒙古自治区
区域经济发展报告
（2016）

主　编＼王世文　金　良
副主编＼哈斯巴根　代志波　李玉刚
　　　　周春生　　乌云嘎　王　岩

REGIONAL ECONOMIC DEVELOPMENT
REPORT ON INNER MONGOLIA（2016）

经济管理出版社
ECONOMY & MANAGEMENT PUBLISHING HOUSE

图书在版编目（CIP）数据

内蒙古自治区区域经济发展报告（2016）／内蒙古财经大学资源环境与可持续发展研究所编著 . —北京：经济管理出版社，2015. 12

ISBN 978 - 7 - 5096 - 4185 - 9

Ⅰ . ①内…　Ⅱ . ①内…　Ⅲ . ①区域经济发展—研究报告—内蒙古—2014　Ⅳ . ①F127. 26

中国版本图书馆 CIP 数据核字（2015）第 311817 号

组稿编辑：王光艳
责任编辑：许　兵
责任印制：黄章平
责任校对：董杉珊

出版发行：经济管理出版社
　　　　　（北京市海淀区北蜂窝 8 号中雅大厦 A 座 11 层　100038）
网　　　址：www. E－mp. com. cn
电　　　话：（010）51915602
印　　　刷：北京九州迅驰传媒文化有限公司
经　　　销：新华书店
开　　　本：720mm×1000mm/16
印　　　张：15
字　　　数：286 千字
版　　　次：2017 年 7 月第 1 版　2017 年 7 月第 1 次印刷
书　　　号：ISBN 978 - 7 - 5096 - 4185 - 9
定　　　价：98. 00 元

总　序

　　2015 年，面对错综复杂的国际形势和艰巨繁重的国内改革发展稳定任务，内蒙古自治区各族人民在自治区党委、政府的正确领导下，深入学习贯彻党的十八大，十八届三中、四中、五中全会及习近平总书记系列重要讲话精神，按照"五位一体"总体布局和"四个全面"战略布局的总要求，牢固树立和贯彻落实创新、协调、绿色、开放、共享的发展理念，主动适应经济发展新常态。

　　《内蒙古自治区 2015 年国民经济和社会发展统计公报》显示，2015 年末全区常住人口为 2511.04 万人，比 2014 年增加 6.23 万人。人口自然增长率为 2.4‰。城镇化率达到 60.3%，比 2014 年提高 0.8 个百分点。全区实现地区生产总值 18032.8 亿元，按可比价格计算，比 2014 年增长 7.7%。全年居民消费价格总水平比 2014 年上涨 1.1%。年末全区城镇单位就业人员为 292.6 万人。年末城镇登记失业率为 3.65%。全年实现失业人员再就业人数为 6.1 万人。全年完成一般公共预算收入 1964.4 亿元，一般公共预算支出 4290.1 亿元，分别比 2014 年增长 6.5% 和 10.6%。财政收入在增收困难较大的情况下，顺利完成了全年增长目标。全年农作物总播种面积 756.8 万公顷，比 2014 年增长 2.9%。年末全区农牧业机械总动力为 3805.1 万千瓦，比 2014 年增长 4.8%；综合机械化水平达到 81.4%。全年全部工业增加值为 7939.2 亿元，比 2014 年增长 8.2%。全区规模以上工业企业实现主营业务收入 18522.7 亿元，比 2014 年下降 0.3%；实现利润 940.5 亿元，比 2014 年下降 23.8%。全年规模以上工业企业产品销售率为 96.6%，产成品库存额为 643.2 亿元，比 2014 年增长 0.7%。全年建筑业增加值为 1263.2 亿元，比 2014 年增长 6.7%。全年全社会固定资产投资总额为 13824.8 亿元，比 2014 年增长 14.5%。其中，500 万元以上项目完成固定资产投资 13651.7 亿元，比 2014 年增长 14.5%。新开工项目 12695 个，比 2014 年增长 2.4%；在建项目投资总规模 35672 亿元，比 2014 年下降 0.1%。全年社会消费品零售总额为 6107.7 亿元，比 2014 年增长 8.0%。全年海关进出口总额为 790.4

亿元，比 2014 年下降 11.6%。全年实际使用外商直接投资额 33.7 亿美元，比 2014 年下降 15.4%。全年完成货物运输总量 20.9 亿吨，比 2014 年增长 2.1%。全年完成旅客运输总量 19820 万人，比 2014 年增长 0.2%。年末全区民用汽车保有量为 400.1 万辆，比 2014 年增长 7.6%；全年邮电业务总量（2010 年不变价）为 400.3 亿元，比 2014 年增长 19.1%。全年实现旅游总收入 2257.1 亿元，比 2014 年增长 25.0%。接待入境旅游人数 160.8 万人次，比 2014 年下降 3.8%；旅游外汇收入 9.6 亿美元，比 2014 年下降 4.0%。国内旅游人数为 8351.8 万人次，比 2014 年增长 12.6%；国内旅游收入为 2193.8 亿元，比 2014 年增长 25.7%。年末全区金融机构人民币存款余额为 18077.6 亿元，全年新增存款 1641.3 亿元，比 2014 年增长 11.0%。全年全体居民人均可支配收入为 22310 元，比 2014 年增长 8.5%。数据显示，2015 年内蒙古自治区社会经济总体发展实现了稳中有进、稳中有好、进中有创、创中提质的良好态势，结构调整出现积极变化，改革开放不断深化，民生事业持续进步，经济社会发展迈上新台阶，实现了"十二五"圆满收官，为"十三五"经济社会发展、决胜全面建成小康社会奠定了坚实基础。

为真实反映内蒙古自治区社会经济发展全景，为内蒙古自治区社会经济发展提供更多的智力支持和决策信息服务，2013 年，由内蒙古财经大学组织校内学者编写了《内蒙古自治区社会经济发展研究报告丛书》，丛书自出版以来，受到社会各界的广泛关注，亦成为社会各界深入了解内蒙古自治区的一个重要窗口。2016 年，面对新的社会经济发展形势，内蒙古财经大学的专家学者们再接再厉，推出全新的《内蒙古自治区社会经济发展蓝皮书》，丛书的质量和数量均有较大提升，力图准确诠释 2015 年内蒙古自治区社会经济发展的诸多细节，书目包括《内蒙古自治区区域经济综合竞争力发展报告（2016）》《内蒙古自治区文化产业发展报告（2016）》《内蒙古自治区旅游业发展报告（2016）》《内蒙古自治区社会保障发展报告（2016）》《内蒙古自治区财政发展报告（2016）》《内蒙古自治区能源发展报告（2016）》《内蒙古自治区金融发展报告（2016）》《内蒙古自治区投资发展报告（2016）》《内蒙古自治区对外经济贸易发展报告（2016）》《内蒙古自治区中小企业发展报告（2016）》《内蒙古自治区区域经济发展报告（2016）》《内蒙古自治区工业发展报告（2016）》《蒙古国经济发展现状与展望（2016）》《内蒙古自治区商标品牌发展（2016）》《内蒙古自治区惠农惠牧政策促进农牧民增收发展报告（2016）》《内蒙古自治区物流业发展报告（2016）》。

一个社会的存续与发展，有其特定的社会和经济形态，同时也离不开独有的思想意识、价值观念和技术手段。秉承社会主义核心价值观、使命意识和学术的职业要求是当代中国学者应有的担当，正是基于这样的基本态度，我们编撰了本套丛书，丛书崇尚学术精神，观点坚持学术视角，客观务实，兼容并蓄；内容上专业深入，丰富实用；兼具科学研究性、实际应用性、参考指导性，希望能给读者以启发和帮助。

丛书的研究成果或结论属个人或研究团队观点，不代表单位或官方结论。由于研究者水平有限，特别是当前复杂的世界政治经济形势下的社会演进节奏日新月异，对社会科学研究和发展走向的预测难度可想而知，因此书中结论难免存在不足之处，恳请读者指正。

编委会

2016.8

序　言

21世纪以来，在世界经济多极化、区域化的背景下，随着经济的快速发展和地区差距的不断拉大，我国经济的地方特色更加凸显，经济发展多样化、多极化、区域化、城镇化等趋势更加明显，区域合作不断增强。自2012年以来，随着世界经济发展的放缓，国际政治格局的变动，经济大国贸易保护主义抬头迹象明显，国际经济不确定因素增加，国际贸易增速更低，大宗商品价格深度下跌，国际金融市场震荡加剧，国际经济合作和国际区域经济一体化迷雾重重。中国作为第二经济大国，为了推动国际区域经济协调发展，促进世界资源的优化配置，提出了区域经济发展战略，制定了多项区域经济发展规划。2013年提出了"一带一路"构想，随着"一带一路"规划的制定和实施，区域经济出现了一些新的态势和特点，国内区域经济进入新常态发展阶段。

面对国内和国际经济的复杂环境，我国经济面临三期叠加以及结构性调整的压力，经济发展进入新常态，经济增长总体上呈现下行企稳、中高速增长的态势，2015年中国政府坚持稳中求进工作总基调，坚持稳增长、调结构、惠民生、防风险，主动适应和引领新常态，不断创新宏观调控方式，深入推进结构性改革，扎实推动"大众创业、万众创新"，经济保持了总体平稳、稳中有进、稳中有好的发展态势。经济运行保持在合理区间，结构调整成效显著，转型升级步伐加快，民生事业持续进步，实现了"十二五"比较圆满收官。2016年，我国经济迎来"十三五"时期，全面建成小康社会决胜阶段的开局之年，也是推进结构性改革的攻坚之年。中央政府按照"五位一体"总体布局和"四个全面"战略布局，贯彻落实创新、协调、绿色、开放、共享的发展理念，坚持稳中求进工作总基调，坚持稳增长、调结构、惠民生、防风险，全面推进"去产能、去库存、去杠杆、降成本、补短板"五大任务，积极推进供给侧结构性改革。继续优化对外开放区域布局，推进外贸优进优出，积极利用外资，加强国际产能和装备制造合作，加快自贸区及投资协定谈判，积极参与全球经济治理等工作。

内蒙古自治区幅员辽阔、自然条件复杂、地区发展经济条件差异很大，各地经济发展不平衡，地方经济多样化，区域化的趋势日益突出。经过多年的发展，已经形成了以呼包鄂经济区为核心、沿黄沿线经济带为国家西部重点资源经济基地，和各类区域经济带及区域经济发展极。进入"十三五"时期，内蒙古自治区发展既面临诸多有利条件和因素，也存在不少困难和挑战。在统筹推进"五位一体"总体布局和协调推进"四个全面"战略布局，坚持稳中求进工作总基调，贯彻落实新发展理念，推进供给侧结构性改革，加快推动转型升级，促进"五化协同"，抓好稳增长、促改革、调结构、惠民生、防风险，推进经济平稳健康发展和社会和谐稳定的过程中，区域经济结构增长在发生新的变化、呈现出新特点和趋势。为了展现自治区区域经济发展新动态、把握自治区区域经济发展趋势，为自治区各级领导和职能部门提供咨询服务，进一步提高内蒙古财经大学的研究能力和学术水平，促进学术研究成果的转化，更好地服务于社会，我们组织内蒙古财经大学资源与环境经济学院部分教师，编写《内蒙古自治区区域经济发展报告（2016）》。

本书由"自治区区域经济发展总报告""重点区域经济发展报告""专题报告"组成。由于时间仓促，水平有限，报告还存在不少问题，将在今后工作中加以改进。

目　录

专题报告

自治区区域经济发展总报告

第 一 章

内蒙古自治区区域经济发展概论

一、区域经济发展背景与环境

(一) 国际经济发展环境

20 世纪 90 年代以来，世界已经逐步形成欧洲联盟、北美自由贸易区和亚太地区自由贸易区三大经济圈。世界经济区域化、一体化的趋势在波折和竞争中不断发展，三大经济圈相互交融。"商品、劳务、人员、资本"超越国界，实现市场化配置。尽管三大经济圈经济合作形式各异、合作深度不同，但是地域经济合作缩小了"地域的差异性"，缓解了"排他性"，建立了区域间统一市场，形成了新的经济增长点。2008 年全球金融危机后，全球经济步入产业转型和产业再布局进程。美国等发达国家的再工业化战略意在让制造业和就业回流，受到劳动、资源、资本等生产要素价格变动的影响，部分产业布局进入重大调整期，国际区域经济合作出现了新的变化：一方面，一些主要大国国内政治格局变化带来对外关系和政策的调整；另一方面，世界大国经济实力的变化和科技进步带来国际经济结构重大调整和利益的重新分配。世界三大经济圈的区域经济合作面临新的机遇和挑战。

从各大经济体政策走势来看，美国特朗普的上台，实现了由"政治家治国"到"商人治国"的过渡。在对外政策方面，特朗普主张贸易保护和"新孤立主义"的政策。他强调，要充分利用美国能源资源，把流向海外的制造业就业机会重新带回美国。在亚太经济合作方面，特朗普明确表示，《跨太平洋伙伴关系协定》（TPP）与美国发达国家的地位和环保的要求是相违背的，不支持 TPP。在北美经济区域合作方面，特朗普主张重新修订 20 世纪 90 年代克林顿总统签署的《北美自由贸易协议》条款，不能继续让美国制造业工作岗位跨过格兰德河，流入墨西哥，如果《北美自由贸易协议》相关条款不能修改，美国将会彻底放弃该协议。特朗普要求对部分墨西哥商品征收高达 35% 的关税，关闭墨西哥的"血汗工厂"，夺回美国工人的就业机会。种种迹象表明，他上任后将加强贸易执法，对进行"不公平倾销和补贴"的国家征收惩罚性关税，实行一系列贸易保护政策，反对经济全球化。

在欧盟，英国举行了全民公投，决定英国退出欧盟。这对于英国而言会使其更不开放、缺乏创新。伦敦政治经济学的研究报告认为：即使最乐观估计，英国的 GDP 损失规模也将达到 2.2%，相当于再发生一次 2008～2009 年的金融危机，将大大降低它对全球经济的影响力。这也会使美国失去它最亲密的欧洲伙伴和有关该地区的重要安全信息来源，美国在欧洲的影响力可能会受到损失。不仅如此，特别是影响到伦敦国际金融中心及资金避风港的地位，将对整个欧洲造成负面冲击。投资者担心英国脱欧，会使爱尔兰、西班牙、葡萄牙和意大利等国受到影响。意大利脱欧公投虽然失败，但是给欧洲经济区域合作带来不小的影响，增加了欧洲政治和经济的不确定性。

在亚太地区，美国继任总统特朗普明确表示不支持《跨太平洋战略经济伙伴关系协定》（TPP）给亚太经济合作蒙上一层阴影。东北亚区域经济一体化受中日韩三国在历史、领土争议、安全问题以及经济主导权等方面的影响，中日韩自贸区和区域全面经济伙伴关系协定（RCEP）谈判进展缓慢，使东北亚区域经济合作受到很大影响，区域投资、贸易、金融等方面合作使增速放缓，甚至一些领域合作出现负增长。

从国际经济情势来看，在贸易方面，投资、对外开放都出现了比较明显逆转的迹象。在欧洲，主要经济大国德国也开始出现反对对外开放，反对全球化的浪潮。根据欧洲议会"G20国家的保护主义"研究报告，梳理连续六年来全球一些监测机构对欧洲保护主义监测资料，发现一些国家没有推进贸易自由化，而是实施保护主义政策。2016年以来，欧美日发达国家或地区采取的贸易保护措施不断增多。据WTO的报告，到2016年5月，20国成员集团实施了新的贸易限制措施，平均每月20项。根据有关统计，自2015年以来G20成员国采取了1400多项贸易保护措施，与贸易自由化原则背道而驰。从全球整体观察，世界政治和经济的因素交织在一起，全球经贸关系中的不确定性、不稳定性和不平衡性的因素在增多。特别是金融体系的脆弱性凸显，金融市场敏感震荡，地缘政治风险加剧，恐怖袭击频发等都对全球经济造成了重大的影响。

在逆全球化和贸易保护主义抬头的背景下，也并非没有新亮点。在经济信息化、服务化趋势的推动下，全球服务业贸易快速增长。服务贸易开始成为新一轮经济全球化的引擎，成为拉动世界经济增长的新动力。从长期发展趋势而言，市场开放是经济转型与全球化的大趋势，是世界各国经济发展的客观要求，应对经济结构调整，维系世界经济秩序，加强全球环境治理，建立包容性、联动性世界经济发展机制，是发达国家和新兴经济体共同合作的历史使命。

（二）我国国际经济战略的新突破

1. "一带一路"的提出和实施

"一带一路"，是习近平主席在2013年9月7日访问哈萨克斯坦的重要演讲中首次提出的；主张加强政策沟通、道路联通、贸易畅通、货币流通、民心相通，共同建设"丝绸之路经济带"（如图1-1所示）。2013年10月3日，习近平主席在印度尼西亚国会演讲中，又提出中国致力于加强同东盟国家的互联互通建

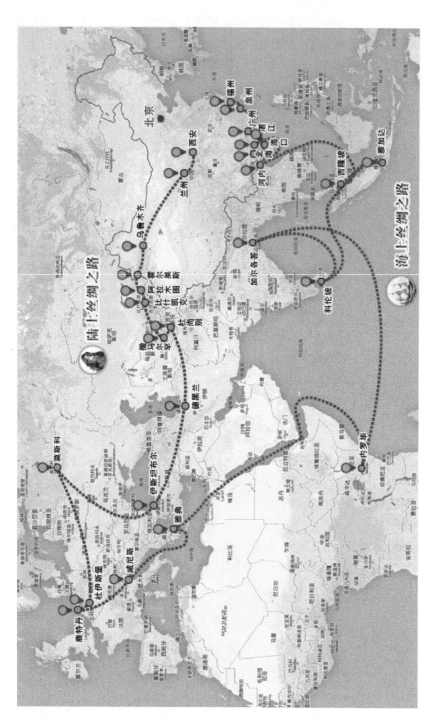

图 1-1 我国"一带一路"示意图

设，愿同东盟国家发展好海洋合作伙伴关系，共同建设"21世纪海上丝绸之路"。

"一带一路"是建立在"秉持和平合作、开放包容、互学互鉴、互利共赢"的理念基础上，全方位推进务实国际合作，促进国内区域开发开放与国际经济合作，打造政治互信、经济融合、文化包容的利益共同体、命运共同体和责任共同体。

（1）"一带一路"的路径。"21世纪海上丝绸之路"重点方向是从中国沿海港口过东南亚、南亚、印度洋、南太平洋贯穿亚非大陆，连接发达的欧洲经济圈，共同建设通畅、安全、高效的运输大通道，带动中间发展潜力巨大的国家经济发展。丝绸之路经济带，从中国经中亚、西亚至波斯湾、地中海至欧洲（波罗的海），依托陆上国际大通道，以沿线中心城市为支撑，以重点经贸产业园区为合作平台，共同打造新亚欧大陆桥、中蒙俄、中国—中亚—西亚、中国—中南半岛等国际经济合作走廊。

（2）"一带一路"的目的。"一带一路"的目的在于携手各国共同努力，通过海上和路上交通，把亚、欧、非联系起来，促进开发市场潜力，创造就业，提升投资，促进跨境文化、经贸往来，共同实现沿线各国开放合作的经济发展愿景，朝着互利互惠、共同安全的目标前进。努力实现区域基础设施更加完善，安全高效的陆海空通道网络基本形成，互联互通达到新水平；投资贸易便利化水平进一步提升，高标准自由贸易区网络基本形成，经济联系更加紧密，政治互信更加深入；人文交流更加广泛深入，不同文明互鉴共荣，各国人民相知相交、和平友好。

2. 中蒙俄经济走廊

中蒙俄经济走廊是"一带一路"规划六大经济走廊之一。2014年9月11日，习近平在出席中俄蒙三国元首会晤时，提出共建丝绸之路经济带倡议，获得俄方和蒙方的积极响应。建议把丝绸之路经济带同俄罗斯跨欧亚大铁路、蒙古国草原之路倡议进行对接，打造中蒙俄经济走廊，即把中国"一带一路"同蒙古国"草原之路"和俄罗斯"跨欧亚大通道建设"有机地结合起来。共同建设从华北的京津冀开始通过内蒙古自治区再到蒙古国和俄罗斯以及沿着老中东铁路从大连、沈阳、长春、哈尔滨到满洲里和俄罗斯的赤塔两个国际通道。构建全方位深化与俄罗斯、蒙古国合作的重要通道，构建连通东亚经济圈和欧洲经济圈的重要桥梁。

中华人民共和国、蒙古国和俄罗斯联邦三国以发展传统友好、互利的经贸关系作为三国外交政策的战略方向之一，根据三方2015年7月9日在乌法签署的关于建设中蒙俄经济走廊规划纲要的谅解备忘录，以对接丝绸之路经济带、欧亚经济联盟以及"草原之路"倡议为目标，以平等、互利、共赢原则为指导，制定建设中蒙俄经济走廊规划纲要。

2016年9月13日，国家发改委正式公布《建设中蒙俄经济走廊规划纲要》（以下简称《规划纲要》）。建设经济走廊旨在通过在增加三方贸易量、提升产品竞争力、加强过境运输便利化、发展基础设施等领域实施合作项目，进一步加强中国、蒙古和俄罗斯三边合作。经济走廊以建设和拓展互利共赢的经济发展空间、发挥三方潜力和优势、促进共同繁荣、提升在国际市场上的联合竞争力为愿景。《规划纲要》重点关注以下七个方面的合作领域：促进交通基础设施发展及互联互通；加强口岸建设和海关、检验检疫监管；加强产能与投资合作；深化经贸合作；拓展人文交流合作；加强生态环保合作；推动地方及边境地区合作。中蒙俄经济走廊的建设，将促进东北亚地区经济一体化，实现各国发展战略对接，为基础设施互联互通、贸易投资稳步发展、经济政策协作和人文交流奠定坚实基础。

我国在地理位置上与蒙俄两国毗邻，为中蒙俄贸易快速发展提供了有利条件，我国已成为蒙俄两国重要的贸易伙伴。根据显示性竞争优势指数（CA）可知，中蒙、中俄两国比较优势产品相互交错，贸易互补性大于竞争性；根据贸易结合度指数（TCD）可知，中蒙、中俄贸易联系密切，具有贸易发展潜力。

内蒙古自治区地处祖国北疆，东西拥有4200公里的对俄、对蒙边境线，开通有满洲里、二连浩特、甘其毛都等19个口岸，汇集着中蒙俄等国家或地区的物流、人流、资金流，处于跨部门、跨地区、跨国界，承东启西、北开南联的关键节点，是中蒙俄经济走廊的重要组成部分。《内蒙古党委、政府关于进一步加强同俄罗斯和蒙古国交往合作的意见》等一系列深化与俄蒙合作的政策性文件，还在继续推进跨境基础设施互联互通，提升口岸通关便利化等方面做足了"文章"。2016年内蒙古自治区第十次党代会提出，要完善对外开放战略布局，积极推进中蒙俄经济走廊建设，完善同俄蒙合作机制，深化各领域合作，加快建设我国向北开放的重要桥头堡，为建设内蒙古自治区沿边经济带，促进区域经济协调发展提出了新的思路。

（三）我国区域经济发展及新动态

从"十一五"后期至"十二五"期间，我国区域经济发展进入前所未有的阶段。在城镇化进程与经济区域化进程加快的背景下，城市群作为国家参与世界竞争与国内外分工的全新地域单元，深刻影响着区域经济发展格局变化。城市群是未来区域经济中最具活力和潜力的核心地区，是主体功能区战略的重点，代表着未来经济发展的重要方向。

1. 多元化、多层次区域经济格局已经形成

随着国家交通、通信等基础设施的不断完善，城镇化、工业化进程加快，在全

国"三大经济带、四大经济板块"区域基本格局的基础上,区域经济分工合作出现细分化和相互交融的趋势。根据新时期的发展要求,国家大力优化区域发展布局,积极推进西部大开发,更充分地发挥中部地区的综合优势,支持中西部地区加快改革发展,振兴东北地区等老工业基地,鼓励有条件的东部地区率先基本实现现代化,逐步形成东、中、西部经济互联互动、优势互补、协调发展的新格局。经过多年发展和区域经济要素重组,已经或正在建设珠三角城市群、长三角城市群、京津冀城市群、长江中游城市群、成渝城市群、哈长城市群等19个城市群。

珠三角城市群,是三个特大城市群之一,是我国乃至亚太地区最具活力的经济区之一,它集吸引外资、对外投资、贸易、物流、金融等多项功能于一体,是最重要的重化工业和机械装备制造工业基地,最大的外向型经济综合体,也是重要的科研、教育和高新技术研发及产业基地,形成了城市集群互补型合作区域发展机制。以广东省30%的人口,创造着全省77%的GDP。"大珠三角"面积18.1万平方公里,以经济规模论,"大珠三角"相当于长三角的1.2倍。"大珠三角"已成为世界第三大都市群。2015年1月,世界银行报告显示,珠江三角洲超越日本东京,成为世界人口和面积最大的城市带。

长江三角洲城市群是以上海市为中心,宁杭为两翼,辐射中上游的国家级三大城市群之一。2010年5月,国务院正式批准实施的《长江三角洲地区区域规划》明确了长江三角洲地区发展的战略定位,即亚太地区重要的国际门户、全球重要的现代服务业和先进制造业中心、具有较强国际竞争力的世界级城市群;到2015年,长三角地区率先实现全面建成小康社会的目标;到2020年,力争率先基本实现现代化。长江三角洲城市群已成为国际公认的六大世界级城市群之一。

京津冀城市群位于东北亚中国地区环渤海心脏地带,是中国北方经济规模最大、最具活力的地区(如图1-2所示)。京津冀一体化总体结构采用"点—轴"发展模式,是我国北方现代化程度较高的城市群和工业密集区,经济的对外依存度相对较小,表现出明显的内向型特征,区域受行政区划的影响较大。近年来,京津冀合作有了明显加快,在交通构建、产业转移、市场开放等方面的合作有了大幅进步,对外的辐射力不断增强。2015年4月,中共中央通过了《京津冀协同发展规划纲要》,将京津冀整体定位为"以首都为核心的世界级城市群、区域整体协同发展改革引领区、全国创新驱动经济增长新引擎、生态修复环境改善示范区"。核心任务是有序疏解北京非首都功能,推进京津冀交通一体化,加强生态环境保护,促进产业升级转移等,这是一个重大的国家战略。京津冀经济圈的快速发展对内蒙古自治区的赤峰市、锡林郭勒盟、乌兰察布市等中东部起着辐射和带动作用。

(1)东北地区。东北地区是国家老工业基地,为新中国建设门类齐全的工业体系奠定基础。东北地区国有经济比重高，市场意识相对薄弱，区域内市场分割、产业结构调整缓慢。在与长三角、珠三角、京津冀等经济圈的竞争下，经济要素不断流失。"十二五"规划实施以来，东北地区的区域内部经济协调有所加强，区域经济一体化进程有所加快。但是，近年来经济增长再度放缓，经济自治区衰退十分明显，对东部地区产生不小的负面影响。2016年国家实施《东北振兴"十三五"规划》，内蒙古自治区东五盟属于规划范围，将带来经济发展机遇。

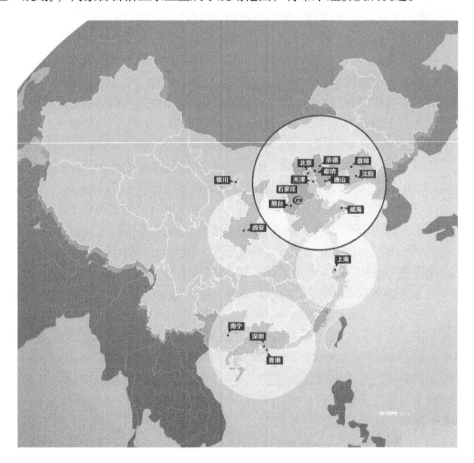

图1-2 京津冀经济圈及内蒙古自治区区位示意图

（2）中部地区。包括河南、安徽、湖南、湖北、山西和江西六省，它承东启西、连南接北，是国家重要的商品粮基地、能源原材料基地和制造业基地，也是中国重要的物资和产品集散交换中心和交通枢纽。近年来，中部区域的生产力和城市空间布局总体上形成了两大经济带，即沿京广铁路轴线构成一个南北走向的纵向经济带、沿长江轴线构成一个东西走向的横向经济带。

（3）西部地区。西部地区幅员辽阔，自然资源丰富，但相对于东部和中部而言，"三农"问题相当突出、基础设施落后仍然是制约西部经济社会发展的薄弱环节，生态环境局部虽有改善，但是整体恶化的趋势还没有完全扭转；经济增长方式粗放，环境和自然的约束严重，市场化程度不高，缺乏人才、资金、技术等要素。从自然资源及生产要素的配置情况来看，西部与东部以及中部具有很强的互补性，合作潜力很大。

在我国目前19个城市群中，呼包鄂（呼和浩特市、包头市、鄂尔多斯市）已成为国家级重点培育的城市群。它位于内蒙古自治区中西部、全国"两横三纵"城镇化战略格局包昆纵轴的北端，是国家呼包银榆经济区的重要组成部分、国家能源矿产资源富集区和自治区经济发展的核心区，也是新一轮西部大开发战略确定的重点经济区、国家级重点开发区域。三市呈品字形分布，有着非常密切的经贸和社会联系。呼包鄂三市经过高速发展，已成为内蒙古自治区最具活力的城市经济圈，被誉为内蒙古自治区的"金三角"地区。

我国现有的城市群，反映了区域经济发展和地区之间的产业分工与合作，交通与社会生活、城市规划和基础设施建设相互关系，促进经济资源在更大范围内的优化配置，发挥着辐射带动周边经济发展的重要作用。

2. 经济新常态背景下的区域经济新格局

我国经济进入增长速度放缓，结构不断优化、发展动力正在转换的新常态时期，协调推进"三大战略"和"四大板块"叠加的区域发展战略，区域经济结构处于重大变动和调整、区域城乡重塑优化结构新格局（如图1-3所示）。

2013年中央城镇化工作会议提出，在中西部和东北有条件的地区，依靠市场力量和国家规划引导，逐步发展形成若干城市群，成为带动中西部和东北地区发展的重要增长极。通过陇海亚欧大陆桥和长江沿线（两横）和沿海、京广和包昆通道沿线（三纵），将相关城市群连接起来，形成"两横三纵"的城市化战略格局，不仅覆盖了长三角、珠三角和环渤海，而且覆盖了整个中国东中西部；推进农业转移人口市民化，提高城镇建设用地利用效率，优化城镇化布局和形态；实现与工业化、信息化、农业现代化同步推进；促进区域经济结构优化和经济发展，进而奠定了全国区域经济多足鼎立的基本格局，形成全方位、多层次、多角辐射的区域合作局面。

国家"十三五"规划纲要提出，"以区域发展总体战略为基础，以'一带一路'建设、京津冀协同发展、长江经济带发展为引领，形成沿海沿江沿线经济带为主的纵向横向经济轴带，塑造要素有序自由流动、主体功能约束有效、基本公共服务均等、资源环境可承载的区域协调发展新格局"。李克强总理在2016年政府工作报告中提出，深入推进"一带一路"建设，落实京津冀协同发展规划纲要，加快长江经济带发展，是区域经济的发展重点工作。这为内蒙古自治区区域经济发展带来新的机遇。

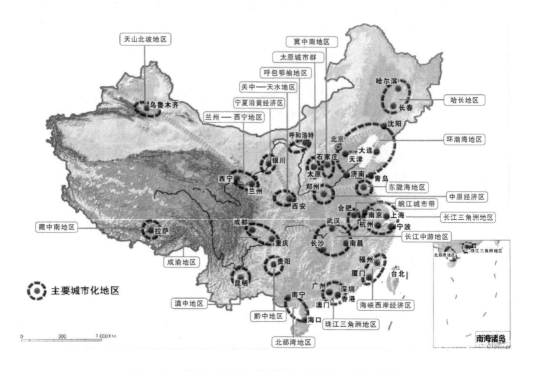

图1-3　我国主要经济带及城市化地区布局示意图

二、内蒙古自治区区域经济发展现状和特点

（一）内蒙古自治区区域经济格局划分及概况

内蒙古自治区总面积118万平方公里，东西直线距离为2400多公里，南北跨度为1700多公里。2015年末全区常住人口为2511.04万。现设呼和浩特、包头、乌海、赤峰、通辽、鄂尔多斯、呼伦贝尔、乌兰察布、巴彦淖尔9个市和兴安、阿拉善、锡林郭勒3个盟，共11个盟（市），另外有满洲里、二连浩特两个计划单列市。全区69个旗县，23个区。

内蒙古自治区的经济发展起步晚于东部沿海地区，随着工业化、城镇化的推进和对能源、资源需求的增加，内蒙古自治区矿产资源得到开发，带动的地区经济高速发展。从20世纪90年代中期开始，内蒙古地区在投资的带动下经济实现了高速增长，经济年均增长速度高于全国3%，特别是地区增长更快，促进了呼包鄂经济圈和沿黄（河）沿（京兰）线经济带的形成和发展，成为内蒙古自治区经济发展的核心引擎（如图1-4所示）。

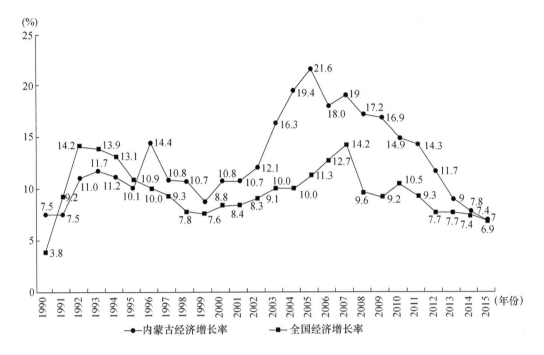

图1-4 1990~2015年内蒙古自治区与全国经济增长率走势比较

内蒙古自治区经济开发由于受自然因素、区位条件、资源禀赋、基础设施以及产业发展等因素影响，资源开发的进度、力度差异较大，地区经济发展极不均衡。基于地缘条件和行政区划，全自治区12个行政盟市可划分为东西两大部分、细分两片四区的基本区与经济架构。

东部经济区包括呼伦贝尔、兴安盟、通辽、赤峰、锡林郭勒盟五盟市。根据地缘条件、地区经济分工及联系，可将呼伦贝尔市和兴安盟划为"呼兴经济协作区"，将锡林郭勒盟、赤峰市、通辽市三盟市划分为"赤锡通"经济协作区。

西部经济区包括呼和浩特、包头、鄂尔多斯、乌兰察布市、乌海市、巴彦淖尔市、阿拉善盟七个盟市，可划分为"呼包鄂乌"四市经济核心区和"乌（海）巴阿"经济协作区（如图1-5所示）。

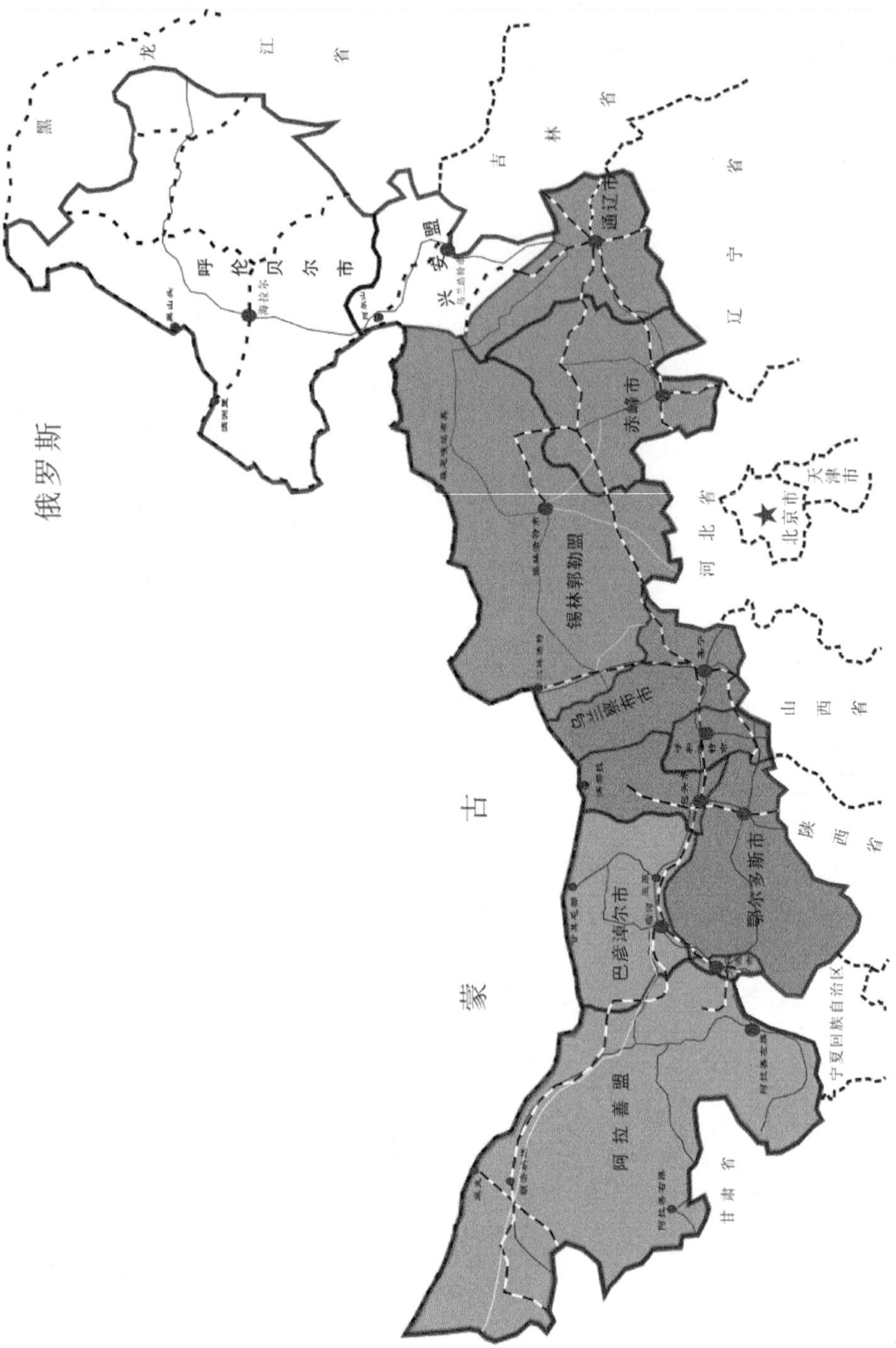

图 1-5　内蒙古自治区区域经济发展布局划分示意图

（二）东西两大部分及四个经济协作区的基本概况

西部经济区位于内蒙古自治区中西部，包括呼和浩特市、包头市、鄂尔多斯市、乌兰察布市、乌海市、巴彦淖尔市、阿拉善盟七个盟市。2000 年，自治区政府根据内蒙古自治区所处空间特征，把全区划分为东、中、西三大经济区域，确立了以呼包鄂为核心的西部特色经济圈建设的发展战略。推进以首府呼和浩特市、工业城市包头市和资源型城市鄂尔多斯市为核心，带动和辐射乌兰察布市、乌海市、巴彦淖尔市、阿拉善盟，形成优势互补、产业协作的区域经济发展战略，促进西部经济区经济快速发展。目前，区域内七个盟市经济总量、地方财政收入、规模以上工业增加值和固定资产投资约占全区 65%，人均生产总值是全区平均水平的 1.64 倍，内蒙古自治区 69% 的电力装机容量、79% 的炼钢和 50% 的有色金属以及绝大部分的煤化工、装备制造、农畜产品加工、建材等行业集中在本区域。

东部经济区地处内蒙古自治区的东北部，包括五个盟市，所辖 52 个旗县市区，总面积 66.49 万平方公里，占全区总土地面积的 56.2%。东南与黑龙江省、吉林省、辽宁省和河北省毗邻，北与俄罗斯、蒙古国接壤。蒙东地区属寒温带和中温带大陆性季风气候，半干旱季风气候。春季干旱多风，夏季短促温热，秋季霜冻早，冬季寒冷漫长，形成一个相对独立的自然区。耕地资源、水资源、森林草原旅游资源和口岸资源丰富，北部矿产资源相对丰富。2015 年末，东部盟市总人口为 12588500 人，占全区总人口的 51.13%（2008 年为 52.9%），国内生产值 6837.13 亿元，占全区的 33.26%，人均 GDP 占全区的 70.98%，固定资产投资占全区的 33.47%，公共财政收入占全区的 27.56%，家庭储蓄总额占全区总额的 33.09%，粮食产量占全区粮食总产量的 76%（如图 1 - 6 所示）。

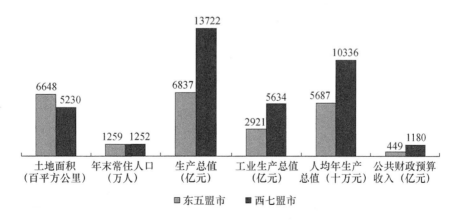

图 1 - 6　内蒙古自治区东部区与西部区基本经济要素比较

内蒙古自治区四个经济区域基本经济要素比较如图 1 - 7 所示。

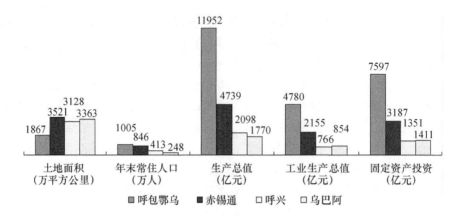

图 1 - 7　内蒙古自治区四个经济区域基本经济要素比较

2011～2015 年内蒙古自治区四个经济区域 GPP 走势比较如图 1 - 8 所示。

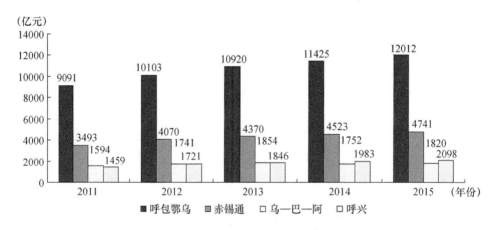

图 1 - 8　2011～2015 年内蒙古自治区四个经济区域 GDP 走势比较

(三) 内蒙古自治区区域经济新格局

随着国家区域经济发展战略、能源资源开发及主体功能区战略的实施,经济资源及要素配置发生巨大变化,也带来区域经济空间结构的调整和优化,逐步形成了"一核多中心、一带多轴线"区域经济体系。在西部经济区,以呼包鄂协同发展区域经济核心区,带动沿黄河流域、沿交通干线的重点产业园区、特色中小城镇带和现代农牧业产业带的快速蓬勃发展,引导人口、资金、产业、技术、教育、文化、服务等生产要素向中心区域和地带集中集聚，不断发挥区域发展潜能，增强区域经济活力，构成东北亚地区经济发展的产业链、生态链的中上游重要环节，形成辐射和带动中西部地区的经济发展极。位于沿黄沿线经济带西端的乌海市，正在汇集周边地区资源加工产业园区，形成区域经济发展极，带动和辐射周边地区，与农牧业产业重点地区的巴彦淖尔市、矿产资源开发中的阿拉善盟地区形成地区功能互补、产业合作的经济协同发展区。

蒙东地区城镇、产业、人口横向分布相对均衡，靠近内陆地区，由于资源开发较早，形成了人口相对密集的农业种植区；靠近边境的山区、牧区，通过近年的快速开发，正在加快建设蒙东能源基地。在蒙东地区西部的锡林郭勒盟、赤峰市和通辽市，由于互联互通的基础设施建设不断完善、区域经济优势互补趋势明显，北部资源开发加快，正在形成新的有色金属和能源产业基地，赤锡通经济协作区域呈现雏形。在交通、通信和产业发展的基础上，呼伦贝尔和兴安盟的经济联系日益密切，生态经济的特征更加明显。赤锡通和呼伦贝尔北部的能源基地建设在经济波动中前行，正在形成区域经济新增长点。随着中蒙俄经济带的共同建设，内蒙古自治区的沿边经济带展现雏形。随着国家区域经济战略和"一带一路"的实施，自治区的区域经济结构正在不断优化和完善（如图1-9所示）。

三、内蒙古自治区区域经济发展存在的主要问题

（一）东西部地区资源禀赋不均衡，经济发展差距持续加大

由于各地区间自然资源禀赋不同，形成各自不同的优势产业。包头市以装备制造、冶金、新材料产业为主，呼和浩特市以生物制药、云计算和大数据等信息产业、绿色食品加工为支柱产业，鄂尔多斯市以清洁能源、煤化工和羊绒纺织产业为特色产业，对本地区区域经济发展起到了重要的牵引作用。东部经济区，特别是南部地区已经失去资源开发对经济的拉动效应，除了少数绿色食品加工业、有色金属、制药等地区的优势产业外，传统工业产业优势逐步消失，战略性新兴产业尚未发展起来。呼伦贝尔市和锡林郭勒盟以及赤峰市、通辽市北部资源开发所形成的资源、能源产业，正在形成东部地区新的经济增长点。东西部资源禀赋不同，产生不同产业集聚效应，直接影响地区经济发展进程。西部经济增长明显快于东部增长，东西部经济增长差距在持续加大（如图1-10所示）。2000年东部经济区生产产值相当于西部经济区的72.8%，到2015年下降到49.8%。东部收入偏低，资本形成能力较差，主导产业规模不大，没有形成集聚效应。经济发展滞后的趋势在短期内难以逆转。

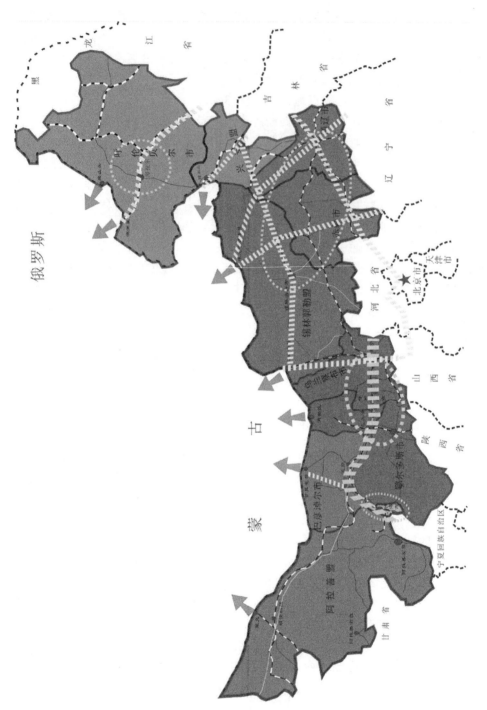

图1-9　内蒙古自治区四大经济区及经济带分布示意图

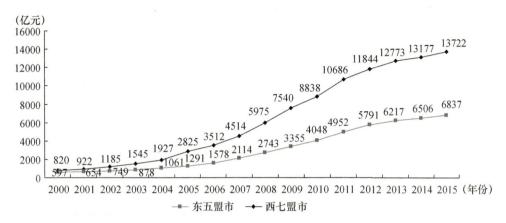

（亿元）

图 1 - 10 　2000 ~ 2015 年内蒙古东西部地区 GDP 增长走势比较

（二）行政区域管辖分割明显，区域合作机制需要完善

在区域合作方面，区域间的合作壁垒尚未完全打破，同质竞争矛盾与地区利益冲突仍然存在。对于跨区域的重大项目或者企业所带来的财政收入缺乏协调和分享机制。一些发展条件相似的地区，在产业发展定位上，崇尚"高大上"，将发展方向定位于产业生产主体部分，较少考虑配件部分，区域间缺乏专业化分工，影响地区产业的合理布局和有效分工；产业转移税收分享机制不健全；跨区域的基础设施和公共物品供给缺乏成本分担机制及利益共享机制。东部经济区域的城市和产业分布，除了少数自然资源（森林、河流）和口岸城镇外，基本按照行政区划布局，行政分割明显，难以形成区域经济集聚效应。

（三）经济布局相对分散，城乡差距、收入差距很大

内蒙古自治区地域广大，各地区自然条件、资源条件、产业结构、发展水平差异很大，人口和经济要素分布分散，基础设施空间分布程度也极其分散，城乡基础设施建设不完善，增大了基础设施的投资成本，也带来"交通同网、能源同体、信息同享、生态同保、环境同治"的难度，弱化了区域基础设施共建、共享、共管的效果。大面积的农村牧区，属于"老少边穷"地区，基础设施薄弱，公共服务滞后，传统产业占据主导地位，经济欠发达，收入水平低，文化观念落后，难以融入现代区域经济体系。

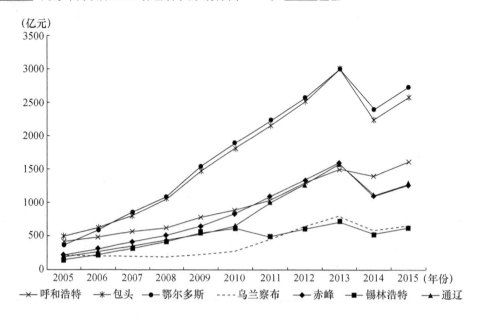

图1-11 2005~2015年呼包鄂与赤锡通六盟市区域经济走势比较

(四) 资源经济区域和非资源经济区域的差距

经济发展差距不仅表现在工业产业集中的城市和非工业盟市地区,资源经济区域和非资源经济区域的经济发展水平存在着相当大的差异。2015年,内蒙古自治区生产总值(GDP)达到18032.79亿元,全区人均GDP为71992.65元。仅就12个盟市比较,资源型城市人均GDP为207682元,折合33344.43美元,而农牧业比重较大的兴安盟人均GDP仅为31370.85元,折合5036.74美元,相差6.6倍(如表1-1所示)。2014年东胜区、准格尔旗和伊金霍洛旗公共财政预算收入均在75亿元以上,位居前三,均为资源型旗、区,而31个国家级贫困旗县的财政收入不及10亿元。这表明资源性产业是支撑自治区经济发展的重要力量,资源赋存决定地区经济的发展水平。

(五) 区域产业同质同构化现象严重

呼包鄂区域共有国家级和自治区级22个开发区(工业园区),其中国家级3个,为呼和浩特经济技术开发区、呼和浩特出口加工区、包头稀土高新技术产业开发区。自治区级19个,其中呼和浩特市8个,包头市4个,鄂尔多斯市7个。区域分工模糊导致区域产业结构趋同,产业园区内的产业及企业同质化现象突出,工业园区产业同质同构现象依然严重,资源—加工型的垂直区域分工,直接影响产业结构优化升级和区域间产业的协调发展。

表 1-1　2014 年和 2015 年内蒙古各盟市 GDP 和人均 GDP 排名

人均GDP 排名	地级市	2014 年GDP(亿元)	2015 年GDP(亿元)	2014 年常住人口(万)	人均GDP(元)	人均GDP(美元)	2015 年GDP 排名
1	鄂尔多斯	4162.18	4226.13	203.49	207682.44	33344.43	1
2	包头	3636.31	3781.93	279.92	135107.53	21692.17	2
3	阿拉善盟	456.03	322.58	24.09	133906.19	21499.29	12
4	乌海	600.18	609.82	55.42	110036.09	17666.83	10
5	呼和浩特	2894.05	3090.52	303.06	101977.17	16372.93	3
6	锡林郭勒盟	947.59	1002.6	104.04	96366.78	15472.16	7
7	呼伦贝尔	1522.26	1595.96	252.95	63093.89	10130.03	6
8	通辽	1886.8	1877.27	312.4	60091.87	9648.04	4
9	巴彦淖尔	867.46	887.43	167.23	53066.44	8520.08	9
10	赤峰	1778.37	1861.27	430.38	43247.13	6943.54	5
11	乌兰察布	872.14	913.77	211.71	43161.40	6929.77	8
12	兴安盟	459.85	502.31	160.12	31370.85	5036.74	11
	全省	17769.5	18032.79	2504.81	71992.65	11558.77	

资料来源：中国排行网（www.phbang.cn）。

（六）全区生态环境脆弱，资源开发利用和生态保护矛盾突出

受自然条件制约，内蒙古生态环境依然十分脆弱，生态环境较为恶劣，部分区域生态退化问题依然严重，水资源、矿产资源和草原的保护与利用矛盾依然突出。煤化工、电解铝、火电等产业发展与产业空间布局、可持续发展和保护生态环境的矛盾十分突出。在产业环境风险控制措施不利的情况下，存在巨大的环境风险。呼伦湖、乌梁素海、岱海湖等水体的生态功能恢复缓慢，任务仍然十分艰巨。水和大气污染防治工作推进滞后，部分大气污染防治任务进展较慢，部分企业尚未达到达标排放。全区生态环境仍处于"整体恶化趋势趋缓、局部地区明显改善"的处境，实现构筑北方生态安全屏障的目标任重而道远。区域环境污染防治的联防联控、联合执法、联合整治等协作联动机制亟待加强。

（七）区域转型发展、协同驱动创新机制亟待加强

全区各地及域外技术创新和技术需求错位分布。呼包鄂地区需要加强创新能力的培养，需要创新动力。另一些地区需要扶持龙头企业，培育新的经济增长点。一些边远落后地区需要在体制性、机制性和结构性问题上寻求突破。全区需要整合创新资源，加强关键技术的引进和消化，加大企业科研投入，培育和维系技术和机制创新环境，提升区域科技资源有效转化为技术创新的能力，建设区域协同创新平台，促进区域科技成果转化和科技服务。

四、内蒙古自治区区域经济发展展望

全面贯彻中央"五大发展理念"，优化区域经济结构，促进产业整体升级，推动区域协调发展，实施呼包鄂城市群和沿黄沿线经济带一体化发展战略，促进区域要素布局集中集聚，有效遏制产业结构趋同化、引导重大项目科学分布和错位发展，带动区域经济协调发展。

第一，积极参与和融入国家"一带一路"，实施京津冀协同发展、长江经济带发展、"一带一路"建设三大战略；大力推进中蒙俄经济走廊建设，抓好投资、贸易、生产要素西移北上的发展契机，推进内外联动、优势互补、互利共赢的开放格局加速形成；促进自治区全方位对内对外开放，深度融入国内外产业链价值链的区域分工；紧跟中央宏观调控，加大对西部大开发、东北振兴和边疆民族地区发展的支持力度的差别化区域经济政策，充分发挥区位和资源优势，释放欠发达地区内需潜力，培育和打造自治区经济增长新引擎、缩小地区发展差距。

第二，推动东西部经济区域和城乡区域协调发展。统筹规划、合理布局，积极推进区域经济协调发展；推进以人为核心的新型城镇化，促进大中小城市和小城镇协调发展；优化地区经济"点—轴"及网络化布局，依托盟市、旗县所在地和中心镇，全面提升城镇服务功能，积极引导产业集聚，加快农村牧区转移人口市民化进程；大力发展县域经济，打造一批各具特色的经济强旗强县；扎实推进新农村新牧区建设，巩固农村牧区基础设施和环境建设成果，健全完善基础设施和公共服务投入、管护长效机制，加快推进城乡发展一体化进程，构建全民共建共享的社会体系。

第三，深入实施呼包鄂协同发展战略。以呼和浩特国家级新区为核心，统筹规划东西"两翼"区域发展，促进呼包鄂乌基础设施互联互通、产业发展协作互补、科技创新联合攻关、公共服务共建共享，建设我国西部重要经济带和现代化城镇群；优先推动经济核心区产业发展向中高端迈进，促进多元发展、多极支撑的现代产业体系的形成；深入落实新一轮东北振兴战略，积极推进"点状开发、网络连接、城乡协调、多极发展"的东部经济协调区域发展战略；加快赤锡通经济协作区快速发展，以特色优势产业和中小城镇群建设为抓手，促进东部城乡协调发展；实施呼包银榆经济区发展规划，积极推进"乌大张"（乌兰察布市、大同市和张家口市的简称）合作区建设，促进乌海市与周边地区一体化发展；大力支持老少边穷地区发展，让各地区、各民族充分共享改革发展成果。

第四，优化区域产业布局，不断改善基础设施布局分散、产业同质同构的局面；按照沿黄沿线经济带及东部盟市重点产业规划确定的产业发展方向，推动各地区项目错位发展，促进清洁能源、现代煤化工、有色金属生产加工、农畜产品生产加工、装备制造、新材料、云计算等一批各具特色的产业集中集群，发展各地区经济增长新亮点；加强产业园区要素整合，促进基础设施共建共享，产业集聚发展；推进呼伦贝尔市、巴彦淖尔市通过园区整合，两市的经济技术开发区成功升级为国家级；通辽市将霍林河、扎鲁特工业园区进行整合，集中打造煤电铝循环产业园区。根据有关部门统计资料，2016年前10个月，沿黄沿线22个重点工业集中区实现工业总产值6291.4亿元，占西部盟市全部工业园区（开发区）的78.1%，西部工业园区产值为8055.6亿元。东部盟市13个重点工业集中区实现工业总产值2665.3亿元，占东部盟市全部工业园区（开发区）的59.3%。这表明西部沿黄沿线22个重点工业园区产值是东部盟市13个重点工业集中区产值的2.36倍；同时，东部工业园区生产要素和产值布局相对分散，经济集聚效果相对较差。

第五，加快生态文明制度建设，坚持绿色发展，建设我国北方重要生态安全屏障；加强生态环境的保护和建设，促进草原植被和森林覆盖率持续提高，生态环境质量持续改善，主要生态系统步入良性循环，大幅减少主要污染物排放总量，基本形成主体功能区布局；全面推进国有林场林区改革，确保按期完成改革任务；加快京津风沙源治理、退耕还林还草等重点工程建设，大规模推进国土绿化行动；实施新一轮草原生态补奖政策，坚持和完善阶段性禁牧和草畜平衡制度，推动草原生态持续好转。加快发展沙产业、草产业和林下经济，带动农牧民增收致富；全面加强区域协调污染治理，开展大气污染区域联防联控，实施燃煤电厂超低排放改造，加快淘汰不达标机组锅炉和小电石、小硅铁等落后产能；大力整治工业园区环境问题，提高环境准入门槛和执法监督；加强城乡结合部、农业面源和重金属污染治理，推进农药、化肥、地膜减量使用；建设绿色矿山、和谐矿区；开展水体综合整治，强化重点流域水污染联防共治；大力推动低碳循环发展，推广绿色清洁生产，将节能环保产业打造成新的增长点。

重点区域经济发展报告

第二章

呼包鄂核心经济区

一、发展条件与背景

（一）基本概况和发展条件

呼包鄂核心经济区由内蒙古自治区首府——全区政治、经济、文化、科教和金融中心呼和浩特市，国家和自治区重要的能源、原材料、稀土、新型煤化工和装备制造基地包头市，以及国家重要能源资源产业基地鄂尔多斯市三市组成。它位于内蒙古自治区中西部，黄河两岸，北与蒙古国接壤，西接河套平原、黄河，南面与山西、陕西、宁夏三省区毗邻，是连接华北和西北的重要枢纽，是国家重要的能源、材料工业生产基地，西部重要城市群之一。总面积约为 13.17 万平方公里，2015 年末总人口 793.37 万人，其中城镇人口 589.94 万人，城镇化率为74%（如图 2 - 1 所示）。

呼包鄂地区是指呼和浩特、包头、鄂尔多斯三市，其中呼和浩特市包括新城区、回民区、玉泉区、赛罕区、土默特左旗、托克托县、和林格尔县、清水河县、武川县；包头市包括东河区、昆都仑区、青山区、石拐区、白云矿区、九原区、土默特右旗、固阳县、达尔罕茂明安联合旗；鄂尔多斯市包括东胜区、达拉特旗、准格尔旗、鄂托克前旗、鄂托克旗、杭锦旗、乌审旗、伊金霍洛旗。

呼和浩特、包头和鄂尔多斯三市位于内蒙古自治区中西部、全国"两横三纵"城镇化战略格局包昆纵轴的北端，是国家呼包银榆经济区的重要组成部分、国家能源矿产资源富集区和自治区经济发展的核心区（如图 2 - 2 所示）。区域面积约为 13.17 万平方公里，占自治区国土总面积的 11.4%。2015 年常住人口为793.37 万人，占自治区常住人口的 31.6%；生产总值为 11098.5 亿元，占自治区的 61.7%；一般公共预算收入为 945.6 亿元，占自治区的 48.2%。该区域集中了全国 17% 的煤炭、84% 的稀土、12% 的天然气探明储量，全区 79% 的三甲医院、70% 的普通高等院校、60% 以上的科研机构、50% 以上的文化体育场馆。基础设施较为完善。京兰铁路横贯东西，京藏、京新、包茂等高速公路贯通三市，电力、通信、市政等基础设施保障能力不断增强，城际铁路已经运行，高速铁路规划正在实施中。

但是，由于生态承载能力的制约，并不是所有旗县都是国家重点开发区。在2015 年出版的《全国及各地区主体功能区规划》中，国家级重点开发区域呼包鄂地区包括 21 个旗县、14 个乡镇，面积 9.78 万平方公里，占全区国土总面积的8.16%；人口为 539.15 万人，占全区总人口的 21.8%。呼包鄂地区现辖旗县共有 26 个，有 5 个旗县未列入国家重点开发区域，包括包头市的固阳县、土右旗、

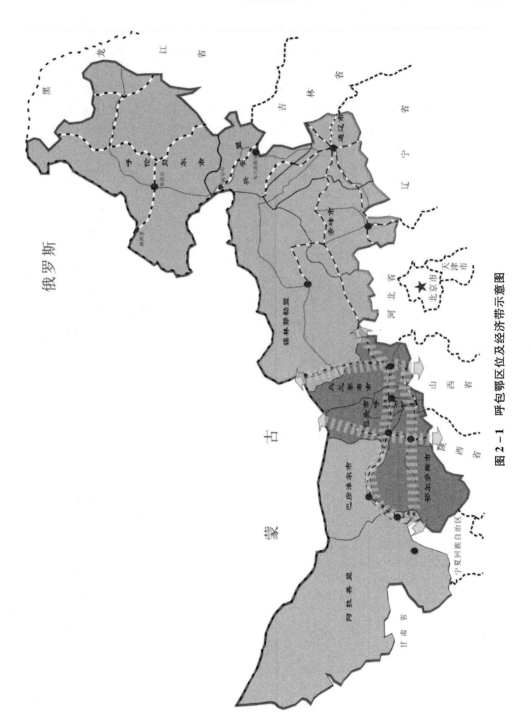

图 2 - 1 呼包鄂区位及经济带示意图

达茂旗和呼和浩特市的武川县、清水河县，主要是因为生态保护和黄河水资源质量未达标。但14个国家级重点开发的乡镇主要是固阳、土右、武川、清水河的乡镇。

呼包鄂三个城市和地区发展条件各具优势。随着交通、通信等基础设施的完善，产业关联日益密切，人才、资本、物质交流日益频繁，区域内经济要素效率化配置，三地经济社会从互联互通、优势互补向区域经济一体化的方向发展。

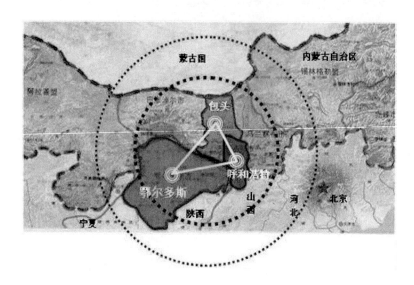

图2-2　呼包鄂区域布局示意图

呼和浩特是内蒙古自治区的首府，是全区政治、经济、科技、文化的中心。境内煤、石墨、膨润土、石灰石和金、铜、铁等资源比较丰富。行政、交通、区位、人才具有优势，教育、科技、文化实力雄厚，产业基础比较扎实，新型产业正在兴起，现代服务业发达。包头市是我国重要的能源工业和原材料工业重要基地，现已形成了能源、原材料、稀土、新型煤化工和装备制造等优势特色产业，是我国北方现代重工业城市。产业基础扎实，产业技术人才丰富，拥有各类专业技术人员18万多人，国家及自治区研发机构64家，国家和自治区级重点实验室10个。世界最大的3.6万吨垂直挤压机、世界首套甲醇制低碳烯烃装备、360吨电动轮矿用车、百米高速重轨、第四代核能系统高温气冷堆核燃料等一批科技成果具有国际领先水平，是国家首批20个创新型试点城市之一。鄂尔多斯市资源富集，已发现的具有工业开采价值的重要矿产资源有12类35种。探明煤炭储量1930亿吨，占全国的1/6左右，远景储量超1万亿吨，是全国地级市中煤炭资源最丰富的地区。探明天然气储量4.4万亿立方米，占全国的1/3左右，世界最大的整装气田苏里格气田位于境内，是西气东输的重要气源地。羊绒制品产量约占全国的1/3、占世界的1/4，已成为中国绒城、世界羊绒产业中心。煤层气储量约5万亿立方米，页岩气储量预计10万亿立方米以上。风能、太阳能等新能源资源丰富，可利用风能总量约770万千瓦以上，太阳能开发潜力在1000万千瓦以上，适合建立特大型风场和光伏发电项目。旅游资源也极为丰富，境内既有成吉思汗陵、秦直道、萨拉乌素文化遗址等著名的人文旅游资源，也有响沙湾、黄河大峡谷、生态草原等自然旅游景观。经过30多年的开发和发展，已经成为自治区发展最快、最有经济实力的地区，形成了煤炭、电力、煤化工、装备制造、信息产业和绒毛产品的产业体系。呼包鄂地区除了拥有储量1930多亿吨的煤炭、4.4万亿立方米的天然气等能源资源以外，还有逾亿吨的稀土保有储量和58.6亿立方米的黄河配给水量，拥有全自治区60%以上的科研开发机构和75%的科技人员，以及距离北京500千米、距离天津出海口600千米、毗邻俄罗斯和蒙古国的区位优势。

（二）发展背景及历程

在国家工业化、城镇化的背景下，国家实施了西部大开发战略以来，带来了呼包鄂经济的快速发展。呈三角形分布、产业各具特色的呼和浩特市、包头市和鄂尔多斯市三地经贸和社会分工和协作日益密切，区域经济合作不断增强，促进了地区经济的高速发展。

早在20世纪90年代初，就有学者提出"呼包鄂"经济圈构想。1991年7月，国务院15个部委和国家有关经济研究机构的30多名专家，对呼和浩特市、包头市、伊克昭盟（鄂尔多斯市）地区进行了广泛考察与论证，提出了以呼和浩特市、包头市、伊克昭盟部分地区构成的边长为150千米的三角地带，正在成为我国北疆一个以能源生产为中心，煤电、钢铁、有色金属、机械、石化、建材和电子七大产业为支柱的经济"金三角"地区。2000年，自治区政府根据所处空间特征，把全区划分为东、中、西三大经济区域，确立了以呼包鄂为核心经济圈的战略布局。将"金三角"地区协调发展的议题纳入自治区的总体布局，确立了以呼包鄂为核心的特色经济圈建设的发展战略，有效地促进了资源的高效配置，推动了地区经济社会一体化发展。2003年10月29~30日召开的自治区党委七届五次全委会议，正式做出了呼包鄂三个优势地区率先发展的决策。自治区党委、政府2004年开始，每年召开一次"呼包鄂经济工作座谈会"，建立"呼包鄂经济工作协调推进会"机制。明确了呼包鄂三个城市的定位：呼和浩特市要努力建设成现代化首府；包头市要建设成为中西部地区经济强市；鄂尔多斯市要打造成为国家重要能源、化工基地。2006年，内蒙古自治区政府工作报告中首次使用呼包鄂地区，并提出坚持均衡发展和非均衡发展的统一，鼓励呼包鄂等优势

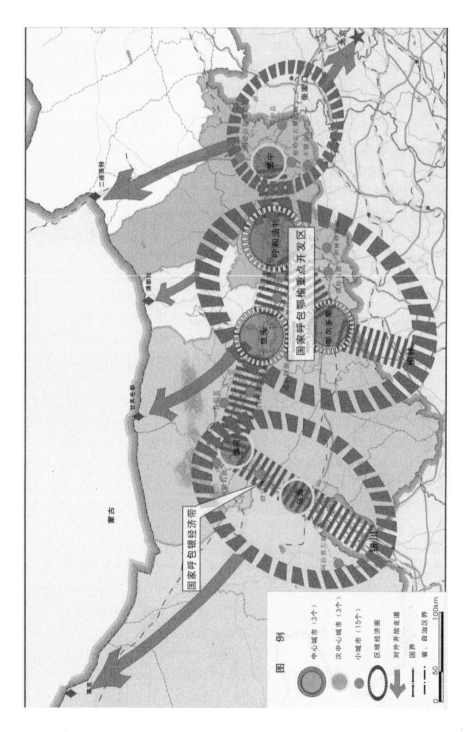

图 2 - 3　呼包鄂沿黄河沿线经济带区位布局示意图

地区率先发展，稳步推进区域经济一体化。2010 年，在自治区的《政府工作报告》中，提出"呼包鄂经济一体化"的概念，三市协调发展已经由独立的、各自发展的"金三角"上升到协调统一发展的阶段。随后，呼包鄂一体化战略纳入国家发改委提出的主体功能区重点开发区范围。2011 年 4 月，《内蒙古自治区以呼包鄂为核心沿黄河沿交通干线经济带重点产业发展规划（2010～2020）》获国家发改委批准。这对于建设和完善 22 个重点产业园区，促进地区资源进一步开发和资源深加工，实现资源跨地区配置，推动地区加工工业发展，起到重要作用（如图 2－3 所示）。

呼包鄂城市群位于全国城镇体系"京—呼—包—银"城镇发展轴的中段，全国"两横三纵"城市化战略格局包（头）昆（明）通道纵轴北端，是国家呼包鄂榆重点开发区和呼包银经济区的重要组成部分。2012 年，内蒙古自治区政府批准实施《呼包鄂城市群规划（2010～2020）》（以下简称《规划》）。《规划》提出了将呼包鄂城市群建设成为西部大开发的战略高地和国家级区域发展的新增长极，以及开发度高、辐射力强、结构完善、发展协调、经济繁荣、社会和谐、生态良好、具有西部特色现代城市群的发展目标。形成以呼包鄂核心地区为重点发展区域，以沿黄河沿交通干线城镇产业带为重点发展轴带，以区域中心城市和县城两级城镇为多极支撑的城镇体系。重点加强"井"字形发展走廊建设，统筹区域重大基础设施建设、集中优势，形成合力。积极推动核心地区交通、公共服务设施、信息资源、环境保护、区域市场、物流建设一体化发展。在加强基础设施建设、改善发展环境和条件的同时，呼包鄂集中优势资源做大做强优势特色产业。以优势特色产业为支撑，使三市实现了跨越式的发展。"产业多元、产业延伸和产业升级"的发展思路，不断提升了呼包鄂三市优势特色产业的发展水平。

2016 年内蒙古自治区正式下发《呼包鄂协同发展规划纲要（2016～2020年)》，这对于推进呼包鄂协同发展，优化国土空间开发格局，促进人口、经济、资源和环境相协调，完善城市群布局和形态，促进城乡区域协调发展，优化资源配置，促进供给侧结构性改革，合理调整地区产业分工，提升区域整体竞争力，统筹推进区域基础设施和公共服务体系建设，提高公共资源利用效率，更好地融入国家"一带一路"，扩大和深化对内对外开放，创新区域合作体制机制，探索自治区区域协同发展新途径、新模式，带动全区发展，将起到重要作用。

截至 2015 年底，呼包鄂三市经济总量（GDP）为 11098.58 万元，占全自治区经济总量（GDP）的 61.55% 强，比 2007 年占比上升 8 个百分点，标志着呼包鄂三市经济总量进入"万亿俱乐部"行列；人均 GDP 超 23000 美元，比 2007 年增长三倍，是全国人均 GDP 的近三倍。呼包鄂已经成为西部地区重要的经济增长极，成为带动自治区经济发展的重要引擎。

（三）区位定位

从全国区域分工角度来看，国家对呼包鄂重点开发区域的功能定位：国家级重点开发区域，全国重要的经济增长极，自治区参与区域竞争的中坚力量，全国重要的能源和新型化工基地、农畜产品加工基地、稀土新材料产业基地，北方地区重要的冶金和装备制造业基地，全区重要的科技创新与技术研发基地，战略性新兴产业和现代服务业基地，国家循环经济和生态环境保护示范区。

在经济发展新常态的背景下，内蒙古自治区政府对呼包鄂区域总体定位：国家资源型地区可持续发展实验区，边疆民族地区统筹城乡发展先行区，黄河中上游生态环境保护的示范区，中蒙俄经济走廊的重要支撑区，自治区区域协同发展的样板区，自治区创新发展的引领区。

在呼包鄂地区分工方面，将呼和浩特市定位为新兴的世界乳业中心之一，中国北部沿边地区重要中心城市，自治区政治、经济、文化、教育、科技、区域性金融、对外交往、现代服务业中心和优势特色战略性新兴产业基地、电子商务基地、总部基地。包头市定位为世界级"稀土＋"产业中心、国家级稀土新材料基地和核燃料基地、自治区冶金和特色装备制造业中心，创新型企业孵化基地和产业转型升级试验区。鄂尔多斯市定位为国家清洁能源输出基地和现代煤化工基地、跨境电子商务综合试验示范区、统筹城乡发展试验区、自治区资源型地区转型升级示范区、自治区深化改革和智慧城市建设先行区。

引导呼包鄂三市城市间分工协作、产业错位发展，加快"两化"融合试验区建设，推进工业园区化、集约化、循环绿色发展，提高资源利用效率，建设以主要交通干线和沿黄河为轴线的产业带。统筹发展市政和现代服务体系，建设呼包鄂城镇群，加强节能减排、灌区节水改造以及城市和工业节水，加强黄河水生态治理和草原生态系统保护，完善引黄灌区农田防护林网，构建沿黄生态涵养带，增强可持续发展动力。促进三市产业互动互补，市场互融互通，基础设施共建共享，形成一体化发展的格局是呼包鄂核心经济区域发展的重点方向。

二、经济发展现状及问题

（一）呼包鄂核心经济区发展现状

呼包鄂地区位于内蒙古自治区中部偏东，在全区处于中枢地位。如表 2 - 1 所示，呼包鄂地区面积 13.17 万平方公里，占全区国土面积的 11.2%，占全国国土面积的 1.4%。2015 年底总人口数为 793.4 万人，占全区的 31.6%，占全国人口总数的 0.6%；其中男性人口数为 416.8 万人，占全区的 32.1%，女性人口数为 376.6 万人，占全区的 31.1%，人口密度为 60.2 人/平方公里，是全区平均人口密度的 2.8 倍。

表 2 - 1　2015 年呼包鄂地区国土面积与人口概况

	面积（平方公里）	人口总数（万人）	男（万人）	女（万人）	人口密度（人/平方公里）
呼包鄂地区	131700	793.4	416.8	376.6	60.2
内蒙古自治区	1180000	2511.1	1298.7	1212.4	21.3
占内蒙古自治区比重(%)	11.2	31.6	32.1	31.1	—

资料来源：根据《内蒙古统计年鉴（2016 年）》整理。

呼包鄂经济圈是内蒙古自治区最为发达的地区，也是中国较为发达的西部地区之一，是中国重要的重工业、能源生产基地。2015 年，该地区实现国民生产总值11098 亿元，占全区国民生产总值的 61.5%，占全国国民生产总值的 1.6%，是2004 年国民生产总值的 7.8 倍；GDP 占内蒙古 GDP 的比重由 2004 年的 46.8% 上升到 61.5%。人均国民生产总值为 130312 元，是 2004 年的 6.3 倍，是内蒙古自治区平均水平的 2.09 倍（如表 2 - 2 所示）。

表 2 - 2　2004 年、2009 年和 2015 年呼包鄂地区主要经济指标

	呼包鄂地区			内蒙古自治区			占内蒙古自治区比重（%）		
	2004 年	2009 年	2015 年	2004 年	2009 年	2015 年	2004 年	2009 年	2015 年
GDP（亿元）	1424	5974	11098	3041	9740	18032	46.8	61.3	61.5
第一产业	108	194	326	523	930	1619	20.6	20.9	20.1
第二产业	740	3029	5098	1248	5114	9200	59.3	59.2	55.4
第三产业	576	2751	5674	1270	3697	7213	45.3	74.4	78.7

图 2 - 4 和图 2 - 5 是呼包鄂地区及全区 GDP 增长和人均 GDP 增长对比图，它表明：2004 ~ 2015 年，呼包鄂及内蒙古自治区国民生产总值呈逐年增加的趋势，2007 年后，增加幅度较快，2011 年后，增长幅度减缓。呼包鄂国民生产总值占内蒙古自治区国民生产总值的比重也呈增加趋势，由 2004 年的 46.81% 增加到 2015 年的 61.55%。对自治区经济增长贡献率不断提升，成为带动经济发展的核心动力。

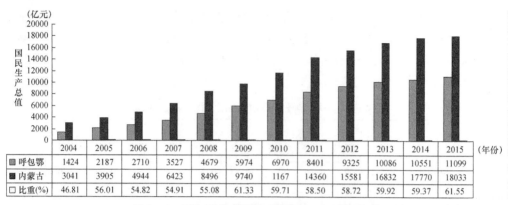

图 2-4　呼包鄂与内蒙古自治区 GDP 增长比较

(年份)	2004	2005	2006	2007	2008	2009	2010	2011	2012	2013	2014	2015
呼包鄂	1424	2187	2710	3527	4679	5974	6970	8401	9325	10086	10551	11099
内蒙古	3041	3905	4944	6423	8496	9740	1167	14360	15581	16832	17770	18033
比重(%)	46.81	56.01	54.82	54.91	55.08	61.33	59.71	58.50	58.72	59.92	59.37	61.55

从 2004～2015 年产业分类比较分析（如图 2-6 所示）来看，2015 年全区第一产业生产总值达到 1619 亿元，是 2004 年的 3.1 倍，呼包鄂地区为 3.0 倍，增速大体相当。2015 年呼包鄂地区第一产业 GDP 占全区总量的 20.1%。

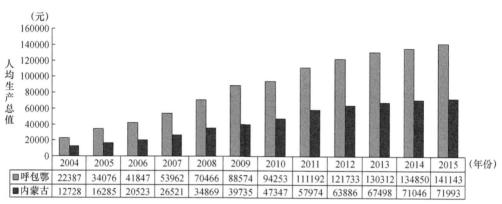

(年份)	2004	2005	2006	2007	2008	2009	2010	2011	2012	2013	2014	2015
呼包鄂	22387	34076	41847	53962	70466	88574	94253	111192	121733	130312	134850	141143
内蒙古	12728	16285	20523	26521	34869	39735	47347	57974	63886	67498	71046	71993

图 2-5　呼包鄂和内蒙古自治区人均 GDP 增长比较

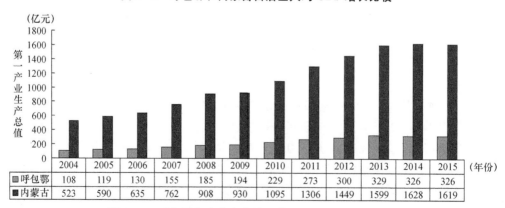

(年份)	2004	2005	2006	2007	2008	2009	2010	2011	2012	2013	2014	2015
呼包鄂	108	119	130	155	185	194	229	273	300	329	326	326
内蒙古	523	590	635	762	908	930	1095	1306	1449	1599	1628	1619

图 2-6　呼包鄂和内蒙古自治区第一产业 GDP 增长比较

呼包鄂地区第二产业发展迅速。呼包鄂地区第二产业 GDP 占内蒙古自治区比重变化如图 2 - 7 所示。2004 年呼包鄂地区第二产业 GDP 为 740 亿元，占内蒙古自治区第二产业生产总值的 59.3%，"十一五"时期及"十二五"前期，在国家工业化高速发展的带动下发展迅速，2012 年后发展放缓，2015 年下降到 55.4%。

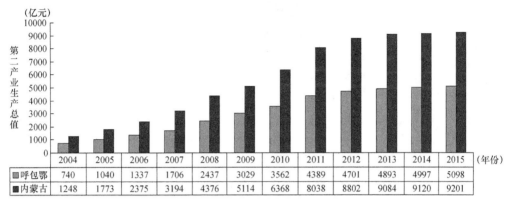

（亿元）	2004	2005	2006	2007	2008	2009	2010	2011	2012	2013	2014	2015	（年份）
呼包鄂	740	1040	1337	1706	2437	3029	3562	4389	4701	4893	4997	5098	
内蒙古	1248	1773	2375	3194	4376	5114	6368	8038	8802	9084	9120	9201	

图 2 - 7　呼包鄂和内蒙古自治区第二产业 GDP 增长比较

第三产业呈持续强势发展态势（如图 2 - 8 所示）。2015 年全区第三产业 GDP 达到 7214 亿元，是 2004 年的 5.6 倍。呼包鄂地区 2015 年第三产业 GDP 为 5675 亿元，是 2004 年的 9.8 倍，2004 年呼包鄂地区第三产业 GDP 占全区的 45.3%，到 2015 年上升到 78.7%。

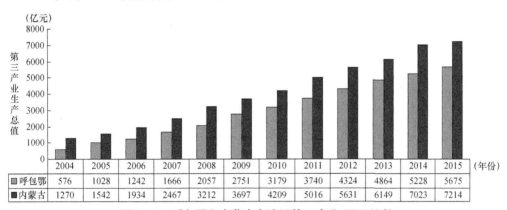

（亿元）	2004	2005	2006	2007	2008	2009	2010	2011	2012	2013	2014	2015	（年份）
呼包鄂	576	1028	1242	1666	2057	2751	3179	3740	4324	4864	5228	5675	
内蒙古	1270	1542	1934	2467	3212	3697	4209	5016	5631	6149	7023	7214	

图 2 - 8　呼包鄂和内蒙古自治区第三产业 GDP 比较

从三产业产值比重来看（如图 2 - 9 所示），全区 GDP 中第二产业为 9200.6 亿元，占 51%；第三产业为 7214.5 亿元，占 40%；第一产业为 1618.7 亿元，仅占 9%。而呼包鄂地区 2015 年第一产业生产总值为 325.64 亿元，仅占国民生产总值的 3%。表明不仅农牧区收入持续递减，城乡收入差距不断加大，而且成为经济和社会发展短板和难题。

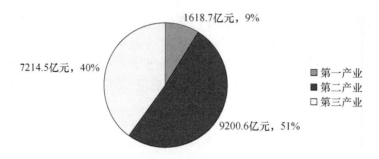

图 2 - 9 2015 年内蒙古自治区三产业所占比重

从财政收入来看，2015 年呼包鄂公共财政预算收入为 945.6 亿元，较 2014 年增长 7.9%，占全区财政收入的 48%，其中，税收收入为 657.6 亿元，较 2014 年增长 5.5%；非税收入 288 亿元，较 2014 年增长 13.9%。全年公共财政预算支出 1346.1 亿元，占全区的 31%，比 2014 年增长 11.5%。

（二）呼包鄂经济圈存在的问题

进入 21 世纪以来，呼包鄂经济社会快速发展，综合实力显著增强，为内蒙古自治区经济从全国后列进入中游做出了重大贡献。但随着经济进入新常态，区域发展出现了一些新的问题和挑战迫切需要解决，例如：发展定位、空间布局有待于进一步优化；交通、通信等基础设施还需进一步完善；基本公共服务差距还需进一步弥合；创新能力不强，产业协作不配套，整体竞争力不强。

一般来说，经济圈形成的主要标准如下：共享基础设施；区域内产业发展有基本的分工与协作；不同地区能围绕一个或几个共同的综合目标发展。从一定程度上来说，与其他地区一样，其经济发展过程中也存在不少问题，如中心城市的带动性问题、产业结构问题、区域间的要素流动问题以及区域间协作机制的建立问题等。从一定意义上的经济圈来说，呼包鄂经济圈在以下几个方面问题更为突出：

1. 统筹协同发展力度不够

由于行政管辖区域和地区利益分配等因素，在更高层面的统筹协调发展规划制定较晚，实施力度不够。2007 年 6 月，经内蒙古自治区人民政府同意，自治区建设厅组织专家编制《呼包鄂城镇群规划（2007～2020）》。2011 年 4 月 6 日，《内蒙古自治区以呼包鄂为核心沿黄河沿交通干线经济带重点产业发展规划（2010～2020）》获国家发改委批准。2012 年，自治区政府批准实施《呼包鄂城市群规划（2010～2020）》。同时，自治区政府还成立了相关协调领导小组，协调相关工作事宜。但是，由于行政区划"自成体系"，经济发展"各自为战"，特别是涉及地区管辖、干部使用的政治利益，资源、税收、利润分配等经济利益的影响，难以建立比较完善的区域经济分工协调机制，区域协调发展依然存在不小的障碍。

2. 基础设施一体化发展滞后

由于区域统筹协调不够完善，行政协调机制不健全，呼包鄂基础设施建设自成体系，一体化服务功能缺乏统筹协作机制，基础设施和资源共享程度低，影响地区经济协调发展。不同运输方式之间缺乏统一规划，配套衔接不畅，航空、铁路、公路运输之间没有实现"无缝对接"。城际间快速轨道交通尚没有形成；乡镇公路等级低，配套不完善，村级道路建设欠账较多。三市之间、三市与乡镇间的运输成本相对较高。物流体系建设存在部门分割、行业垄断、地方封锁等现象。

3. 区域内产业趋同化明显

呼包鄂三地虽然产业基础各具特色，但是，地区资源禀赋条件相近，在资源开发和产业发展过程中，由于行政区划分割，各地形成了"大而全、小而全"的经济架构，各产业门类都比较齐全，地区产业分工不明确，产业定位不准，地域特色产业不显著。主要行业和产品生产的空间分布较为均衡，园区布局分散，产业规模不大、层次不高，同质同构、重复建设现象严重；区域内没有形成优势互补的产业分工与协作机制，产业结构、产业园区、产品生产趋同化十分明显。分散程度较强，呈现低水平的重复状态，地区之间存在恶性竞争现象。

4. 区域市场一体化程度不高

受行政区划的分割，市场一体化进展缓慢。地区、部门、行业封闭现象突出，各类生产要素的配置还是以行政区域为主，市场化程度较低。没有形成统一的金融市场、信贷市场、人才市场、房地产市场，缺乏统一规划和配套机制，直接导致资源浪费、恶性竞争、效率低下，市场机制失灵，行政成本居高不下。

5. 区域间政策协调机制不完善

在新常态的发展背景下，区域经济发展需要新理念、新战略，在以行政区域为主导的经济发展条件下，充分发挥各地政府职能，汇集行政力量协调区域之间经济布局，市场分工与产业合作，整合资源与共享基础设施，保护和改善生态环境，优化发展环境，降低生产成本，提高生产效益，建立一套有序、规范、高效、便捷、共享的区域运行体制和机制，以最少的资源消耗换取最大的经济增长，实现协同发展，培育新动力、形成新优势，辐射带动全区经济社会发展。

6. 技术及人力资源差异较大

呼包鄂经济圈高等院校集聚，提供了人才资源，但高等创新人才依旧短缺。呼包鄂三市研究机构、人才等要素配置不合理，各地人才布局差异较大。呼和浩特市政府属研究机构38个，占内蒙古自治区总数的41.3%，从业人员3565人，占内蒙古自治区总数的50.6%，科技活动人员2777人，占内蒙古自治区总数的49.7%。包头市政府属研究机构仅有4个，从业人员196人，科技活动人员143

人。鄂尔多斯市政府属研究机构 7 个，从业人员 441 人，科技活动人员 368 人。包头市不论是在政府属研究机构还是从业人员、科技活动人员方面在内蒙古自治区所占比重均较低，鄂尔多斯市虽具有一定数量的政府属研究机构，但是仍需继续发展壮大。因而，城市人才极化效应明显，技术、管理扩散效应不足。科技研发、技术储备、创新能力成为地区发展的短板（见表 2－3）。

表 2－3　2015 年呼包鄂地区政府属研究机构及人员

地区	合计			自然科学技术领域			社会、人文科学技术领域		
	机构	从业人员（人）	科技活动人员（人）	机构	从业人员（人）	科技活动人员（人）	机构	从业人员（人）	科技活动人员（人）
内蒙古自治区	92	7043	5582	70	6352	4931	10	486	455
呼和浩特市	38	3565	2777	27	3065	2309	8	435	406
包头市	4	196	143	3	176	123	—	—	—
鄂尔多斯市	7	441	368	5	388	319	1	42	40

表 2－4 为呼包鄂政府属研究机构科技活动收入和经费支出总额，可以看出，2015 年呼和浩特市科研活动经费筹集额为 72639 万元，占内蒙古自治区总数的 62.3%，即呼和浩特市科研经费筹集额较高，科研能力相对较强。2015 年包头市科研活动经费筹集额为 2393 万元，占内蒙古自治区总数的 2.1%。2015 年鄂尔多斯市科研活动经费筹集额为 5020 万元，占内蒙古自治区总数的 4.3%，鄂尔多斯市虽有一定数量的政府属研究机构，但研究经费筹集额占全区经费筹集总额比率较低，即科研投入有待于进一步提高。

表 2－4　2015 年呼包鄂政府属研究机构科技活动收入和经费支出总额

单位：万元

地区	合计		自然科学技术领域		社会、人文科学技术领域	
	科技经费筹集总额	科技经费内部支出总额	科技经费筹集总额	科技经费内部支出总额	科技经费筹集总额	科技经费内部支出总额
内蒙古自治区	116568	112820	102829	103764	11429	14801
呼和浩特市	72639	70296	61024	55262	10707	14158
包头市	2393	1810	2248	1653	—	—
鄂尔多斯市	5020	9043	4237	8212	576	552

三、乌兰察布市与呼包鄂经济区协同发展研究

乌兰察布市位于内蒙古自治区中部，东部与河北省接壤，东北部与山西省相连，西南部与自治区首府呼和浩特毗连，西北部与包头市相接，北部与蒙古国交界，乌兰察布市区位相对优越，是自治区距首都北京最近的城市，是自治区进入东北、华北、西北三大经济圈的交通枢纽，也是中国通往蒙古国、俄罗斯和东欧的重要国际通道。地处环渤海经济区和呼包鄂"金三角"的交汇处，西距呼和浩特市 130 公里，距包头市 280 公里；北距二连口岸 300 公里；南距大同市 110 公里；东距首都北京 320 公里，距天津港 400 公里。在呼包鄂沿黄沿线经济带东端，区域优势、土地资源、低成本劳动力资源是参与呼包鄂乌区域经济分工优势所在。乌兰察布市面积 5.5 万平方公里，占内蒙古自治区的 4.7%，2015 年底人口为 211.23 万人，占内蒙古自治区的 8.5%，国民生产总值为 913.77 亿元，占内蒙古自治区的 4.8%，三次产业结构由 2014 年的 15.5∶51.8∶32.7 调整为 2015 年的 14.5∶48.6∶36.9。

区域经济合作的短板与优势如下：

第一，收入差距巨大。2015 年乌兰察布市人均国民生产总值 43280 元，仅为呼包鄂 141106 元的 30%。乌兰察布市居民人均可支配收入为 16042 元，为全区平均水平的 71.9%，是全区经济次发达地区。

第二，人口流失严重，人口数量总量在持续减少。2015 年乌兰察布市常住总人口为 211.23 万人，同 2000 年的 232.63 万人相比，净减少 21.4 万人，下降 9.2%。图 2-10 为乌兰察布市就业人员及从业人员状况，可以看出，自 2004 年以来，乌兰察布市就业人员数量呈先降低后升高趋势，2004~2009 年就业人数呈下降趋势：由 2004 年的 137.54 万人下降到 2009 年的 105.8 万人，2009 年后略有升高后基本保持稳定，2010 年就业人员为 110.63 万人，2015 年就业人员为 113.6 万人。第一产业从业人员数量于 2004~2009 年下降明显，由 2004 年的 74.9 万人下降到 2009 年的 63.2 万人，下降了 15.6%；2009 年后基本保持不变。第二产业从业人员数量变化幅度较小，2004 年从业人员为 16.94 万人，2015 年为 14.2 万人，下降了 13.2%。第三产业从业人员数量也呈现出先降低后升高的趋势，2006 年以来有小幅度上升，从业人员数量由 2006 年的 33.78 万人上升到 2015 年的 35.3 万人，变化幅度较小。

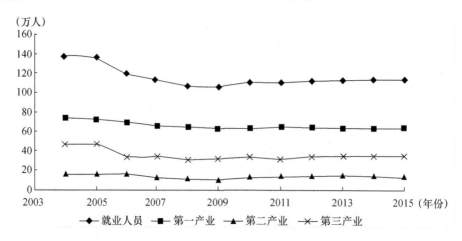

图 2-10　乌兰察布市人员就业状况

图 2-11 为乌兰察布市劳动力就业构成，可以看出，三次产业就业人员在 2007 年前变化幅度较大，随之趋于平稳。第一产业的就业比重呈先升高后下降趋势，第二产业就业比重变化幅度较小，第三产业就业比重相对有所增长。整体来看，劳动力从第一产业向第二产业流动缓慢，向第三产业流动稍显迅速，但转移力度还不够，大量劳动力仍旧滞留在第一产业。

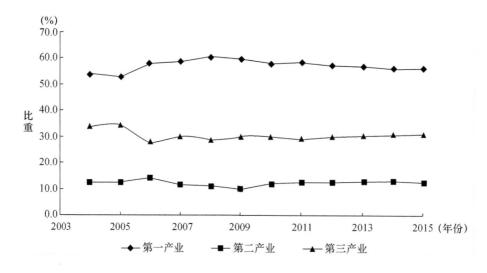

图 2-11　乌兰察布市劳动力就业构成

第三，乌兰察布市重点产业有电力、建材、化工、农产品加工、商贸等，发展物流产业具有相对优势。乌兰察布市位于自治区中部，是连接京津冀和呼包银鄂两个经济圈的重要节点，境内有京包、集二、集通、集张、大准等铁路，现有农产品等六个节点物流园区，有利于参与呼包鄂经济圈的产业分工和经济协作。

四、呼包鄂经济结构及产业结构研究

中国社会科学院文献出版社发布的《2007 中国城市竞争力蓝皮书》显示，在我国 200 个城市中，内蒙古自治区呼包鄂三市的"增长竞争力"排名并列第一，即有较大的发展空间。近年来，呼包鄂三市在大力推进新型工业化、城镇化和农牧业产业化进程方面不断取得突破，尤其是新型工业化的特征明显，产业结构得到进一步的调整优化，优势特色产业逐年壮大。

呼包鄂三市通过资源吸引资本，资本撬动资源，通过产业延伸、产业集中、产业多元的测量带动内蒙古自治区经济的高速发展。呼包鄂三市各有自己的资源和特色，其各自的发展也就有所差异，但又相互渗透、相互影响，形成了密不可分的整体。呼和浩特市拥有六大主导产业集群，即乳业、电子信息、电力、生物发酵、冶金化工和机电装备。2006 年，上述六大优势特色产业完成增加值占全部规模以上工业增加值的比重接近 70%。同时，基本建成了乳品加工、火力发电、生物发酵三个国内同类地区中最大的产业基地和自治区最大的信息产业基地。

包头市工业经济主要是冶金工业、稀土高新技术产业和机械装备制造业，已占全市工业比重的 87.7%。鄂尔多斯市通过大基地、大产业、大集团延长产业链，通过煤炭深加工促进经济发展。2000 年以来，全市工业增加值连续多年保持了自治区第一的增长速度。此外，鄂尔多斯市在煤炭产能大幅度扩张的基础上，又竭力打造成为正在崛起的共和国西部能源之都。

呼包鄂地区具有丰富的煤、石油、天然气、稀土、铁、有色金属等矿产能源，带动了区域经济的发展。呼包鄂三市已经形成了各具优势的主导产业，呼和浩特市形成了以制造业、有色金属、石化、电力、农畜产品加工业等具有比较优势的产业集群，包头市则在钢铁、有色金属、装备制造、纺织等行业实现了率先发展，鄂尔多斯市依托丰富的煤炭和天然气等资源形成了全国重要的能源工业城市。借助于当地丰富的资源优势，呼包鄂三市都形成了具有竞争力的特色产业，但是并没有从区域经济整体发展角度去规划发展，经济圈内产业分工与合作未完全实现，呼包鄂经济圈的整体实力还不强。这种通过资源大量消耗带来的经济高速增长是不可持续的，资源趋于匮乏，将会严重制约经济发展。要实现经济的持续健康发展，还需要实现呼包鄂经济圈的产业分工与合作，进一步深化体制改革与创新、转变经济增长方式，推动区域经济一体化发展模式，提高经济圈的整体实力，实现呼包鄂经济圈经济发展的新突破。

（一）呼包鄂经济结构分析

呼包鄂经济圈是内蒙古自治区最为发达的地区，也是中国较为发达的西部地区之一，是中国重要的重工业、能源生产基地。2015 年，该地区实现国民生产总值 11098 亿元，占全区国民生产总值的 61.5%，占全国国民生产总值的 1.8%，是 2004 年的 7.8 倍；GDP 占内蒙古自治区 GDP 的比重由 2004 年的 46.8%上升到 61.5%。2015 年呼包鄂地区第一产业生产总值为 326 亿元，是 2004 年的 3 倍，但在全区国民生产总值中的比重基本没有变化，保持在 20%左右；2015 年呼包鄂地区第二产业生产总值为 5098 亿元，为 2004 年的 7.3 倍，在全区国民生产总值中的比重由 2004 的 59.3%减小到 2015 年的 55.4%；2015 年呼包鄂地区第三产业生产总值为 5674 亿元，是 2004 年的 9.8 倍，在全区国民生产总值中的比重也由 2004 年的 45.3%增加到 2015 年的 78.7%。总体上看，呼包鄂地区三次产业生产总值均呈逐年升高的态势，但第一产业所占比重基本保持不变，第二产业生产总值呈逐年降低，第三产业生产总值逐年升高。也就是说，呼包鄂地区产业结构向高级演进的总体趋势是明显的。

表 2 - 5　呼包鄂地区主要经济指标

	呼包鄂地区			内蒙古自治区			占内蒙古自治区比重（%）		
	2004 年	2009 年	2015 年	2004 年	2009 年	2015 年	2004 年	2009 年	2015 年
GDP（亿元）	1424	5974	11098	3041	9740	18032	46.8	61.3	61.5
第一产业	108	194	326	523	930	1619	20.6	20.9	20.1
第二产业	740	3029	5098	1248	5114	9200	59.3	59.2	55.4
第三产业	576	2751	5674	1270	3697	7213	45.3	74.4	78.7
人均国民生产总值(元)	22387	88574	141106	12728	39735	71989	175.9	222.9	196
固定资产投资（亿元）	984	3801	6938	1809	7465	13651	54.4	50.9	50.8
社会商品零售额（亿元）	410	1636	3290	892	2855	6107	46.0	57.3	53.9

2015 年呼包鄂地区人均国民生产总值 141106 元，是 2004 年的 6.3 倍，是内蒙古自治区平均水平的 1.96 倍；固定资产投资 6938 亿元，是 2004 年的 7.1 倍，占全区固定资产投资的比重由 2004 年的 54.4%下降到 2015 年的 50.8%。2015 年呼包鄂地区社会商品零售额 3290 亿元，是 2004 年的 8.0 倍，占内蒙古自治区的比重则由 2004 年的 46.0%上升到 2015 年的 53.9%。总体来说，固定资产投资

及社会商品零售额均呈上升的趋势，但固定资产投资在全区所占比重则呈逐年降低、社会商品零售额所占比重呈逐年增加的趋势。

图 2-12 为呼包鄂三市国民生产总值对比，可以看出，2004～2015 年，呼包鄂三市国民生产总值呈快速发展趋势，鄂尔多斯市发展速度最快，包头市次之，呼和浩特市则是稳步上升。2004～2007 年，呼包鄂三市国民生产总值由高到低依次为包头市、呼和浩特市、鄂尔多斯市，且三市国民生产总值相差不大。2007 年呼和浩特市国民生产总值为 1101.0 亿元，而鄂尔多斯市国民生产总值则达到 1149.0 亿元，超过呼和浩特市，此后鄂尔多斯市经济发展迅速，2009 年达到 2161.0 亿元，超过包头市的 2169.0 亿元，到 2015 年达到 4226 亿元，是包头市的 1.17 倍、呼和浩特市的 1.37 倍，与包头市、呼和浩特市国民生产总值差距逐渐拉大。2007 年包头市国民生产总值为 1277.0 亿元，是呼和浩特市国民生产总值的 1.15 倍，此后，包头市经济发展迅速。截至 2015 年，包头市国民生产总值为 3782 亿元，为呼和浩特市的 1.22 倍，两市差距进一步加大。

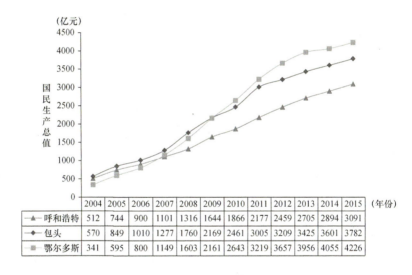

	2004	2005	2006	2007	2008	2009	2010	2011	2012	2013	2014	2015
呼和浩特	512	744	900	1101	1316	1644	1866	2177	2459	2705	2894	3091
包头	570	849	1010	1277	1760	2169	2461	3005	3209	3425	3601	3782
鄂尔多斯	341	595	800	1149	1603	2161	2643	3219	3657	3956	4055	4226

图 2-12　呼包鄂国民生产总值对比

图 2-13 为呼包鄂三市第一产业生产总值对比图，可以看出，2004 年来，三市的第一产业均呈稳步增长趋势，2015 年呼和浩特市第一产业生产总值达到 126 亿元，是 2004 年的 2.99 倍，呼和浩特市第一产业生产总值高于包头市、鄂尔多斯市第一产业生产总值，包头市、鄂尔多斯市第一产业生产总值相当。2015 年，第一产业生产总值分别为 101.0 亿元、99.0 亿元，是 2004 年的 3.45 倍、2.72 倍，即鄂尔多斯市第一产业生产总值增长幅度最小。呼和浩特市第一产业生产总值与包头市、鄂尔多斯市第一产业生产总值差距逐渐增大，2015 年呼和浩特市

第一产业生产总值是包头市、鄂尔多斯市的 1.25 倍、1.27 倍。

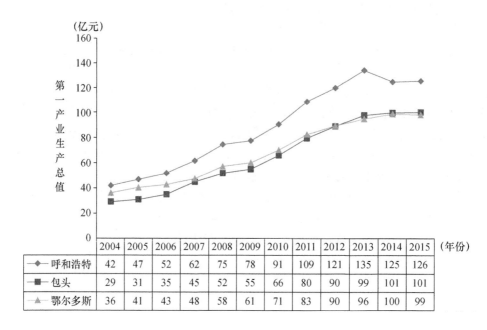

(年份)	2004	2005	2006	2007	2008	2009	2010	2011	2012	2013	2014	2015
呼和浩特	42	47	52	62	75	78	91	109	121	135	125	126
包头	29	31	35	45	52	55	66	80	90	99	101	101
鄂尔多斯	36	41	43	48	58	61	71	83	90	96	100	99

图 2-13　呼包鄂第一产业生产总值对比

图 2-14 为呼包鄂三市第二产业生产总值对比图，可以看出，2004～2007 年，呼包鄂三市第二产业生产总值增加幅度较小，且三市差别较小，包头市第二产业生产总值略高于呼和浩特市、鄂尔多斯市。2007 年后，包头市、鄂尔多斯市第二产业迅速发展，发展速度远超过呼和浩特市。鄂尔多斯市第二产业发展速度最快，2009 年达到 1260.0 亿元，超过包头市跃至第一位，是呼和浩特市的 2.12 倍。2015 年呼包鄂三市第二产业生产总值分别为 867.0 亿元、1831.0 亿元、2400.0 亿元，分别是 2004 年的 3.9 倍、5.6 倍、12.4 倍。即呼和浩特市第二产业增长幅度最慢，包头市次之，鄂尔多斯市第二产业生产总值增长幅度最快。同时，三市差值进一步增大，2015 年鄂尔多斯市第二产业生产总值是包头市的 1.3 倍、呼和浩特市的 2.8 倍，而包头市是呼和浩特市的 2.1 倍。

图 2-16 为呼包鄂三市第三产业生产总值对比图，可以看出，2004 年来呼包鄂三市第三产业生产总值发展速度均较快，且差别较小，2015 年呼包鄂三市第三产业生产总值分别为 2097.0 亿元、1850.0 亿元、1727.0 亿元，分别是 2004 年的 8.4 倍、8.5 倍、15.5 倍。2015 年呼和浩特市第三产业生产总值高于包头市、鄂尔多斯市第三产业生产总值，但呼和浩特市发展速度最慢，鄂尔多斯市发展速度最快。

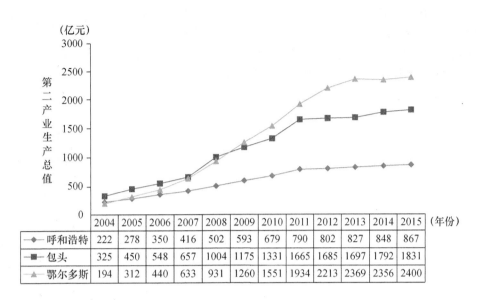

	2004	2005	2006	2007	2008	2009	2010	2011	2012	2013	2014	2015
呼和浩特	222	278	350	416	502	593	679	790	802	827	848	867
包头	325	450	548	657	1004	1175	1331	1665	1685	1697	1792	1831
鄂尔多斯	194	312	440	633	931	1260	1551	1934	2213	2369	2356	2400

图 2 – 14 呼包鄂第二产业生产总值对比

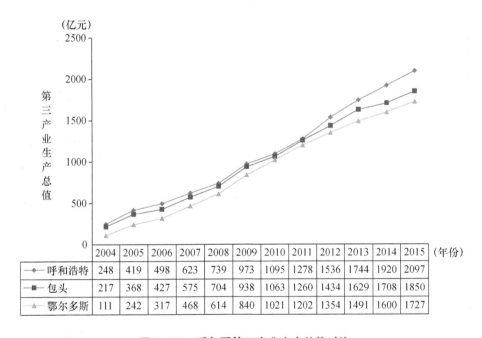

	2004	2005	2006	2007	2008	2009	2010	2011	2012	2013	2014	2015
呼和浩特	248	419	498	623	739	973	1095	1278	1536	1744	1920	2097
包头	217	368	427	575	704	938	1063	1260	1434	1629	1708	1850
鄂尔多斯	111	242	317	468	614	840	1021	1202	1354	1491	1600	1727

图 2 – 15 呼包鄂第三产业生产总值对比

图 2 – 16 为呼包鄂三市人均生产总值对比图，可以看出，2004 年来，呼包鄂

三市人均生产总值都呈增长趋势，但增长幅度差异较大。2015 年呼包鄂三市人均生产总值分别为 101976 元、135110 元、207676 元，分别是 2004 年的 5.0 倍、5.7 倍、8.8 倍。鄂尔多斯市人均生产总值增加幅度最快，包头市次之，呼和浩特市增加幅度较小。2015 年呼包鄂三市人均生产总值差距进一步拉大，鄂尔多斯市是包头市的 1.5 倍、呼和浩特市的 2.0 倍。

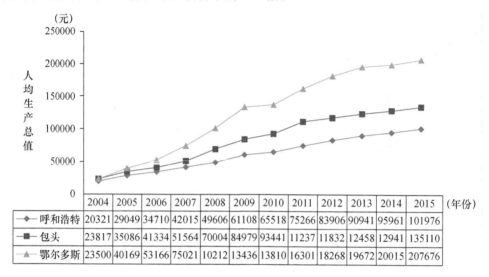

(元)	2004	2005	2006	2007	2008	2009	2010	2011	2012	2013	2014	2015 (年份)
呼和浩特	20321	29049	34710	42015	49606	61108	65518	75266	83906	90941	95961	101976
包头	23817	35086	41334	51564	70004	84979	93441	11237	11832	12458	12941	135110
鄂尔多斯	23500	40169	53166	75021	10212	13436	13810	16301	18268	19672	20015	207676

图 2 - 16　呼包鄂人均生产总值对比

（二）呼包鄂产业结构分析

由以上呼包鄂经济圈各市产业结构对比，呼和浩特市产业结构呈现出"三二一"的特点，即第三产业发展较快，所占比重逐渐增大，第一产业所占比重逐渐减小。包头市、鄂尔多斯市的产业结构都呈现出"二三一"特点，即第二产业占主要地位，第三产业次之，第一产业居第三位。目前环呼包鄂经济圈在整体上仍然处于工业化的中期阶段，各市把加快工业发展作为本地区经济发展和提升其地位的主要途径。从工业内部来看，各市多以能源原材料和重化工为支柱，结构相似度大，低水平无序竞争现象严重，此现象在一定程度上影响了产业效率和技术创新。

图 2 - 17 为呼和浩特市三次产业所占比重变化图，可以看出，2004～2015年，呼和浩特市第三产业所占比重远大于第二产业、第一产业所占比重，第一产业在国民生产总值中所占比重基本呈逐年降低趋势，但降低幅度较小，由 2004年的 8.2% 降低到 2015 年的 4.1%；第二产业生产总值所占比重也呈现逐年降低的趋势，降低幅度较第一产业降低幅度大，由 2004 年的 43.3% 降低到 2015 年的 28.1%；第三产业生产总值所占比重则呈逐年上升的趋势，上升幅度较大，由

2004 年的 48.5% 上升到 2015 年的 67.9%。

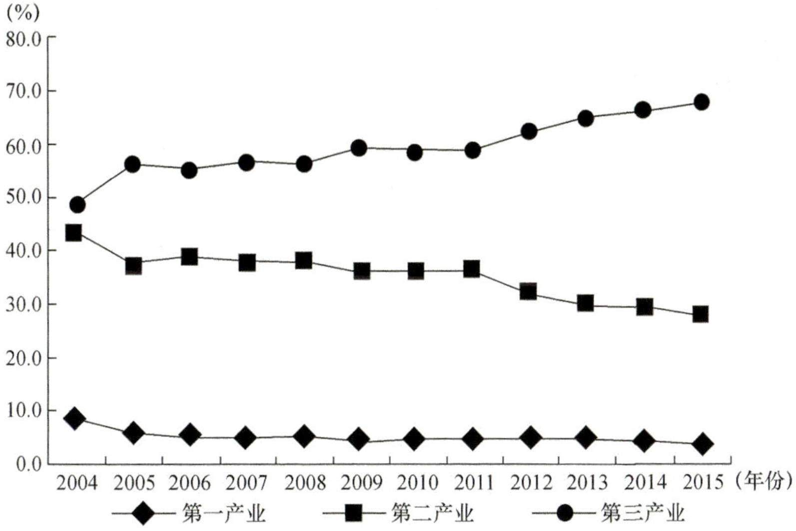

图 2 - 17　呼和浩特市三次产业所占比重变化

图 2 - 18 为包头市三次产业所占比重变化图，可以看出，2004～2015 年，包头市第二产业所占比重大于第三产业所占比重，第一产业所占比重较小。包头市第一产业在国民生产总值中所占比重基本呈逐年降低趋势，但降低幅度较小，由 2004 年的 5.1% 降低到 2015 年的 2.7%；第二产业生产总值所占比重也呈现逐年降低的趋势，降低幅度较第一产业降低幅度大，由 2004 年的 56.9% 降低到 2015 年的 48.4%；第三产业生产总值所占比重则呈逐年上升的趋势，上升幅度较大，由 2004 年的 38.0% 上升到 2015 年的 48.9%，即 2015 年第三产业所占比重首次超过第二产业所占比重。

图 2 - 19 为鄂尔多斯市三次产业所占比重变化图，可以看出，2004～2015年，鄂尔多斯市第二产业所占比重大于第三产业所占比重，第一产业所占比重较小，且第一产业在国民生产总值中所占比重呈逐年降低趋势，且比呼和浩特市及包头市降低幅度大，由 2004 年的 10.7% 降低到 2015 年的 2.3%；特别是 2008 年以来，第一产业所占比重大幅度降低。2004～2015 年，鄂尔多斯市第二产业所占比重呈现先降低后升高的趋势，2004～2005 年呈降低趋势，2005～2015 年则呈现上升趋势，由 2005 年的 52.5% 上升到 2015 年的 56.8%。第三产业生产总值所占比重变化趋势与第二产业变化趋势相反，呈现先升高后降低的趋势，2004～2007 年，第三产业生产总值所占比重呈升高趋势，由 2004 年的 32.6% 上升到 2007 年的 40.7%，2007～2015 年，呈现先降低后升高的趋势，2012 年降低至

37.0%，随之升高，2015年升高到40.9%。

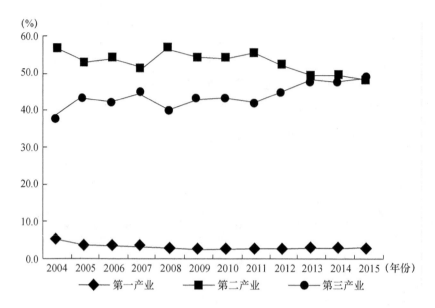

图2-18　包头市三次产业所占比重变化

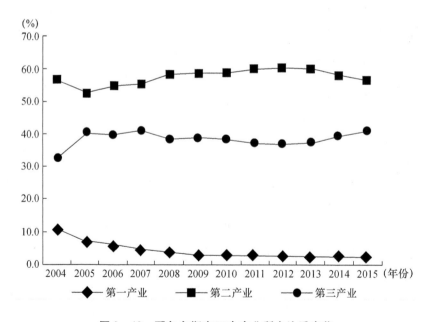

图2-19　鄂尔多斯市三次产业所占比重变化

五、呼包鄂经济圈发展政策建议

（一）优化空间格局

坚持区域协同、城乡一体，按照要素有序自由流动、主体功能约束有效、基本公共服务均等、自由环境可承载的要求，塑造"一核两翼三带四区"的空间格局。

1. 一核两翼

一核两翼指突出呼和浩特市核心地位，加快发展首府经济，增强城市服务功能，提升综合承载和辐射带动能力。强化包头市、鄂尔多斯市区域副中心城市地位，发挥区域经济发展引擎作用，打造呼包鄂协同发展增长极。发展壮大准格尔、达拉特、土右、土左、托克托、和林等城镇规划，推动呼包鄂城市群加快发展。

2. 三大产业带

三大产业带中，第一条是沿黄沿线产业带。重点发展煤炭清洁高效利用、新型化工、特种钢铁、有色金属、现代服务业和先进装备制造、生物、新材料战略性新兴产业。探索推进准格尔—托县—清水河和昆区—达拉特旗—土右旗产业一体化循环发展。第二条是沿阴山北麓新能源产业带。重点发展风电、太阳能发电及相关配套产业。第三条是土默川绿色农畜产品生产加工输出带。重点发展乳业、肉业、绒纺、粮食、蔬菜、瓜果及其营销业。

3. 四个生态综合治理区

四个生态综合治理区主要包括：以鄂尔多斯市为主的丘陵沟壑、沙漠沙地生态治理区；以清水河县、和林格尔县、托克托县等为主的土石山生态治理区；以固阳县、武川县、达茂旗、石拐区等为主的阴山北麓生态综合治理区；以土左旗、回民区、新城区、九原区、青山区、昆都仑区、东河区、土右旗等为主的大青山南麓生态保护区。重点实施退耕还林还草、三北防护林体系、京津风沙治理、天然林资源保护等生态工程和植树造林、地质环境治理、水资源保护和小流域治理等重大行动，加强黄河风光带和沿交通干线绿廊建设，恢复和改善自然生态功能。

（二）完善呼包鄂区域经济发展规划及保障措施

内蒙古自治区成立推动呼包鄂协同发展领导小组。领导小组主要职责是根据区域分工的特点与内容，制定呼包鄂区域中长期发展规划、战略目标和推进协同发展的方针政策，指导呼包鄂三市通过体制机制的创新，破除协同发展障碍。协调跨行政区域的事务和上下关系，监督地方政府间协议的执行。赋予重要资源配置权，负责统筹呼包鄂区域经济活动的重大事项及布局建设。领导小组下设办公室。

建立呼包鄂联席会议制度。联席会议由呼包鄂三市市长按年度担任轮值主席。联席会议每年至少召开一次，深入研究呼包鄂协同发展中的重大问题，协商确定呼包鄂协同发展的重点事项。制定呼包鄂协同发展章程，并报请自治区领导小组批准执行。章程主要内容应包括呼包鄂协同发展的宗旨、目标、任务以及共同遵循的原则，同时提出重大事项决策程序、争议事项解决办法、对外合作关系准则和对三市的基本要求等，切实保证呼包鄂协同发展有章可循、长期可持续。

建立呼包鄂三市部门会商机制。会商机制召集人由呼包鄂三市常务副市长轮值担任，三市分管秘书长和综合部门主要负责人参加。会商每半年举行一次，必要时由联席会议轮值主席提议随时举行。主要负责贯彻落实自治区和三市联席会议决策，制定协同发展总体方案和各项方案，指导协调各市开展专项合作，并收集整理区域协同发展建议方案，审议形成联席会议议题上报。

设立呼包鄂协同发展专项合作组。围绕产业、交通、环保、文化、金融、商务、国土、城建等协同发展的重点领域成立专项合作组。专项合作组由三市分管秘书长牵头，区内外有关专家和三市对口部门根据各专题需要参加，主要负责贯彻落实联席会议审议的各项事项和部门会商制定的专项方案，提出各个领域内的工作建议和研究事项。

设立呼包鄂协同发展专家咨询委员会。为保证协同发展各项决策的科学化、民主化，建立以专家、学者、人大代表、政协委员为主，政府工作人员、行业协会负责人、企业家和群众代表等诸多利益相关者参加的"呼包鄂协同发展专家咨询委员会"，作为呼包鄂协同发展重大决策的咨询机构。鼓励建立非官方的对话机制，支持大专院校、学会、协会、研究会、生产力促进中心等非官方机构举办呼包鄂协调发展论坛、研讨会等。

构建呼包鄂协同发展的合作信息通报与交流平台。由呼包鄂协调发展领导小组办公室建立专门网站。通过网站、行业协会、产业联盟、论坛会议等多种方式，建立呼包鄂三市统一的人事、资金、技术、设备、土地等生产要素市场体系，推动生产要素在三市间同城化流动；建立产业、企业、产品、投资等网上通报和会议交流机制。通过多途径、多层次通报交流，促使区域内各地区、各园区、各企业、各投资主体和经济活动的参与人互为市场、循环发展，推动经济合作更加深入，从总体上实现低成本扩张、高效率优化，形成优势互补、协作发展的局面。

建立呼包鄂协同发展资金保障机制。为保证联席会议、会商机制的正常运转，特别是为了支持呼包鄂协同发展专项合作有关调查、研究、论证等工作的顺利进行，自治区和三市政府要将有关工作经费列入同级财政预算，予以足额保障。

落实和完善财税政策。建立呼包鄂区域内各行政单元之间经济合作的财税激励政策，并将其纳入制度化框架。按照事权与支出责任相适应的原则，建立健全基本公共服务支出分担办法。

深化三市户籍制度改革，完善三地流动人口统筹管理网络。建立区域人才开发与共享机制，形成区域人才合作共同体。以完善信贷、纳税、合同履约、产品质量等信用记录为基础，推进区域社会信用信息交换共享。围绕促进区域内金融资源自由流动、金融产品高度可替代和金融服务无差异，加快推进呼包鄂三市金融电子一体化。合力构建普惠性的创新支持政策体系，深化知识产权领域改革，加强知识产权保护。围绕资源开发、技术研发、产业延伸、企业协作、市场拓展，制定统一招商目录，建立一体化招商引资平台，尝试呼包鄂三市园区、项目打包招商、统一招标、联合引资。完善法治化、国际化、便利化的营商环境，健全有利于合作共赢并同国家贸易投资规则相适应的机制。

建立和完善呼包鄂协同发展评价、宣传和考核体系。自治区呼包鄂协同发展领导小组办公室定期和不定期开展督促检查，对确定事项的落实情况和责任分工进行评估、提出报告，争取在呼包鄂三市基础设施互联互通上取得突破。各级新闻宣传部门要指导各类新闻媒体加强对呼包鄂协同发展进行相关报道，引导企事业单位积极支持、参与和协同发展，努力营造呼包鄂协同发展的良好氛围。自治区组织部和各级实绩考核部门要及时修订完善三市及有关旗县领导干部考核指标体系和办法，逐步以区域统筹发展指标来替代部分传统的区域性统计指标，形成有利于协同发展的工作导向。建立三市间政府机关干部挂职，任职和高校科研机构人才交流机制，形成呼包鄂协同发展的动力机制。

呼包鄂区域发展进行统一规划，达到科学布局和优势互补。对呼包鄂地区区域经济发展规划进行研究，呼包鄂地区区域规划研究的一般性内容包括区域发展目标、区域规划的原则、区域发展战略、区域第一产业规划、区域第二产业规划、区域第三产业规划、区域城镇体系和乡村居民点体系规划、区域土地利用规划、区域环境治理和保护规划。目前，区域规划的实施问题越来越被重视，探讨的成果也越来越多。针对目前区域规划实践中存在着重规划、轻实施的问题，应该增加区域管理内容，加强区域规划的实施。

针对呼包鄂地区规划，完善呼包鄂地区规划及相关规划体系。在制定内蒙古自治区五年规划的同时，制定呼包鄂地区规划，提交内蒙古自治区人民代表大会审议；以内蒙古自治区五年规划和呼包鄂地区规划为规划背景，制定呼和浩特市、包头市和鄂尔多斯市五年规划，从而形成"内蒙古自治区规划→呼包鄂地区规划→呼和浩特市、包头市和鄂尔多斯市规划"的规划体系。

区域经济发展规划过程中，应多方面综合考虑，呼和浩特市要建设成为现代化首府城市，包头市要建成中西部经济强市，鄂尔多斯市要建成国家重要的能源、原材料和化工基地，其中应突出发展呼和浩特市、包头市两个中心城市。要扩大城市规模，增强功能，改善环境，建设成为具有跨省竞争力和较强创新能力的现代化城市。呼和浩特市应发展为以外向型经济、高新技术产业、知识密集型第三产业、旅游业为主导的现代化首府城市，进一步强化其在全区政治、经济、科技、文化、教育、金融方面的中心地位；包头市应建设成为以稀土科研生产、冶金工业、机械工业为主导的工业化大城市，使其成为全区开放度最高、市场发育最全、辐射带动力最大并在全国具有一定影响力的经济强市；鄂尔多斯市则要依托煤炭等能源优势，建设成为大型能源和重化工生产基地。总之，要通过统一规划和政策引导，实现资金、技术、人才和信息等生产要素的优化组合，促进三市的产业结构调整和布局优化。

随着呼包鄂区域一体化进程的加快，城市区域在经济、社会、文化等方面的发展将越来越呈现出整体性、综合性和战略性特征，由原来各自为政的行政区经济走向区域经济一体化必将成为呼包鄂区域内各城市之间联动发展的新形态和新阶段。因此，在当前经济全球化和区域经济一体化的新背景下，呼包鄂区域各城市政府应该尽快转变传统的行政区域观念，树立新型的区域观与整体战略意识，在空间结构重组、产业结构调整、基础设施共建共享、生态环境建设保护等方面，从城市区域的整体利益出发，突破行政区划，从长计议，取长补短，积极创造和寻求相互之间的合作与交流机会，为共赢共荣、联动发展创造良好的政治和政策环境。只有这样，才能使呼包鄂区域在区域层面上共同参与西部地区乃至全国战略格局下的经济竞争，并在竞争中占据有利地位。

快速便捷、高效安全、互联互通、合作共享的基础设施体系是实现呼包鄂区域空间整合发展的基础。在经济发展的进程中，呼包鄂区域内的各城市应抓住国家加大基础设施投入力度和呼包鄂发展上升为国家战略的契机，在交通运输网络建设中树立大市场、大交通的观念，积极寻求基础设施建设股份化投资新机制，全面突破行政分割，做好规划协调，共建共享基础设施。在加强铁路、公路网络化建设的同时，充分挖掘对外口岸和航空潜力，建立各种运输方式联运的快速高效的综合立体交通运输网络。与此同时，还要特别注重区域内部信息基础设施的统一规划和互通互联建设，提高边境区域的信息化水平和信息能力。

（三）引导产业协同发展，加快产业升级

立足各地资源禀赋和比较优势，优化呼包鄂经济带的生产力空间布局，加强地区间产业分工协作，提高资源配置效率，增强产业园区承载能力；进一步完善产业园区的发展体制和机制，建立高效、协调的合作共建管理模式和利益分配机制，实现资源共享，发挥规模效应，提高辐射带动能力；推进产业结构优化升级，形成布局合理、产业集聚、区域互动、分工协作、协调发展、具有竞争优势的现代化产业集群。

加快新技术、新产品、新标准的研发推广，培育具有自主知识产权的国家品牌，强力推动优势产业向中高端迈进，促进传统产业新型化、新型产业规模化、支柱产业多元化，形成区域间产业协同发展和上下游联动机制，建立优势互补、配套协调的产业分工体系。

联合打造五大产业基地。建设国家清洁能源和现代煤化工生产示范基地。统筹区域煤炭资源、水资源及节能、环保等指标，推动三市煤水组合、合作共建、利益共享。按照产业园区化、装置大型化、产品多元化、生产柔性化要求，加快风电、太阳能发电、煤制芳烃、煤制烯烃、煤制乙二醇、煤制油、煤制天然气等升级示范工程建设，推进产品横向耦合、纵向延伸，提高产品附加值，培育产业集群，共同打造国家清洁能源和现代煤化工生产示范基地。

建设有色金属生产加工和现代装备制造等新型产业基地。加快包头钢铁基地建设，推进钢铁企业联合，优化钢铁产品结构，提高特种钢和优质钢比重，发展高附加值钢材系列产品，导致稀土钢品牌。推进煤电铝一体化发展，以新区—托克托县—清水河工业集中区为重点，加快高铝粉煤灰和煤矸石中提取氧化铝、硅铝合金产业化，大力发展高端铝后加工产品，打造国家铝产业基地。大力发展工程机械、矿山机械、煤炭机械、化工装备、轨道交通设备、风电设备等特色装备制造，积极发展载重汽车、乘用车和新能源汽车，配套发展模具、零部件等产业，以包头装备园区和东胜—康巴什—伊金霍洛旗装备制造园为重点，建设现代装备制造业基地。

建设战略性新兴产业基地。加快培育一批符合国家产业政策、技术含量高、发展潜力大、具有区域优势的战略性新兴产业。重点发展以包头市为中心的稀土、新材料、新能源、高端装备制造等产业集群，以呼和浩特市、鄂尔多斯市为中心的电子信息、光伏、生物医药、节能环保等产业集群。以呼和浩特市为中心，加快呼包鄂地区大型云计算数据中心建设，深入实施"互联网＋"发展战略，推进云服务产业发展，建成服务全国、面向世界的云计算数据中心、备份中心和开发应用中心。

建设绿色农畜产品生产加工输出基地。以现代农牧业示范区为重点，依法推进土地经营权有序流转，构建培育新型农业经营主体的政策体系。率先培养新型职业农民。立足特色农畜产品资源，培育申报一批著名、驰名商标，依托龙头企业和知名品牌，加快绿色、特色产品开发，重点打造乳、肉、绒、薯、杂粮等产业集群，实现农畜产品加工业的生态化、标准化、安全化、高端化。大力实施"菜篮子"工程，合理布局呼包鄂三市蔬菜种植基地，大力发展设施农业，扩大有机蔬菜种植规模，努力提高蔬菜自给率。辐射带动河套平原和阴山以北草原地区共同建设以羊肉、杂粮等为主的国家级绿色农畜产品生产加工输出基地。

建设旅游观光、休闲度假基地。以呼和浩特市为旅游集散中心，加大优质旅游资源整合和开发力度，推动无障碍旅游区建设，形成线路互联、客源互流、产品互补的统一旅游市场，打造区域品牌，提升旅游产业竞争力和影响力。依托呼和浩特—包头—鄂尔多斯精品旅游线路，合理开发黄河、湿地、草原、沙漠、文化、宗教等旅游资源，积极发展蒙元文化体验游、工业观光游、农业采摘休闲游，探索发展马、骆驼、鹿产业及产品，形成组合合理的高品质、系列化旅游产品，打造国内外重要旅游目的地。

合力建设三大中心。①建设文化中心，突出草原文化、黄河文化、地方传统文化特色，促进区域文化交流与合作，加强区域文化挖掘、保护和传承，创建和培育区域文化品牌，形成区域文化发展合理。加大区域文化资源开发整合力度，以影视、数字、动漫、游戏、出版、设计与服务等文化创意产业为突破口，重点培育建设呼和浩特大盛魁产业园、包头书画中心、鄂尔多斯蒙古源流文化园等一批文化产业园区，积极培育区域特色会展品牌，促进文化产业与旅游深度融合，带动文化软实力和产业竞争力同步提高。②建设商贸物流中心。充分发挥呼和浩特市、包头市国家级物流节点城市的辐射带动作用，构建大数据、大物流、大联盟的区域合作新模式，实现铁路、公路、航空运输无缝对接，做好地区间、部门间物流基础设施的衔接。充分发挥包头市无水港、满都拉口岸物流中心、鄂尔多斯市大宗商品综合性物流中心、呼和浩特市特沙良公铁物流港和出口加工区等内陆港、区的作用，积极发展国际物流。扩大货运服务网络，打造地区航空货运和快件集散网络中心、临港产业园。支持呼和浩特市建设临空经济区，包头市建立世界级稀土交易中心和国家级储备中心，鄂尔多斯市建立国家级煤炭交易中心。③建设区域金融中心。立足呼包鄂金融资源、资产、人才聚集优势，充分发挥呼包鄂金融对全区的辐射带动作用。以呼和浩特市为中心，协同金融组织体系建设，协同金融传销，协同产业与金融融合，统筹金融机构网点布局，促进区域金融要素高效流动。加强区域性的股权交易中心建设，积极发展公募基金、私募基金、创投基金、产业基金等。建立金融协作平台和信息共享机制。开展区域内金融统计数据互换、产业与金融政策信息发布、联合调查研究，组建融资担保区域联盟。强化呼包鄂三市金融风险防范机制，共同建立金融不良资产的处置中心。共同防范和处置非法集资，协同推进互联网金融。

通过区域间的产业整合和分工协作，形成规模经济效益，提高资源利用效率。一个区域，要在市场竞争中取胜，必须具有其他地区不可替代的特色优势产业。作为内蒙古地区的经济增长极，呼包鄂经济圈必须加快产业结构的调整，培育自身的优势产业，发展自己的特色经济，尽快改变二元经济的现状，进而带动全区的经济发展。发展呼包鄂经济圈的优势产业，必须要充分利用自身的资源和区位优势，加大资源开发和技术进步的力度，使资源优势变为经济优势。目前，呼包鄂区域内产业发展存在一定的重复，需要加快产业整合的步伐，做好未来产业发展定位。

在产业定位上，各大城市要充分发挥优势，如呼包鄂经济圈拥有富集的能源矿产资源，是我国第二大能源基地。但随着经济的发展和科技的进步，自然资源的作用逐渐下降，资本、人才、技术的作用逐渐上升，仅仅依靠粗放型的生产模式已不能满足发展需要。因此，呼包鄂地区在重点发展能源、原材料工业的同时，必须要加强资源整合的力度，促进产业结构调整，提高产业集中度，重点发挥煤电资源优势，加快建设大型能源和重工业基地。呼和浩特市要强化首府城市功能，发挥科研的优势，重点发展高新技术产业特别是非资源型加工业；借助区位优势，提升服务业比例。包头市的装备制造业体系完备，技术力量雄厚，是北方著名的重工业城市，具备发展现代制造业的良好基础。因此，把冶金工业、机械工业作为主导产业切实加强，依托资源优势和产业基础，发展特色产业，加快建设钢铁特别是特种钢项目以及铝、镁、装备制造，加快发展建设成为国家重点的冶金装备制造产业集群。在稀土供应方面，包头市在全国乃至全世界都有得天独厚的优势。但是，目前包头市的稀土应用材料的研发水平还比较低，仍处于销售初级加工品阶段。因此，稀土产业要依托现有的资源优势和科技力量，加快创新步伐，积极推进稀土材料在其他相关产业领域的应用，将包头市建设成为以稀土科研生产为主导的工业化大城市，形成世界级稀土生产、研发和出口中心，即全力打造钢铁、铝业、稀土等工业基地，壮大装备制造业规模。鄂尔多斯市坚持资源型产业向下游延伸的发展方向，延长产业链条，进一步突出壮大煤炭、电力、化工、羊绒等优势产业，发展成为国家重要的能源重化工基地。其他地区要加强分工协作，发展特色产业，提高产业和人口集聚能力，成为呼包鄂城镇群的重要支点。

提高城市间产业关联协作，制定促进产业链发展的政策和措施，提升产业关联协作能力。要充分借助产业资本，将呼包鄂区域内能源、钢铁、化工、有色金属等行业进行合理整合，鼓励企业重组、联合，降低彼此间竞争，促进彼此间合作。制定呼包鄂重点产业发展规划，做好呼包鄂区域招商引资工作。在做好城市产业定位基础上，强化城市形象，促进产业在区域内有序流动。另外，确定发展重点应注重在区域内合理配置，强化煤矿机械、汽车、风电设备制造、化工机械及配套产业的发展，重点加强内蒙古第一机械集团有限公司、内蒙古集团有限公司为主龙头企业建设，扩大终端产品的产能，形成一批市场前景好、竞争能力强、生产规模大的龙头产品，在产业布局上，尽可考虑中小县市。

促进优势产业发展和升级。能源、钢铁、化工、高新技术等优势产业，是推动呼包鄂区域经济持续快速发展的主要支撑。要大力推进产业延伸和升级，坚持用新工艺、新技术和新的企业组织形式，促进优势产业进一步做大做强。能源工业要在提升煤电生产水平的同时，积极发展煤化工、天然气、氯碱等化工产业，推进精细化工发展，延伸化工产业链条。进一步优化稀土资源配置，通过引进稀土延伸加工项目，加快建设稀土新材料及应用产业。有色金属、钢铁要重点做好新产品的开发，加快循环经济的发展。同时，依靠市场竞争企业优胜劣汰、兼并重组的机遇，加大企业组织结构调整力度，引进和培育一批引领产业发展、支撑地区经济、注重节能环保、具有较强竞争力的大企业大集团，提高企业管理水平，提高优势产业在国内外市场的竞争力。

（四）构建集群化多层次城镇体系，全面推进呼包鄂经济圈的城市化进程

走以人为核心的新型城镇化道路，立足于比较优势和现有基础，坚持定位清晰、优势互补、协调发展、强化联动，优化城镇群空间布局，提高城市规划、建设、管理水平，推动中心城市、中小城镇和重点集镇协调发展，形成集群化多层次的绿色、智慧和人文城市新体系。

全面增强呼和浩特中心城市辐射带动能力。通过区市共建，进一步强化首府功能，合力打造一流首府城市。按照"轻型、绿色、友好"发展要求，建设轻型和现代服务中心，努力建成功能完善、富有活力、和谐美丽的首府，在制度创新、科技进步、综合服务等方面走在呼包鄂前列。

包头市要进一步优化城市空间开发格局，加强城市环境建设。向南拓展城市空间，与达拉特旗实现跨河共建；向东扩展产业空间，与土右旗融合发展，建设"稀土＋"和高端装备制造中心，打造宜居、宜业新型工业城市。

鄂尔多斯市统筹东胜区、康巴什新区和伊金霍洛旗阿勒腾席热镇城镇建设，推进资源型经济创新发展和综合配套改革，建设资源深加工中心，建成要素聚集、生态宜居的现代化区域中心城市。

加快发展县域中心城镇和小城市。发展特色县域经济，加强与中心城市发展的统筹规划与功能配套，逐步将托克托县、和林格尔县、土默特左旗、土默特右旗、伊金霍洛旗、达拉特旗、准格尔旗旗县所在地培育成功能完善、产业和人口集聚水平较高的卫星城市。引导包头市区—土右旗—达拉特旗、呼和浩特市区—土左旗、托克托县—准格尔旗合作共建，在交通、信息等基础设施建设上有效联动和一体化发展。

强化重点城镇功能。充分发挥县城和重点镇连接城乡、带动乡村的节点功能，着力提升基础设施和公共服务保障水平，推进"一镇一风貌、一镇一产业"建设，建成一批生产加工型、商贸流通型、文化旅游型、口岸开放型专业镇、特色镇，增强县城和重点镇吸纳要素、承载产业、带动就业和集聚人口的能力。

从国内外经验来看，经济总量集聚的地区，同样也是人口相应集中的地区。因此，提高城市的容量和承载力是增强呼包鄂区域影响力关键之一。目前，呼包鄂三市经济发展，产业结构以从劳动力密集型产业为主的初级阶段向以资金技术密集型产业为主的中级阶段过渡，但客观上还需依靠一定数量的劳动密集型产业。另外，随着沿海产业转移以及第三产业的发展，也需要有大量成熟的技术工人和相关人员，客观上需要吸引更多的周边地区人口，扩大呼包鄂区域对城市基础建设的投入，扩大城市的发展空间。

加快构建以呼和浩特市、鄂尔多斯市、包头市为核心，以乌兰察布市、巴彦淖尔市、乌海市周边地区为辅，形成更大范围的、更多产业融合的"呼包鄂经济合作圈"。这样可以提高区域内城市数量，拓宽行业的种类，通过协同合作，提高效率，使区域内资本融合；按照国家主体功能区规划，自治区大部分盟市将限制开发和禁止开发，经济发展重点主要在农业、牧业和林业上，因此必须要提高工业对三者的反哺功能，提升三者的科技含量和附加值，适当增加这类地区，如锡林浩特市、乌兰察布市，对自治区经济发展具有战略意义；扩大区域范围，在更大范围内进行产业布局提供便利，新增地区不仅可以缓解呼包鄂区域内发展的压力，而且可以更多地吸纳限制和禁止开发区域人口，扩大经济总量和人口数量，争取国家更多的支持，扩大区域影响力。

要加快区域中型城市建设。加快撤县立市的步伐，按照国家有关规定，土左旗、土右旗、达拉特旗、准格尔旗等旗县基本达到撤县立市的条件，仅人口指标低于国家标准，应通过产业转移、加大项目投资和户籍政策改革，扩大旗县的影响力，吸引和集聚周边地区人口，力争三年以后各旗县城镇总人口达到50万人以上；对10万人口以上的地区，如伊金霍洛旗、鄂托克旗、和林格尔县、托克托县等，应加快撤并乡镇工作，除依托的大企业、大项目增强人口承载和产业吸附能力外，还应加大服务业等人口密集型产业，加强城市基础设施建设等措施，吸引周边人口，提升城市化水平，力争在十年内建设完成一批功能完善、特色鲜明的小城市。

城市化是社会文明发展的标志，对区域经济发展具有推动作用。呼包鄂经济圈应从推动工业化的角度，积极加快城市化进程，增强其扩散效应，带动全区的经济协调发展。城市发展到一定程度后就会通过自身的扩散效应逐步向周边地区推进和辐射，最终带动整个区域经济的协调发展。因此国家以及自治区应利用非均衡发展的规律，把有限的资金、人力和物力投入到最能发挥效益的地方，使呼包鄂三个城市结合自身的发展优势，充分发挥中心城市的规模效应和经济效应，依赖增长极带动整个区域的经济发展。

在发展大城市的同时，要结合资源优势、产业基础以及交通运输条件科学规划小城镇建设。呼包鄂地区农村建设要走工业城镇化的道路，特别要沿交通干线发展。充分利用呼包鄂经济圈增长极，以旗县所在地或有一定规模的小城镇为基地，积极引导乡镇企业集中布局，带动农村腹地的城镇化进程，通过积极发展中小城镇来提高呼包鄂经济圈的城市化水平和城市居民生活水平。

（五）协同发展基本公共服务

坚守底线、完善制度、引导预期、保障基本，以就业创业、教育文化、医疗健康和社会保障为重点，创新公共服务提供方式，能由政府购买服务提供的，政府不再直接承办；能由政府和社会资本合作提供的，广泛吸引社会资本参与。推进三市基本公共服务均等化、一体化，提高公共服务共建能力和共享水平。

优化就业创业环境。实施更加积极的就业政策，创造更多的就业岗位，鼓励以创业带就业，建立面向人人的创业服务平台。建立三市统一的人力资源市场，打破城乡、地区、行业分割和身份、性别歧视，所有劳动者不分城乡、地域全部纳入统一管理，享受同等的就业失业等级、职业介绍和培训、创业优惠扶持等公共就业服务。建立区域内统一的就业信息共享网络和就业公共服务体系，逐步实现区内就业服务标准化。以提高劳动力素质、劳动生产率为目标，整合各类培训资源和资金，创新培训方式和补贴机制，打造一批职业技能培训基地和培训品牌。深化工商注册便利化改革，构建区域一体化创业政策发布平台，鼓励发展众创、众包、众扶、众筹空间，营造大众创业、万众创新的良好氛围，推行劳动者权益维护联合执法，切实维护劳动者的合法权益。

合理配置教育资源。深化教育改革，合理规划布局、优化配置区域内公共教育资源，推进公共教育资源合作共享和相互开放，促进教育资源均等化，区域旗县内的义务教育水平均衡达标，普及高中阶段教育、鼓励普惠性幼儿园的发展。提高高校教学水平和创新能力，使若干高校和一批学科达到或接近国内一流水平。以基础能力建设为抓手，以区域内特色产业需求为导向，建立适应区域经济发展的现代职业教育体系。拓宽区域内跨市、跨旗县、跨校际合作，建立教育人才交流平台，探索校长和骨干教师交流与合作培养机制。联合推进教育信息化，发展远程教育网络，扩大优质教育资源覆盖面。

完善医疗卫生服务体系。优化医疗卫生机构布局，健全上下联动、衔接互补的医疗卫生服务体系，完善基础医疗服务模式。促进医疗资源向基层、农村牧区流动。推进区域公共医疗卫生资源共建共享，提高公共医疗卫生资源的利用率。推动各医疗机构使用通用病例和医学检验检查结果互认，在区域内实现职业健康监护结果互认。建设使用共享互联互通的人口健康信息平台，整合区域卫生和计划剩余网络信息资源，建立全员人口信息电子健康档案、电子病例、医疗急救转诊、疫情通报、卫生科技学术交流、卫生执法监督信息通报等方面的信息共享机制，加快电子健康卡推广及普及应用，推进跨区域、跨机构卫生和计划生育业务协同。建设以居家为基础、社区为依托、机构为补充、政府与社会相结合的多层次养老服务体系，推动医疗卫生与养老服务相结合，加强蒙医中医医院与养老、康复机构合作，发展蒙中医药健康服务业。

完善社会保障体系。实施全面参保计划，基本实现法定人员全覆盖。全面实施城乡居民大病保险制度。实行医疗保险和剩余保险盟市级统筹，逐步实现三市医疗保险同城化。建立统一的社会保险转移通道，实现三市流动就业人员医疗保险关系转移接续无缝对接。定点医疗机构和医保缴费年限互认，三市依托自治区异地就医平台率先实现基本医疗保险异地就医直接结算。完善职工养老保险个人账户制度，探索建立多缴多得激励机制，发展职业年金、企业年金、商业养老保险。按照"五个一批""六个精准"，实施精准扶贫、精准脱贫，因人因地施策，提高扶贫时效，确保贫困人口如期脱贫。

完善住房保障体系。建立呼包鄂一体化的住房保障制度，实现三市住房保障标准基本一致，使三市居民共享同等的住房保障待遇。扩大住房保障的覆盖面，基本形成覆盖所有城镇中低收入住房困难人群的保障性住房供应体系。有效整合移民工程与城市征地安置、矿区移民等项目，逐步把农村转移进城人口和外地务工人员纳入住房保障范围。进一步加大农村牧区危房改造力度，扶持不具备生产生活条件村庄的人口搬迁安置。探索建立公积金贷款异地通用机制，推进个人公积金贷款同城化。

（六）加强产业政策引导

产业的优势互补是城市圈整体功能形成和发展的基础动力和要求，在呼包鄂区域的产业发展与布局一体化进程中要充分发挥区域比较优势，坚持走新型工业化道路，接受转移与实施转移同步，积极推进工业化与二次工业化；以企业为主体，以资本为纽带，优化区域资源配置，培育区域性主导产业和支柱产业，延伸产业链，发展产业集群，实现优势互补、价值共享，力图实现工业新型化、农业特色化和服务业现代化。

呼包鄂区域内各市产业基础、资源禀赋客观上存在差异，在产业一体化进程中，通过互补化的产业分工和差异化的产业布局可以达到优势互补，使资源和市场得到有效对接。区域内大小城市中的企业可以将企业的总部或者销售、研发中心迁往中心城市，从中心城市将企业的加工基地、分公司扩散到区域外围城市。通过这种产业双迁模式和总部经济的溢出效应，能够有效地避免和减少竞争，进而优化呼包鄂区域内的产业分工并拓展各产业内部协作和专业化程度，加快呼包鄂区域内产业一体化框架的形成和巩固，推动区域经济一体化的进程。

按照呼包鄂区域职能分工与产业专业分工，各城市应根据自身的相对优势重组产业结构，通过整合资源促进产业转移与扩散，促进区域产业链条延伸和优势产业规模加速扩张，形成以优势企业和产业带为龙头和辐射极，以合理的产品结构为基础、分层次的产业体系，进而提升区域产业竞争力，加快发展能源化工、钢铁、食品加工制造、装备制造业和高新技术产业主导产业。

充分发挥呼包鄂三市中心城市作为产业核心增长极的作用，依托区域内的丰富资源和强有力的产业支撑，优化产业布局空间结构和一体化发展的框架结构，进一步明晰产业发展轴线，不断增强其产业的聚集功能，培育、壮大若干具有区域影响力和市场竞争力的特色产业群。现阶段的重点应是建设已具一定基础的能源化工、冶金装备制造、食品加工和高新技术产业四大产业集群。

呼包鄂区域内集中了内蒙古自治区最优势的科教资源和人才资源，这为区域内产业发展提供了有力的智力支持，区域内任一产业的发展都与科技创新和成果转化有着密切相关的联系。充分发挥区域的科技人才和科教优势是实现呼包鄂区域产业一体化的必然要求，建设以三中心城市为核心，并相对分化的区域创新体系，推动区域内其他城市与中心城市科研院所开展多层次、多渠道、多形式的合作，实现区域内的科技要素流通、创新成果推广、科技资源共享，同时加强外部合作、推动联合攻关，不断完善成果转让机制，从而为产业一体化提供推动力。

呼包鄂区域内各大小城市要切实抓住呼包鄂一体化发展上升到国家战略的历史机遇，利用区域发展政策的倾斜，不断扩大引进外资的规模，进一步提高对外开放水平。同时，要认清国际经济发展大环境，在全球经济一体化与国际及区域产业转移发展到一个新阶段的宏观背景下，将呼包鄂区域区位优越、资源富集、市场活跃、流通量大、科技资源雄厚、劳动力成本较低的比较优势转化为对外资强有力的吸引力，吸引国外和东部发达地区产业资本和技术的转移，引进和发展加工贸易，加大服务业开放合作的力度，从而进一步拓宽产业门类、优化产业结构、实现区域产业分工协作，使外资经济成为推动呼包鄂区域产业发展新的动力。

呼包鄂三市经济发展都或多或少地依赖于资源开发，在发展和提升资源型产业的同时，三市注意发展非资源型加工业，不断培育新的产业增长点。各自发挥地区比较优势，高起点承接国内外产业转移，加快发展装备制造业、高新技术产业和现代服务业、旅游业等，有效提高了非资源性产业比重，构筑起多元化支撑的产业体系。

在加大资源开发力度的同时，呼包鄂三市不断加大资源转化力度。在发展采掘和初加工产品中，注意把推进产业延伸作为提高产业发展水平的关键环节抓，依托已有的产业基础，不断延伸产业链条和提高产品精深加工水平。现在，三市的煤炭转化率已经达到50%，煤化工、煤制油、天然气化工、氯碱化工等优势特色产业的产业链正在形成，钢铁、有色金属、PVC等产品已经形成一定规模，并不断向下游系列产品延伸，带动中小企业围绕特色产业搞延伸，围绕重点项目搞协作，促进经济发展。

呼包鄂三市注意强化自主创新，通过技术跨越带动产业升级，着力打造竞争力强的高端产业。鄂尔多斯市在几年间形成了一批技术装备先进、机械化程度高、竞争力强的大煤炭集团。不断开发技术和智力密集的高端产品，培育高端企业，有力地支撑了产业的升级和产业链的延伸，培育起核心竞争力。

发展优势产业，将呼和浩特市建成现代化首府城市，发展以乳业、制药及发酵、电子信息业等为主的高新技术产业。将包头市建成我国中西部的区域性经济强市，重点发展第二产业中的稀土、钢铁、铝和运输机械、工程机械、机电装备等冶金及装备制造业。将鄂尔多斯市建成我国重要的能源重化工产业基地，以羊绒加工、煤化工及煤炭采掘为主的产业基地。呼包鄂三市应立足新起点，把握新机遇，努力加快发展步伐；要加快构筑产业群和城市群，提高整体竞争力；要完善规划，强化措施，稳步推进区域一体化进程；要加强组织协调，建立协作框架；统一区域发展政策，保证地区间政策的一致和平衡；引导产业积聚，布局好重大项目和企业；扩大改革开放，不断注入新的活力和动力；推进基础设施共建共享，促进市场融合和要素互通。

（七）构建新的经济增长点，提升创新能力

作为我国西北地区重要地区，呼包鄂在国内的发展速度令人瞩目，而延续这种优势，减轻发展带来的环境压力，增强经济发展的可持续性，寻求新的增长点尤为重要。

要培养农业产业品牌优势。呼包鄂在自治区存在着天然的自然资源优势，除煤炭、天然气、稀土等丰富的矿产资源外，黄河横贯整个区域，过境里程830公里，黄河水资源相对充足，拥有大面积的黄河灌溉区、大量湿地、天然的草场，是发展农业和畜牧业的最佳场地。但由于长期重视不足，品牌农业发展相对滞后，除形成伊利、蒙牛两大牛奶一线品牌外，其他领域如畜肉、粮食、蔬菜这些日常消费品没有绿色品牌和影响力。目前，呼包鄂工业已经进入工业发展中后期，利用工业反哺农业也成为大势所需。随着国内消费需求的高速增长，高端农牧业产品需求也将进入成长期，呼包鄂天然农牧业资源，完全具备了开发高端牛羊肉、品牌农产品的实力。但由于生产企业数量、规模相对偏小，经营方式相对落后，限制其自身发展，因此必须提高政府的扶持力度。关键要发展和扶持农村合作组织，要大力扶持农业龙头企业，提高农牧业经营水平，提升农业的科技含量，不断增加农牧产品的附加值，这样才能形成品牌优势。

建设呼包鄂沿黄高效农业经济区。建立高效农业经济区，就是充分利用经济区聚集效应和示范效应，改变农业发展的粗放模式，尽可能降低农业科技人才和经营管理人才短缺所带来的不利因素，挖掘农业现有的科技、人才、管理、品牌等潜在优势，使其效用最大化。同时，借助人才、科技、先进企业的集中引进，借助工业企业的生产模式，产生集聚和示范效应，以此提升整个区域的农业人口素质。从以下几个方面取得突破：建立农业高效园区扶持政策，明确未来农业发展方向；逐步确立呼包鄂农业和畜牧业的优势产品目录，鼓励资本和企业进驻，通过引进国内外龙头企业，使优势农牧业产品成为提升区域农业发展的增长点；创建以农作物为主的集优质高产栽培、种苗引进繁育、高新技术示范、病虫害综合防治、节水灌溉、科普教育于一体的大型现代化农业生产示范基地；创建以畜牧业为主的饲料加工体系、良种繁育体系、病疫预防体系，最终发展成为我国乃至世界优质奶源产地和高品质肉类产地。

确立新能源发展优势。目前，全球的风力发电产业正以惊人的速度增长，在过去10年平均年增长率达到28%。中国真正成为全球最大的风电市场。内蒙古自治区的风能资源和风电装机总量均在中国名列第一，中西部风能资源更是丰富，尤其是呼包鄂区域电网较完善，风力发电开发成本较低，发展优势十分明显。但是，由于长期通过引进发展的模式，限制产业的发展。因此，需要建立培养自身的核心技术和关键零部件，提高自主研发的比例。目前，关键是要提高风电基础研究水平，争取在呼包鄂区域建立一个国家级的风电技术研发平台，形成一个有效的产学研技术开发体系。

区域经济的快速发展，有赖于其比较优势的充分发挥、有效转化和不断扩张，但更多的依赖于自主创新能力培育和提升，呼包鄂区域能否在新的起点上实现又好又快发展，除了扩大已有优势，重点还在于依靠科技进步与自主创新，争创新的优势。

建立以企业为主的技术研究与开发创新机制。要树立技术开发和产品创新意识，加强与科研院所的合作，加大科技投入和引进科技人才的力度，培育高级的生产要素，形成产业规模优势，增强产品的竞争力。要注重工业企业"核心产品"的开发，立足于自身特有的资源和科研力量，开发"核心产品"。以拥有"核心产品"的企业为核心，构建产业链条，进一步打造优势产业群，扩大自身的核心竞争优势。

切实加大对科技进步与自主创新的投入，进一步完善鼓励技术创新和科技成果产业化的法制保障、政策体系、激励机制、市场环境。围绕呼包鄂产业发展需求，加强高新技术园区、工程技术中心等创新载体建设，搞好关键领域的原始创新、集成创新和引进、消化、吸引、再创新，加快创新成果的转化应用，带动资源深度开发和产业升级。要突出企业的创新主体地位，引导和支持创新要素向企业集聚，培育更多拥有核心技术和自主品牌的创新型企业。要抓好人才这个科技创新之本，支持科技人才创新创业，培养造就更多的科技研发和高技能人才，形成结构合理的创新队伍。要加强创新文化建设，在全社会大力倡导改革创新、敢为人先的精神，营造尊重创造、支持创新、鼓励竞争、宽容失败的社会环境和文化氛围，努力形成全社会创新活力充分释放、创新人才大量涌现的生动局面。

（八）建设综合交通运输体系

统筹综合交通运输网络一体化建设。加快建设快速、便捷、高效、安全、大容量、低成本的区域互联互通综合交通网络。加强现有干线铁路、公路扩容改造，提高铁路网、公路网技术水平和运输能力。铁路重点构建呼包鄂一小时快速客运圈，建设连接周边重点区域快速客运通道，对外货运大通道和口岸通道，延伸京呼高铁到包头市，在三市间开设动车组，构建内部环装快速客运通道，形成呼包鄂三市之间环装快速客运通道和区域客运快速化、货运重载化的铁路网络。公路重点构建呼包鄂中心城区两小时公路圈，中心城区至旗县所在地一级以上公路连通，县乡村公路实现沥青路，形成快速、便捷公路网。民航加快呼和浩特市新基础设施和鄂尔多斯市航空枢纽建设，推动呼包鄂干线、支线机场间协作，有序增加区域内通用通勤机场。

统筹交通枢纽建设。加强以机场为中心的综合交通枢纽建设，实现客运"零距离"、换乘和货运"无缝化"衔接，优化交通枢纽空间布局，将呼和浩特市建成国家综合性交通枢纽中心城市，包头市建成立体交通枢纽城市，鄂尔多斯市建成区域交通中心城市。

加快发展公共交通。坚持公交优先原则，着力建设城市市区内和市区至旗县及乡村公共交通，完善城市绿道、步行及自行车交通系统。推进三市轨道交通建设和公共交通互联互通，逐步统一三市交通智能卡、出行公交车。

交通建设对国民经济的促进作用不仅局限在解决运输问题，更重要的是能加速区域资源的开发利用，促进区域内外物质流、人才流、信息流、文化流的融通，满足工农业生产和人民生活的需要，产生长期持久的对国民经济的保障作用，推动经济社会的发展。结合呼包鄂区域现状交通基础设施总量不足的现状，根据未来呼包鄂区域经济社会发展对交通发展的大量需求，呼包鄂区域要不断完善区域内的交通基础设施建设，努力建成以呼和浩特市公路、铁路及航空主枢纽，包头市公路及铁路主枢纽，鄂尔多斯市公路及铁路枢纽为中心，以公路干线、铁路干线、白塔国际机场为骨架，由公路、铁路、航空等多种运输方式构成的布局合理、快速便捷、连接区域内外，加强呼包鄂区域与环渤海经济区及晋陕宁的联系，满足国家、内蒙古自治区及呼包鄂区域经济社会发展和客货运增长需求的综合交通运输体系。

1. 完善公路运输网

打破行政区域和部门界限，统筹规划，合理布局，加快公路交通运输建设，推进国省干线公路等级全面提高，旗县级公路交通条件完善，达到重要路段以高速、一级公路连通，盟市至旗县基本上以二级公路连通等，实现区域基础设施的共建共享。加快综合运输网络建设，构建区域南北运输通道。以210国道为纵轴，形成区域纵向客货运输通道，加强区域口岸通道建设，实施满都拉口岸公路工程，形成以二级以上高等级公路为主、联通蒙古国的公路通道。

完善东西向公路运输通道建设，加强与周边地区及京津冀地区的协作，贯通以110国道为主的高速公路建设，大大提高呼包鄂区域与京津冀及西北地区的通达能力，并以准格尔、朔州及国家准备修建的煤炭第三运输通道为重点，形成区域煤炭专用通道。加快建设呼包鄂三市城际环形骨干通道，以高速公路为骨架，建设呼和浩特—东胜、呼和浩特绕城高速公路，形成以110国道、210国道为主的呼包鄂城际环形高速公路网，近期建成呼包鄂城际两小时通道，并逐步发展公益性交通，降低城际之间物流、人流流通的成本，加快区域经济发展的进程。

2. 提升铁路枢纽地位

铁路是我国国民经济的大动脉，是关系国家和地区重要的基础设施，在呼包鄂区域综合交通运输体系中具有骨干作用，尤其在担负区际间的客货运输及区域内大宗货物流转中发挥着巨大的作用。目前，呼包鄂区域的铁路网络还不完善，不能满足发展的需求。因此，未来要不断强化南北走廊，完善东西通道，加大新线建设和既有线电气化铁路扩散改造力度，加强现有铁路枢纽扩散改造，加快建设区域煤炭专用通道，最终完善区域铁路网，提高铁路对区域经济和社会发展的适应能力。

加大对本区域内既有铁路干线和枢纽扩散改造力度，不断提高列车运行速度和铁路运输能力，对大同—包头线、包头—兰州、集宁—二连浩特线运行提速改造，提高国铁干线的客货运输速度。对北京—包头、包头—兰州、集宁—二连浩特、集宁—通辽线进行电气化改造，全面提高铁路的运输能力，建设包头—西安电气化铁路；对包头—神木、大同—准格尔旗等增建复线或扩能改造，解决通道能力不畅问题；对包头市、集宁区枢纽进行扩能改造，解决枢纽能力不足问题。

加强出区通道、口岸通道、煤运通道建设，尽快适应呼包鄂区域经济快速发展对铁路运输的需要。区域内加快建设白云鄂博—满都拉铁路建设，增加区域与蒙古国和俄罗斯的铁路连接通道；畅通欧亚大陆桥通道，提高物资外运和境外资源、商品向内陆转口能力，建设呼和浩特—准格尔、东胜—乌海、准格尔—东胜二期铁路、准格尔—神木铁路，形成呼包鄂区域内煤炭运输的新通道，建成准格尔—朔州的铁路，形成区域煤炭专用通道。

3. 加快城际交通、交通枢纽建设

借鉴发达国家和先进成熟地区的发展经验，规划建设呼包鄂区域内部高速客运铁路网，与高速公路网相辅，以公益性代替城际流通的营利性，形成多元化的便捷交通架构，在完善区域内部交通网络的同时，大幅度缩减城市之间的时空距离，对于疏解区域内部的人流、物流将起到重要作用。

调整整合综合交通枢纽功能，根据呼包鄂三市功能定位和发展方向，优化、整合区域交通枢纽功能，实现区域交通枢纽的合理分工，呼和浩特市强化公路及航运中心地位，积极拓展客运功能，提高商品批发和集散的物流枢纽功能，建设大型物流节点，发展成为区域性物流中心城市。包头市强化公路和铁路枢纽功能，形成物流集散枢纽。鄂尔多斯市强化煤炭公路和铁路运输的交易和集散功能，发展成为西煤东运的能源集散基地。

（九）城乡协调发展，加强区域合作

呼包鄂区域应坚持工业反哺农业、城市支持农村，健全城乡发展一体化体制机制，推进城乡要素平等交换、合理配置和基本公共服务均等化。协调推动区域城镇化和新农村新牧区建设，着力增强农村牧区发展活力，缩小城乡发展差距。统筹城乡体系规划，合理安排市县域城镇建设、产业集聚、村落分布、生态涵养、农田保护等空间布局。合理调整村镇布局，大力推进村庄整合，集中规划建设居民新村，形成布局合理、功能完善、协调有序的村庄新格局。加快实施农村牧区"十个全覆盖"工程，逐步扩大覆盖范围，促进城镇基础设施向农村牧区覆盖，城镇公共服务向农村牧区扩展，实现水电路气等基础设施城乡联网，达到城乡医疗卫生、文化教育资源共享，建成覆盖城乡的基本公共服务体系。统筹城乡产业发展，壮大特色农畜产品生产加工基地，构筑上下游衔接的城乡产业体系。推进户籍制度改革，建立城乡统一的劳动力市场和就业服务平台，引导农村牧区人口特别是生态功能区人口有序向城镇转移。深化户籍制度改革，促进有能力在城镇稳定就业和生活的农业转移人口举家进城落户，并与城镇居民有同等的权利和义务。积极推进城镇基本公共服务由主要对户籍人口提供向常住人口提供转变，使进城人口逐步享有城镇基本公共服务。

打破区域封锁和条块分割，根据产业基础、经济要素、市场空间等多种有利因素，打造区域性的第一产业、第二产业、第三产业。

在第一产业方面，应加快推进农牧业产业化进程，整体上提高呼包鄂地区的农牧业竞争力。目前，该地区的农牧业产业化已经具备相当的基础，伊利、蒙牛居于全国乳品行业销售收入前两位，产品在全国的市场占有率不断提高。鄂尔多斯、鹿王、兆君等知名羊绒制品产量占全国的90%，羊绒产量占全区的23%。呼包鄂要继续依托农畜产品资源丰富的优势，壮大龙头企业，从基地建设、加工转化和产销衔接三大环节入手，加快农牧业产业化建设。同时，根据当地干旱少雨的特点，适当发展节水农业，加大生态治理力度。

在第二产业方面，要加强资源整合的力度，加快能源、冶金装备及高新技术基地的建设，形成产业集聚效应，破除"小而全"的发展思路。呼包鄂经济圈能源十分丰富，分布集中，具备建设大型煤炭、天然气生产基地的大型坑口电站群的条件。煤炭资源丰富，拥有东胜、准格尔等我国著名的大煤田；天然气富集，当前及今后一个时期，呼包鄂经济圈将发挥煤电资源优势，加快建设大型能源和重化工基地。在电力建设上凸显沿黄河经济带的重要作用。鄂尔多斯市的达拉特旗、呼和浩特市的托克托县等地靠近黄河，水资源丰富，毗邻大型煤田，具备建造大型火力发电站的条件。此外，包头市市区西南沿河地带也在规划近80平方公里的新型工业基地。

呼包鄂经济圈冶金、机械工业相对比较发达，发展冶金装备工业关键要依托资源优势和产业基础，发展特色产品。钢铁方面要重点发展特种钢，加快建设呼和浩特市、包头市200万吨特种钢生产项目。同时，要围绕大型企业的发展，建设一批自备电厂。要根据机械装备工业和重化工快速发展的需要，加快发展电力装备制造和重化工装备制造业。同时，要建设高新技术产业基地，改造和提升传统产业。提升传统产业应从三个方面入手：抓住大项目的实施，以高强度的投入确保经济的持续产出；实施大整合，切实将资源优势转化为产业优势和经济优势；依托大载体，构筑各具特色的产业板块和集群。此外，呼包鄂经济圈要利用自身科技资源和区位优势，大力发展稀土、医药、电子信息等高新技术产业。

在第三产业方面，应着力提高服务水平，发展现代服务产业，加速促进呼包鄂经济圈内各城市群商贸、金融、科技、人才、信息、旅游市场一体化发展。加强服务行业基础设施的建设、改造，进一步加强旅游行业的发展。要以呼和浩特市为龙头，包头市、鄂尔多斯市为支点，打造区域"大旅游"。应根据三市地域特色，重点开发草原特色风情游、沙漠风情游。在人文旅游上，要加大财力和物力投入，对丰富的文物古迹资源进行开发、保护。

（十）统筹创新驱动发展

整合区域创新资源。优化劳动力、资本、土地、技术、管理等要素配置，激发创新创业活力，推动大众创业、万众创新，推进新技术、新产业、新业态蓬勃发展，加快实现发展动力转换。建立科技创新投融资平台。探索建立从实验研究到生产全过程的科技创新融资模式，推进科技与金融融合发展，统筹自治区协同创新基金在三市的布局，致力于三市共同的科技风险投资基金、创业投资基金，联手发展互联网金融业务，构建信贷、保险、融资租赁等多功能、多层次科技金融服务体系。积极支持金融机构开展股权投资、融资担保、风险补偿等金融创新试点，拓展创新活动融资渠道。支持符合条件的中小科技企业，通过上市发行债券和集合信托等方式进行融资。

推进创新资源共享。建设呼包鄂创新资源共享网络平台，推动重点实验室、工程研究中心、工程实验室、企业技术中心、大型科学仪器设备等相互开放，推进科技文献、科技成果、专利技术、高级专家库、高端人才库等基础性创新资源联网共享，共建知识产权服务平台和技术交易市场，共办专家高峰论坛、人才交流大会和大型科技展览，促进区域创新要素优化配置和创新成果加速转换。

完善区域创新体系。共同培育壮大企业技术创新主体。强化企业创新主体地位和主导作用，引导和激励企业加大科技投入，建立自治区国有规模以上企业、高新技术企业科技投入监测与考核机制，建立健全企业主导产业技术研发创新的体制机制，促进创新要素向呼包鄂优势企业集聚。鼓励高校、科研院所与企业共建国家和自治区级实验室、工程技术研究中心，切实在煤化工、云计算、乳业、"稀土＋"等优势领域打造一批国内外一流的研发平台，支持企业利用高校、科研院所的研究试验手段和设计、测试、检验等专业化服务，建立区域专业技术平台。积极引进区外高端科技企业和研发机构，组建一批股份制科研机构和创新型企业。

完善科技成果转化服务体系。加快培育完善科技中介服务机构和创新创业服务体系，按照"共建共享、互联互通"的原则，积极推动建立"标准统一、流程规范、资质互认"的技术交易市场和技术转移联盟，争取国家级高端技术交易中心在区域内设立一批分支机构。加快建设一批专业化、社会化、市场化的技术转移机构和技术经纪人队伍，开展需求挖掘、技术经济、科技金融等服务，努力形成网上网下相结合的科技成果转移转化服务系统，提高科技成果转化效率，共同推进科技园、孵化器、中试基地专业化和标准化。共建生产力促进中心、产业服务中心、科技评估中心、知识产权事务中心、科研咨询机构和众创空间，培育提升技术服务机构专业化服务能力，为大众创业、万众创新提供服务保障。

构建区域创新发展新格局。依托各类科技创新载体，特别是呼包鄂三市的国家级高新技术产业开发区所形成的区域创新载体优势，整合开放公共科技服务资源，培育和壮大各类科技服务主体，创新科技服务模式，积极发展科技新兴业态，打造内蒙古自治区自主创新的重要源头和原始创新策源地、研发转化和推广应用基地。积极创造条件，培育建设国家自主创新示范区。

呼和浩特市主要创新方向是推动技术引进、原始创新和集成创新，重点在云计算、生物医药、乳制品、光伏产业等领域取得突破，同时发挥好科技中心辐射带动作用。包头市和鄂尔多斯市重点围绕各自产业特点，充分利用国家级重点实验室、稀土研究中心、产业技术研究院等创新平台。加强与国内外科研院所合作，实现产学研有效对接，联合攻关关键技术，促进企业孵化和技术升级，支持产业技术创新战略联盟健康发展，争取持续创新能力。

强化协同创新支撑。加强科技人才培养和引进。推动人才结构战略性调整，突出"高精尖缺"导向，实施重大人才工程，着力发现、培养、集聚科技领军人才、企业家人才、高级技能人才队伍。优化人力资本配置，清除人才流动障碍，提高社会横向和纵向流动性，完善人才评价激励机制和服务保证体系，营造社会横向和纵向流动性，完善人才评价激励机制和服务保障体系，营造有利于人人皆可成才和青年人才脱颖而出的社会环境。共同创新人才资源开发与管理体制，通过搭建产学研用合作平台，促进人才在区域内自由流动。进一步优化人才创业条件和生活环境，提供更加优质的政策支持、社会保障和公共服务。全面实施"草原英才"工程，着力培养高级管理人才、高新技术人才和国际化人才，加快培养专业技能人才和高级技术工人，积极引进掌握尖端高新技术的专业人才。

构建区域创新载体。围绕重点产业和关键技术，加强呼包鄂科技创新园区、高等院校、科研院所、高新技术企业等科技创新主体合作，联合共建国家和自治区级重点实验室、工程研究中心、工程实验室、企业技术中心、科技企业孵化器、中试基地、产业技术研究院、技术标准检测评价机构。切实推进呼包鄂科技领域资源整合，探索建立三区协同创新体制改革试验区，形成三方创新要素合作长效机制。

（十一）加快改革开放进程

加快多领域改革进程，全面完成国家改革试点任务。呼和浩特市要加快国家服务业综合改革试点城市、国家电子商务示范城市、国家信息惠民试点城市、国家智慧城市建设。包头市要加快推进国家工业绿色转型发展试点、国家稀土产业转型升级试点、电力体制改革试点工作，加快建设全国肉类输出流通追溯体系城市。鄂尔多斯市要在全国生态文明先行示范区、资源型经济创新发展综合改革、水权交易、电力体制改革、区域教育信息化等方面先行先试、示范全国。包头市、鄂尔多斯市要加强协作，共同建设国家社会组织建设创新示范区。

加快推进全区改革试点工作。呼包鄂三市要在碳排放权交易、服务业创新、城镇基本医疗保险异地就医直接结算和社会救助体系、国资监管组织体系建设等方面走在全区前列。包头市、鄂尔多斯市要加快混合所有制经济、排污权有偿使用和交易、企业董事会规范建设等改革步伐。呼和浩特市、鄂尔多斯市要在建立合理分级诊疗制度、社区医生与居民签约服务试点方面取得突破。

改革宏观调控机制。依据三市功能定位，按照调整存量、做优增量、集约发展的原则，支持各类新上项目与拥有煤炭、天然气、有色金属、非金属、水、土地等资源的企业，在政府引导下通过市场进行交易，促进区域内资源优化配置，避免产业同构和过度竞争。加快推进资源资本化，实现由以资源引资向以资源融资转变。优先满足对推动协同建设有重大影响项目的用地、用水需求。采取措施引导消费结构升级，带动消费规模扩大，充分发挥价格杠杆调节作用，实行差别电价、差别水价政策，引导资源向优势产业、优势地区集中。

改革财政税收体制。考虑常住人口因素，建立呼包鄂农业转移人口市民化与财政转移支付挂钩机制。在完善现有生态功能区等一般性转移支付支持的基础上，支持三市政府从本级财政筹集资金，设立推进呼包鄂协同发展投资促进基金，自治区重点产业发展引导基金以参股子基金的方式，优先支持呼包鄂产业调整和重点产业协同发展。积极推广运用政府和社会资本合作模式，引导社会资金投向符合协同发展的项目。建立利益共享机制，推动多种形式的跨区域合作，合理确定三市合作过程中产生的税收收入分享办法。优先将符合条件的旗县纳入自治区直管县财政改革试点范围，实行财政体制核定到旗县、转移支付测算并下达到旗县、国库资金调度到旗县、财政预决算到旗县、地方政府性债务管理到旗县的财政管理方式。根据税源分布和税收征管工作需要，在呼包鄂经济区全面实施"互联网＋税务"。

构建多层次开放合作新格局，积极推进区域对外合作。推进同俄罗斯和蒙古国多领域互利共赢的务实合作。积极争取建设呼和浩特自由贸易区。充分发挥包兰、临哈、集二交通干线和二连浩特、满都拉口岸的作用，推进呼包鄂装备、商品、劳务出口中亚、西亚乃至欧洲，将呼包鄂打造成为内蒙古自治区参与"丝绸之路经济带""中俄经济走廊"建设的核心区。办好中国—蒙古国博览会。加强与中蒙俄次区域内各城镇、产业集聚区之间的合作；强化与中亚国家的联系，结合区域特色产业打造一批面向俄蒙、中亚市场的外向型产业基地。依托呼包鄂区域丰富的"云设施"和大数据资源，建设面向俄蒙、中亚及欧洲的跨境电子商务平台。全面实行准入前国民待遇加负面清单管理制度，加大反不正当竞争和反垄断竞争执法力度，促进内外资企业一视同仁、公平竞争。

统筹规划、有效整合呼包鄂地区各类对外开放平台和资源，积极推进呼和浩特铁路口岸建设，形成边境口岸与内陆口岸同步协调发展良好格局。抓住满都拉口岸实现常年开放契机，加快建设一批面向俄罗斯和蒙古国的经济合作区，进出口商品加工区和旅游经济合作区，大力拓展呼包鄂向北开放空间和进出口贸易规模。积极推进呼和浩特市、包头市和鄂尔多斯市陆港和配套物流园区建设，大力发展"铁海联运"国际集装箱运输，打造辐射、服务整个区域的综合性港区。围绕呼和浩特市、包头市、鄂尔多斯市三个航空口岸，支持各类临空产业发展。积极推进海关特殊监管区建设。围绕呼包鄂区域"通便达海"的便利条件和较为完备的工业基础，积极拓展物流和供应链功能，推动区域内机械制造、电子信息、纺织服装等出口加工产业基地化、链条化发展。以包头市新型装备制造基地为核心，强化三市装备制造业配套协作。以清洁生产、农畜产品生产加工、文化旅游等为重点，加强与俄罗斯、蒙古国和中亚国家的合作。提升进口资源落地加工能力，打造国家重要的能源进出口通道、战略资源精深加工和储备基地。推动区域内现代煤化工、石油化工等具有知识产权和技术优势的企业，在周边国家投资建厂，输出技术、工艺、设备，建成我国优质产能走出去的样板。

强力推动区域国内协作。抓住国家实施京津冀协同发展战略重大机遇，积极承接京津冀地区新能源、电子、物流、后台服务等产能转移。继续深化京蒙对口帮扶，完善合作平台与协作机制，推进科技、教育、医疗、卫生和产业互补对接。加强与天津市、河北省在港口资源使用和内陆港方面的合作，共同打造呼包鄂路港群。推进与蒙晋冀长城金三角合作区在基础设施、产业发展、公共服务领域的合作。

加强与东部发达省市合作。同东南沿海各省市深化资金、技术、项目、产能和市场等方面的合作对接，共同探索"园区共建、项目共管、收益共享"的合作模式。与相关省市在电解铝、平板玻璃等领域开展产能置换转移试点，共同探讨传统产业异地转型升级的新途径。积极发展飞地经济，在区域内推广和复制浙商产业园、鄂尔多斯江苏工业园等模式，将呼包鄂地区打造成为承接东部地区产业转移的示范区。

增强与港澳台各领域交流合作。以"内蒙古经贸文化推广周"为主要平台，加强呼包鄂与香港在投资、金融等领域的合作，鼓励区域内企业利用香港资本市场上市融资。以"内蒙古经贸合作活动周"为平台，借鉴澳门在发展旅游、会展业方面的经验和做法，推动呼包鄂相关产业加快发展。进一步加强与台湾地区工商协会和行业组织的联系，以呼和浩特盛乐经济开发区、鄂尔多斯空港物流园为重点，探索设立"园中园"，用"以企建区"的模式吸引台湾有优势的企业到呼包鄂地区投资兴业。

强化与邻近省区、周边盟市协作。落实呼包银榆区域经济发展战略，全面参与呼包银榆经济区建设，争取在更多领域发挥主导作用。以落实蒙宁战略合作框架协议为契机，进一步增强与宁夏回族自治区、甘肃省的对接和协作，扎实推进作为国家西部大开发战略重要组成部分的呼包银经济带建设。加强与周边盟市在基础设施、重点产业、市场开发、生态建设、公共服务等方面的协作，辐射带动自治区中西部加快发展，推进西部"小三角"一体化发展。探索、总结区域协同发展的可复制模式，为全区区域协调发展提供经验。

第 三 章

赤锡通经济协作区

一、发展条件与背景

（一）地理位置

赤锡通地区泛指赤峰市、锡林郭勒盟、通辽市所辖地区，位于内蒙古自治区东部，与呼伦贝尔市、兴安盟并称为蒙东地区。赤锡通地区地处东经115°13′~120°58′，北纬43°02′~45°41′，总面积35.21平方公里，如图3-1所示。2015年赤锡通地区常住人口为874.3万，GDP为4741.14亿元，是环渤海经济圈和东北经济区的重要枢纽，同时也是对北开放的前沿地区，具有对外贯通欧亚、区内连接东西、北开南联的重要地理位置。

（二）发展条件

赤锡通地区资源富集，地下资源、旅游、医药、人文、草原文化等资源丰富，相对东北、华北经济区来说，煤炭、石油、天然气、风能、太阳能等资源优势明显，构成了东北、华北经济区强大的资源腹地，在我国步入工业化、城市化、信息化快速发展的过程中，通过中心城市的自然延伸和扩张，形成对赤锡通地区的市场需求和资源需求，这无疑给东部区经济社会发展带来了新的机遇。

赤峰市是国家重要的黄金产地和能源及有色金属基地，已发现各类矿产70余种，矿产地千余处，金属矿主要有铁、铬、锰、铜、铅、锌、钴、钨、锡、钼、金、铌等；其中铁、铬有探明储量的工业矿床，铁矿产地168处，矿石储量1.191亿吨，主要分布在克旗、敖汉旗、宁城县、松山区和巴林左旗。克旗黄岗梁铁矿石储量1.08亿吨，占赤峰市探明储量的90%以上。赤峰市有铜矿170处，储量20万吨，以林西县大井子铜矿为主。钨矿主要分布在敖汉旗、克旗，位于敖汉旗的哈力海吐钨矿是自治区唯一的钨矿床（截至2010年）。贵重金属矿主要包括金矿、银矿和铂、钯矿等。赤峰市地域辽阔，全市现有耕地面积1760万亩，除大宗农作物外，还盛产杂豆、油葵、甜菜、烟叶、中药材等高价值经济作物，是国家和自治区的重要商品粮油糖基地。全市已经形成了优质玉米、高粱、水稻、谷子、杂粮杂豆、蔬菜、葵花、甜菜、药材、烤烟等农产品生产基地；草原面积8976万亩，有林地面积2922万亩，森林覆盖率21.7%；是开发和发展农业、牧业、奶制品、有机农业等农业产业化的理想地方，风能、旅游资源开发潜力可观。

锡林郭勒盟是国家重要的绿色畜产品加工基地，在家畜资源中，尤以内蒙古细毛羊、苏尼特羊、锡林郭勒马、乌珠穆沁羊、乌珠穆沁白绒山羊、乌珠穆沁牛、

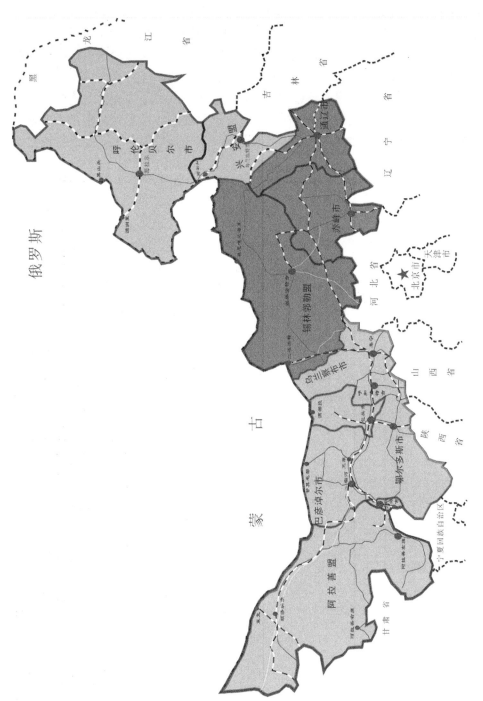

图 3 -1　赤锡通经济协作区区位示意图

草原红牛和苏尼特驼最为知名。锡林郭勒矿产资源丰富，已发现矿种 80 余种，探明储量的有 30 余种，其中煤炭、石油、天然碱探明储量分别为 1393 亿吨、1.8 亿吨和 4500 万吨。煤炭资源尤为丰富，境内有百余个含煤盆地，探明及预测储量 1883 亿吨；褐煤总储量在全国居第一位。铁、铜、铅、锌、钨、金、银、锗等金属矿储量也相当可观。超过 5000 万千瓦的可开发利用风能以及具备建设百万千瓦级风电装机规模的十余处风场等，一大批能源、化工和金属开采冶炼项目相继建成投产或正在建设之中。锡林郭勒下一步成为能源重化工基地的特点比较明显。

通辽市矿产资源丰富，初步探明的矿藏 41 种，矿床和矿点 190 多处。煤炭保有量 121 亿吨；石油远景储量为 8 亿吨左右；铁、锌、钨、铜等金属矿藏 10 多处，矿点 30 多个，为世人瞩目的"801"矿富含铌、钽、铍、锆等稀有金属和重稀土，总储量 680 万吨；天然硅砂的储量居全国之首，被称为"冶炼之宝"的石墨储量丰富。通辽市是国家重要商品粮基地，也是国家重要的畜牧业生产基地，被誉为中国的"黄牛之乡"。现有耕地面积 91.4 万公顷，盛产玉米、小麦、水稻、大豆及小杂粮等，粮食总产量稳定在 35 亿公斤以上。境内草原面积 327.4 万亩，牲畜存栏头数达到 712.5 万头只，特别是西门塔尔牛、科尔沁牛、中国美利奴细毛羊、科尔沁细毛羊、科尔沁马等畜种享誉国内外。全市流域面积 100 平方公里以上的河流共 47 条，自然湖泊 600 多个，有大中小型水库 121 座。水系以西辽河水系为主，分布在其支流西拉木伦河、老哈河、教来河以及新开河，还有东辽河下游和辽河干流的一部分支流、大凌河和霍林河的一部分。通辽市地处森林和草原的过渡地带，原始景观为榆树疏林草原，以草原植被为主，森林植被次之。植被类型主要由干旱草原类型及旱生草本植物构成。天然的乔灌木树种有榆、蒙古栎、黑桦、叶底珠、胡枝子、锦鸡儿、山杏、沙柳等；天然草地植物有 112 科、446 属、1169 种。在 1169 种植物中，有饲用价值的 578 种，主要饲用植物 185 种，包括羊草、针茅、隐子草、野谷草、碱草、花苜蓿和差巴嘎蒿等；山地和沙地适宜杨、柳、榆、樟子松、山杏、锦鸡儿和黄柳等乔灌木生长。通辽市交通基础设施较为完善，依托现有的物流产业基础，将构筑立足东北、承东接西、辐射全国的大物流体系，力争形成 3000 万吨煤、100 万立方米木材等物流货运规模，年物流业增加值达到 150 亿元。

（三）发展背景

赤锡通地区幅员辽阔，基础路网设施较为薄弱，核心经济区为赤峰市、锡林浩特市、通辽市、二连浩特市、霍林河市，这五个城市对周边地区具有较强的辐射带动作用。因为以前交通不便，赤锡通地区各核心经济区及其他地区并未形成真正意义上的区域经济一体化。近些年来，伴随着"西部大开发""东北振兴"和城镇化建设的深入，赤锡通地区资源、能源开发，基础设施建设，区域经济联系日益增强，由原来的地域辽阔、经济要素分散、产业基础薄弱、市场需求较小、人口相对稀少的区域，随着资源开发和经济发展的加快，交通、通信等互联互通基础设施逐步完善，城镇和产业的联系逐渐密切，正在形成新的经济协作区域。沿主要交通干线，已经形成三横三纵的经济带格局（见图3－2）：赤峰—通辽、霍林河—锡林浩特—二连浩特、沿省通道经济带、赤峰大板白音华、通辽霍林的乌霍锡二经济带，区域经济合作愈发密切和广泛。

内蒙古自治区地域辽阔，面积约占全国的1/8，东西直线距离2400公里，横跨东北、华北、西北地区，在其狭长地带分布着12个盟市，东、中、西部分别隶属于不同的经济区，行政区域和经济区域极不统一。特殊的区情决定了很难用统一固定的模式指导各地区经济社会发展，需要划分为若干个不同层级的经济区域进行分类指导。进入21世纪以来，内蒙古自治区东、中、西部地区经济全方位增长，在经济增长速度、经济总量规模、经济结构升级和人民生活提高等各方面都取得了重大成就，但同时地区间的差距也在不断扩大，特别是东部地区明显落后于西部。2013年，呼包鄂地区面积占全区的11.1%，人口占31.2%，生产总值占全区的53.1%；赤锡通地区面积占全区的29.8%，人口占33.9%，但经济总量却仅占全区的23.0%。因此，无论从内蒙古自治区东西部均衡发展经济角度，还是从民族地区共同繁荣的政治高度，内蒙古自治区经济社会协调发展客观上需要在东部地区打造新的增长极。同时，从区域影响看，赤锡通地区的国土面积和人口规模都要大于呼包鄂地区，推进赤锡通地区的快速崛起势在必行。

赤锡通地区资源优势具有互补性。一是锡盟畜产品资源富集，是内蒙古自治区重要的畜产品生产基地，牛肉、羊肉、羊毛、羊绒、羊皮、牛羊奶等产品具有比较优势。赤峰市、通辽市地处我国玉米产业带，是内蒙古自治区重要的粮食主产区，玉米、小麦、谷子、大豆、油料等产品具有比较优势。通过北繁南育、农牧结合，既可以发挥资源互补优势，又可以提高生产效率，共建区域绿色品牌。二是能源矿产资源优势互补。三盟市都拥有丰富的能源、矿产资源，且各具特色。赤峰市有色金属矿产资源富集，但能源资源如煤炭比较缺乏。锡林郭勒盟、通辽市能源资源富集，但矿产资源储量较少。在能源与矿产资源的开发利用上加强合作，可以实现能源产业与高载能产业的有效结合，共同延长产业链，构建更加多元化的产业体系，形成区域组合优势，见图3－3。

赤锡通经济协作区以赤峰市、锡林浩特市、通辽市、二连浩特市、霍林河市为经济核心区，并辐射带动附近区域发展，进而实现整个区域的经济协同一体化。各区域不同的经济功能，构成纵向区域分工的产业结构。

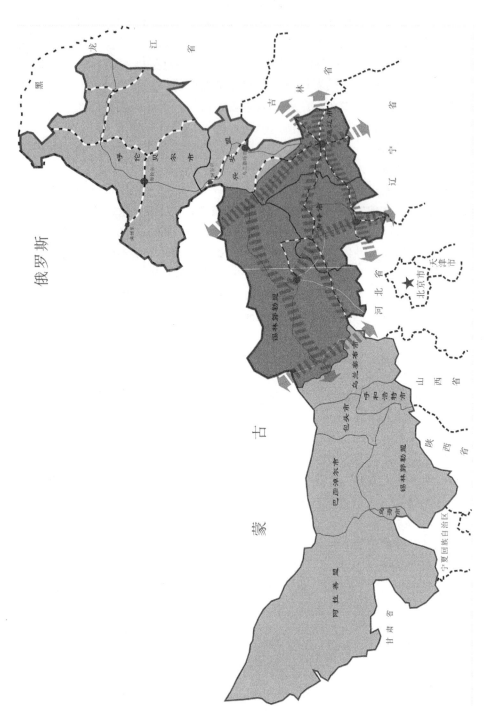

图 3 – 2　赤锡通经济协作区三横三纵的经济带格局示意图

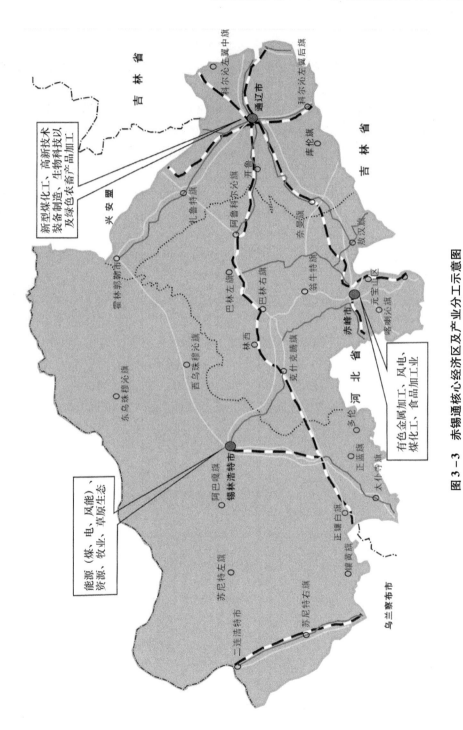

图3-3 赤锡通核心经济区及产业分工示意图

（四）区域定位

赤锡通三地的地理位置特殊，处于京津地区、东北工业区、环渤海港口城市群的外围，既是这些地区的生态保护带，也是对蒙古国和俄罗斯乃至东欧各国贸易直径距离最短的地区。在国家大经济区域的格局中，赤峰和锡盟的部分地区在京津冀经济圈的边缘或外围，整体在经济辐射范围，赤通锡经济区是资源、能源、绿色食品供给之地和生态安全屏障。同时，赤锡通经济区处于"西部大开发"和"东北振兴"的交会地区，也是"草原丝绸之路"国际经济大通道（建设经济走廊），区位发展优势明显。从未来发展来看，土地、水资源和矿产资源将成为京津冀和东北三省经济发展的重要制约因素。从京津冀和东北三省土地情况来看，人均国土面积分别为3亩和10.5亩，均低于全国平均水平。从水资源情况来看，2008年，京津冀三省市可利用水资源总量为213.5亿立方米，而当年实际利用量已达到252.4亿立方米，水资源处于"入不敷出"的境地。从东北三省来看，全年水资源利用量已占水资源总量的51.3%。从黑色及有色矿产资源储量看，北京市和天津市矿产资源比较贫乏，东北地区矿产资源虽比较丰富，但经过20多年的大量开发，矿产资源的整体萎缩已成定势，许多城市和地区出现了资源枯竭。从煤炭、石油、天然气和电力的生产与消费情况看，京津冀和东北三省都面临着巨大挑战。从能源消费看，早在2007年，京津冀的煤炭、石油、天然气和电力合计调入2.21亿吨、441.3万吨、4.9亿立方米和907.9亿千瓦时，分别为区域总生产量的260%、16.7%、230.3%和40.6%，东北地区合计调入1.34亿吨、2767.7万吨、12亿立方米和156.1亿千瓦时，分别占地区总生产量的66.3%、46.8%、26.9%和6.6%。从能源开发潜力来看，京津冀能源资源储量很少，辽宁全省七个矿区中的六个矿区都是萎缩矿区，黑龙江省大庆油田可采储量只剩余30%，鹤岗市、鸡西市、双鸭山市、七台河市四个年产量千万吨级的特大型煤矿已面临资源枯竭，吉林省的煤矿也大部分出现资源枯竭。从京津冀来看，北京市的重点产业向第三产业、高新技术产业集中，低端制造业将逐步转移并退出。天津市则以外向型经济为发展方向，要打造以现代制造业为重点的国际港湾、商贸中心和加工制造业基地，一些低端产业正在逐步转移或退出。东北三省正逐步向现代加工型产业转变，并向高端产业发展，一些低端制造产业也将逐步退出或转移。目前，这些低端产业领域的资本正在向高端产业挺进，并急于寻求新的战略合作伙伴，这为赤锡通实现经济战略扩张创造了条件。经过多年的建设，赤锡通地区经济及基础设施建设都有了长足发展，具备了又好又快发展的基础和基本条件，这三地发展的迫切性增强，发展的态势向好，发展的思路越来越清晰。这些都为赤锡通下一步的发展奠定了基础。国家实施的"十大产业振兴规划"、发展战略性新兴产业政策和继续实施的"西部大开发""东北振兴"等战略以及保护生态、加大基础设施建设和惠民工程投资等一系列发展战略和政策措施，为打造赤锡通经济协作区提供了新的契机。

二、赤锡通区域经济发展现状及问题

呼包鄂地区是内蒙古自治区经济发展的增长极，近些年来辐射、示范的作用越发明显，是内蒙古自治区区域经济发展的典型代表。通过赤锡通经济区与呼包鄂经济区主要经济数据的对比，来分析赤锡通区域经济发展的现状。

（一）发展现状

近年来，赤锡通经济总量占全区国民经济总量的份额不断增大，已成为内蒙古地区继呼包鄂经济圈之后的另一个重要经济支柱，见图 3 - 4。2015 年，赤锡通经济区生产总值完成 4741.14 亿元，占全区生产总值的 26.3%。赤锡通经济区三次产业增加值完成 652.14 亿元、2445.01 亿元和 1643.99 亿元，分别占整个内蒙古地区三次产业增加值的 38.8%、24.6% 和 18.2%。从发展趋势来看，从 2011～2015 年，赤锡通地区的 GDP 总量、第二产业以及第三产业呈逐年增长的态势。在下行压力持续加大的情况下，赤锡通地区稳住了经济增长，实现了新常态下的新发展，见图 3 -5～图 3 -8。

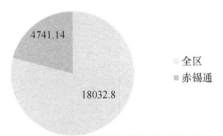

图 3 -4 赤锡通地区 GDP 占全区的比重（亿元）

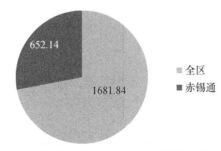

图 3 -5 赤锡通地区第一产业占全区的比重（亿元）

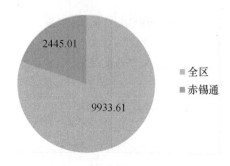

图3-6　赤锡通地区第二产业占全区的比重（亿元）

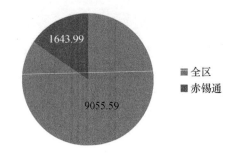

图3-7　赤锡通地区第三产业占全区的比重（亿元）

资料来源：2015年内蒙古自治区各盟市统计公报。

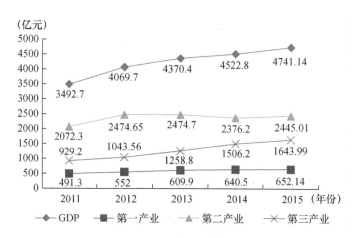

图3-8　赤锡通经济区发展趋势

资料来源：内蒙古自治区各年统计年鉴、2015年统计公报。

　　赤锡通地区在经济总量不断扩张的同时，产业结构也逐步优化，第三产业发展水平不断提高。2015年，赤锡通经济区三次产业比重由2010年的14.5：57.7：

27.8 调整为 13.7∶51.6∶34.7。五年间第一产业下降了 0.8 个百分点，第二产业下降了 6.1 个百分点，第三产业增加了 6.9 个百分点。第三产业的加快发展和第二产业的稳步推进，使赤锡通经济区发展的产业格局发生了重大变化（如图 3 – 9、3 – 10 所示）。

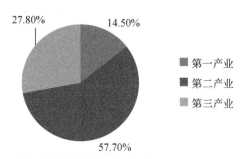

图 3 – 9　2010 年赤锡通地区三大产业比重

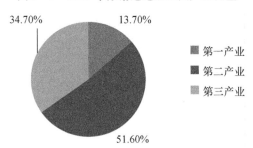

图 3 – 10　2015 年赤锡通地区三大产业比重

随着赤锡通各地区基础设施条件不断完善，一些重点工业项目纷纷落户各市县。2015 年，赤锡通三地固定资产投资分别完成 1272.10 亿元、625.71 亿元、1288.66 亿元。比 2005 年分别增长 6.1 倍、4.1 倍和 6.3 倍（如表 3 – 1 和图 3 – 11 所示）。各地投资进入快速发展阶段，不仅为地方发展注入强大活力，也成为整个赤锡通经济区固定资产投资不断发展的有力支撑。

表 3 – 1　赤锡通地区 2005 ~ 2015 年固定资产投资　　　　单位：亿元

年份	赤峰	锡林郭勒	通辽
2005	207.64	151.69	205.28
2006	307.15	231.47	267.78
2007	415.13	331.34	354.61
2008	506.60	432.55	450.77
2009	645.85	536.31	543.90

续表

年份	赤峰	锡林郭勒	通辽
2010	835.31	635.80	653.15
2011	1093.16	490.61	1014.23
2012	1322.29	616.29	1281.58
2013	1567.47	721.49	1577.65
2014	1101.28	522.51	1112.82
2015	1272.10	625.71	1288.66

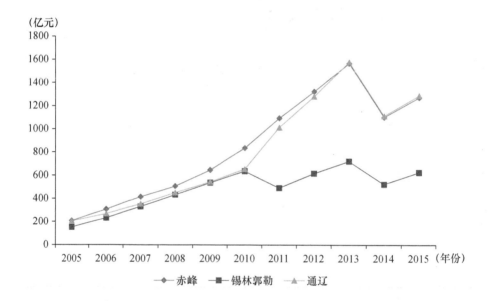

图 3 – 11　赤锡通地区 2005 ~ 2015 年固定资产投资

资料来源：内蒙古自治区各年统计年鉴、2015 年统计公报。

（二）存在的问题

尽管近些年来赤锡通地区经济总量不断增加，工业增加值增速明显，固定资产投资总额持续增长，经济结构、交通基础设施、人员素质等方面都有长足的改进，但目前，还是有很多现实的困难阻碍赤锡通区域经济一体化实施的进程，具体有以下几方面：

一是核心城市地理位置相距较远，缺乏统筹协同规划。城市是区域经济一体化的重要载体，赤锡通地区的核心区域分别是锡林浩特市、红山区、科尔沁区，虽然以上三个主要核心区域之间的交通基础设施已有长足进步，但彼此之间至少有300多公里的里程，铁路还未形成网格化的布局，运输及流动成本较大，这在客观上制约三个区域的统筹协同。三个区域面积较大，节点市镇距离较远，经济要素分散，三个区域还是以各自的地级市政府所在地为龙头城市，尚未出现明显的增长极，引领及示范城市还有待于培育，这些都使区域一体化的形成步履维艰。

二是经济总量薄弱，人口聚集度低。区域经济一体化是需要一定的经济总量作为支撑的，目前，赤锡通地区的经济总量只占到全区 GDP 的23%，经济总量总体薄弱必然会影响到区域间经济体相互的流通，这也会对下一步经济要素的汇聚产生影响，普惠式的发展模式有待探索和培养。人口聚集度低也是影响赤锡通区域经济一体化的重要制约因素，赤锡通地区面积约为呼包鄂地区的三倍，人口总数相当，地广人稀还是赤锡通地区的真实写照，尤其锡林郭勒盟人口密度更低。人口分布分散聚集度低使得该区域的人力资源很难形成合力，这将从根本上削弱该区域的核心竞争力，难以形成赤锡通地区的增长极。

三是产业层次低，产业结构同构明显。区域经济一体化说到底是产业体系的一体化，即形成水平分工互补、垂直分工相接的产业联系，这就要求区域内各地区的产业发展呈现不同的结构和层次，通过差别化形成构建区域产业链条和产业体系的内在需求。赤锡通地区虽然目前三次产业都得到了较快发展，但总体来看，区域产业发展水平不高。其一是产业结构单一。目前区域内工业发展主要以资源性产业居主导地位，且产业结构存在很大的趋同性。2013 年，三次产业比重中，锡林郭勒盟为65%，赤峰市为51%，通辽市为58%。其二是产品结构初级化。区域内产业链条很短，多数以未经加工或简单加工的产品输出为主，高附加值产品相对较少。2013 年，锡林郭勒盟、赤峰市、通辽市主要工业产品中，初级产品、粗加工产品比例占到50% 以上。其三是主导产业不够强。即使这些资源开发的低端产业目前产业规模也相对较小，难以形成足以影响区域产业分工的品牌影响力。这种单一化的产业结构、低端化的产品结构、较小的产业规模和较短的产业链条，使区域内产业的竞争性远大于互补性，难以形成合理化的专业化分工体系。

概括起来，赤锡通地区缺乏统筹协同规划，互联互通基础设施薄弱，经济要素分散，经济集聚效应低，产业层次低、技术及人力资源不足，产业结构同构明显以及干旱、缺水等不足在一定程度上制约了该地区的经济协同一体化发展。因此，在发展路径上，不应该只盯着煤炭等矿产资源的开发利用，应该走多元化产业发展之路；在发展模式上不能只靠外延性扩张，从一开始起步就应该外延与内涵并重；在衡量发展水平上，不能只用 GDP 和财政收入的增幅来衡量，要建立一套包括经济发展指标、民生指标、生态指标、城乡一体化指标、健康和人文指标等在内的综合评价指标体系。赤锡通在产业发展和产业体系架构上不能继续走过分依托地下资源开发的老路子，产业发展上切忌走"一矿独大"之路，从一开始就要设计并引导其走多元发展之路。要大力发展能够增加就业和城乡居民收入的非资源型富民产业；发展绿色农牧业和绿色食品业；为大企业提供零部件的专业化生产；要大力发展各类服务业，如现代物流业、信息业、生产性服务业、金融业等；培育适合低碳经济（包括生产和生活低碳化）需要的新产业，如农村家用生物质能设备、小型家用太阳能、风能、生物质能（如秸秆气化）设备等；寻找和发掘当地具有优势的战略性新兴产业（如新能源、新材料、新医药、旅游产业、文化体育产业、沙草林产业）。政府和有关部门要对这些产业实行必要的扶持和倾斜政策，使其迅速壮大。

三、赤锡通经济区的发展趋向

（一）培育自治区第二能源基地，融入京津冀经济区

将建设赤锡通绿色经济带的战略定位为国家北方绿色生态屏障，国家绿色农畜产品生产和加工基地，国家新型能源、化工及有色金属冶炼加工基地，国家北方特色旅游基地，国家向北开放的"桥头堡"，国家东北地区重要的交通枢纽和物流中心。赤锡通地区与京津冀地区存在着广泛的互补性，要通过加强合作，引入人才、技术、资金等生产要素，接纳产生转移，探索以煤炭和矿产资源为媒介的跨区域经济合作，并为赤锡通地区产品的出区达海提供通道。

周边地区资源和能源供需矛盾为赤锡通发展能源重化工产业让渡了市场空间。针对京津冀和东北三省未来经济发展缺煤少电、原材料供给不足的现状，赤锡通可以充分发挥资源和区位优势。一方面，积极探索以煤炭和矿产资源为媒介的跨区域经济合作，加强优势资源的联合开发；另一方面，可以灵活利用各种资源配置政策，以资源引投资、聚产业，吸引周边地区更多企业落户赤锡通地区发展资源转化项目。

周边地区产业外溢为赤锡通接纳产业转移创造了条件。基于京津冀和东北三省一些基础能源、原材料产业急需在其他地区建立接续基地和积极寻求配套合作产业的情况，赤锡通要抓住这一历史机遇，结合自身产业结构特点，积极引进一批大项目、大企业，通过产业的植入，促进区域特色产业的形成。

周边地区丰富的高级生产要素能为赤锡通经济发展提供重要保障。赤锡通资源优势明显，但由于人才、技术、资金等高级要素的短缺，经济发展受到严重制

约。京津冀和东北三省人才、技术、资金优势突出，同时具有较高的对外开放水平。赤锡通应进一步优化发展环境，加强合作，主动接纳京津冀和东北三省地区的人才、技术和资金等高级要素，提高区域研发能力和技术开发能力。

周边发达的基础设施体系为赤锡通地区产品的出区达海提供了通道。随着赤锡通与周边地区在能源、矿产资源等方面合作的日益深入，通道建设也必然提上重要议事日程。因此，要抓住与东北及京津冀地区进行能源、矿产资源等合作对接的机遇，加快赤锡通连接周边的公路、铁路、电网、管道等基础设施建设进度，改善赤锡通地区基础设施条件，尽快打通实现经济融合的瓶颈制约。

抓住国家推动京津冀协同发展、疏解北京非首都功能等机遇，主动接受京津冀、环渤海地区的辐射带动，积极参与生产力布局调整和产业链重构。重点在电子信息、装备制造、有色金属深加工、新能源开发、生物医药等工业领域和现代物流、金融、电子商务、文化旅游等服务业领域开展招商合作，促进产业优化升级，打造新的增长点。借助京蒙合作互利共赢的有利契机，建立京津冀地区与赤锡通地区双向绿色农畜产品、现代蒙药等流通渠道和产供销一体化市场销售平台，逐步实现赤锡通产品立足东北、销往京津、辐射全国的格局。巩固提升同北京、天津等省市在教育、医疗、文化等方面的交流合作。

（二）借力"东北振兴"政策，大力推进基础设施建设

赤锡通地区不仅与东北三省具有天然的地理上的联系，而且赤锡通地区已成为振兴东北老工业基地战略资源接续地、重要生态防线和对外开放的前沿。实施振兴东北老工业基地战略，急需将赤锡通地区与东北三省经济一体化。赤锡通地区在自然地理、社会历史、区域经济上都与东北三省有着密切的联系，同属于东北经济区，而且赤锡通地区是东北老工业基地振兴的战略资源接续地。从现在和未来看，内蒙古自治区赤锡通地区已经成为东北老工业基地振兴十分重要的优势资源与原材料基地。赤锡通地区也是东北重要的生态防线，是东北对外开放的前沿。赤锡通地区可以利用蒙古国东部丰富的能源矿产资源，俄罗斯西伯利亚和远东地区木材、石油为主的能源原材料资源，为东北老工业基地振兴提供能源与原材料支持。赤锡通与东北三省经济一体化，有利于带动民族地区经济的快速发展。近年来，内蒙古西部"金三角"地区经济得到快速发展。相比之下，赤锡通地区经济发展相对落后。赤锡通地区与东北地区进一步实现资源整合发展，不仅会改善民族地区的经济社会状况，造福少数民族，也将有力地支援和促进东北三省的经济建设和社会全面发展。赤锡通地区和呼伦贝尔市、兴安盟成为内蒙古自治区内唯一享受"西部大开发"和"振兴东北老工业基地"双重优惠政策的地区，得益于国家政策的扶持，赤锡通地区交通基础设施建设取得了长足的进

展，但离区域经济一体化发展的要求还有距离，需要继续深化改革、加大投入，破除赤锡通区域经济一体化交通方面的障碍。要继续推进赤峰、通辽与京沈高铁连接线工程，加快融入东北经济区，为资源开发和优势产业发展构筑高效快捷通道；锡林郭勒盟要加快建设通往东北、华北等经济区的快速通道，并加快建设出盟通道、盟内通道和深入能源矿产基地、工业园区的公路，补足基础设施短板；赤锡通区域间节点城镇间网络化的交通建设需要强化。

抓住国家新一轮支持东北加快发展的机遇，发挥资源禀赋和区位优势，深度融入东北经济区产业分工、要素配置、交通物流网络等市场体系。主动地承接东北经济区辐射带动，借助东北三省的企业、人才、技术等优势，构筑互惠多赢的大东北产业合作格局，重点在装备制造业上开展对接合作，建设东北制造业配套基地。推进能源基地建设，为东北发展提供能源支撑。适应东北市场绿色安全食品消费需求，扩大牛羊、荞麦等绿色畜产品在东北大市场的份额。不断完善与东北地区的航空、铁路、公路、通信、出海口等立体化通道体系，努力把赤锡通地区建设成为东北地区重要的交通枢纽和区域性物流中心，打造融入东北大物流格局。构建统一的旅游信息平台，联合同创旅游形象和品牌，携手共建大东北无障碍旅游区。推动省域边界地区组团发展、协同创新，抢占新一轮东北振兴新高地。

（三）加强与蒙古国的联系和沟通，构建国际交流平台和通道

锡林郭勒盟二连浩特市是我国对蒙古国经贸往来最大的陆路口岸城市，是亚欧大陆桥的"桥头堡"，也是我国向北开放的前沿阵地。俄罗斯跨欧亚大铁路、蒙古国草原之路倡议进行对接，打造中蒙俄经济走廊；应充分利用现有的对外开放口岸和周边地区的口岸为通道；要发挥地缘、产业等优势，不断有效拓展与俄蒙之间经济贸易合作形式，尽快形成集投资贸易、出口加工、国际物流于一体的多功能经济区，为地区区域经济快速发展和转变发展方式，调整经济结构，提供有力的能源资源支撑和便捷的开放通道。

积极开展政府间互访、商贸往来、文化旅游交流等双边多边活动，实现资金流、物流、人流和信息流等方面的合作，形成多层次、宽领域的合作交流格局；加强重点项目合作，推进"赤锡通朝锦"中蒙俄国际海陆经济合作示范区建设；鼓励有实力的企业"走出去"，开展能源资源深加工和农牧业、旅游、商贸物流及建筑等方面合作；着力打造跨境电子商务通道，支持赤锡通企业建设面向俄蒙及东北亚的特色农畜产品、工业产品、民族工艺品、旅游产品等跨境电子商务平台，实现电子商务平台与国内外市场互联互通；推进赤锡通地区与蒙古国相关省市建立友好城市关系；扩大同东北亚、欧美国家的经贸往来，深化与港澳台地区交流合作。

第四章

乌海—巴彦淖尔—阿拉善经济协作区

一、发展基本条件及发展现状综述

（一）地理位置

乌海—巴彦淖尔—阿拉善经济协作区，位于内蒙古自治区的西部，面积仅次于赤锡通经济协作区，见图4－1。具体而言，乌海市东倚桌子山，与鄂尔多斯高原毗连；西靠贺兰山，与阿拉善草原接壤；南与"塞上江南"的宁夏平原相邻；北与内蒙古粮仓河套平原相望。乌海市位于内蒙古自治区西南部，地处黄河上游中段，是呼包银榆经济带重要节点城市，是华北通往西北的枢纽。地理坐标为北纬39°02′30″~39°54′55″，东经106°36′25″~107°08′05″之间。乌海市总面积1754平方公里，辖海勃湾、乌达、海南三个区。其中，海勃湾区是市政府所在地。

巴彦淖尔市位于内蒙古自治区西部，是我国的北疆重地。地理坐标为北纬40°13′~42°28′，东经105°12′~109°53′之间。北依阴山与蒙古国接壤，国界线长368.9公里，南临黄河与鄂尔多斯市隔河相望，东连草原钢城包头市，西邻阿拉善盟及乌海市，处于华北与西北的连接带上，总面积6.5万平方公里，辖区内有临河区、乌拉特前旗、乌拉特中旗、乌拉特后旗、五原县、杭锦后旗、磴口县七个旗县，乡、苏木、镇、办事处58个（其中乡苏木镇48个），行政村、嘎查651个。临河区是市政府所在地。

阿拉善盟地处内蒙古自治区最西端，地理坐标为东经97°10′~106°52′，北纬37°21′~42°47′之间，见图4－2。西南与甘肃省相连，东南与宁夏回族自治区毗邻，东北与巴彦淖尔市、乌海市接壤，北与蒙古国交界，国境线长734.705公里。全盟东起贺兰山，西至马鬃山，宽约831公里，北起嘎顺淖尔，南至腾格里沙漠南缘，长约598公里，总面积27万平方公里，占全区总面积的22%，为全区面积最大的盟。现辖阿拉善左旗、阿拉善右旗、额济纳旗三个旗和阿拉善经济开发区、乌斯太生态移民示范区两个自治区级开发区，24个苏木（镇）、191个嘎查（村）。盟府所在地巴彦浩特镇，为全盟政治、经济、文化中心。

从地理位置而言，乌—巴—阿经济协作区位于内蒙古自治区西部，总面积约33.6万平方公里，占自治区总面积的28%，是内蒙古自治区与甘肃省、宁夏回族自治区、蒙古国相连的重要枢纽地带，是古代丝绸之路的必经地域，也是我国"一带一路"建设的重要参与区域。

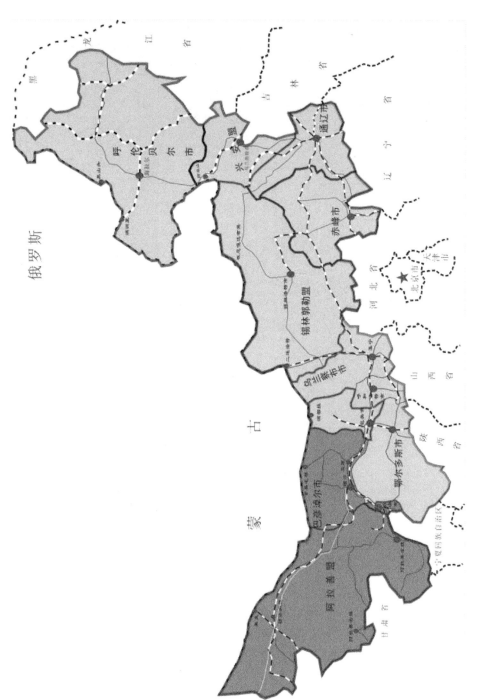

图 4 - 1　乌—巴—阿经济区区位图

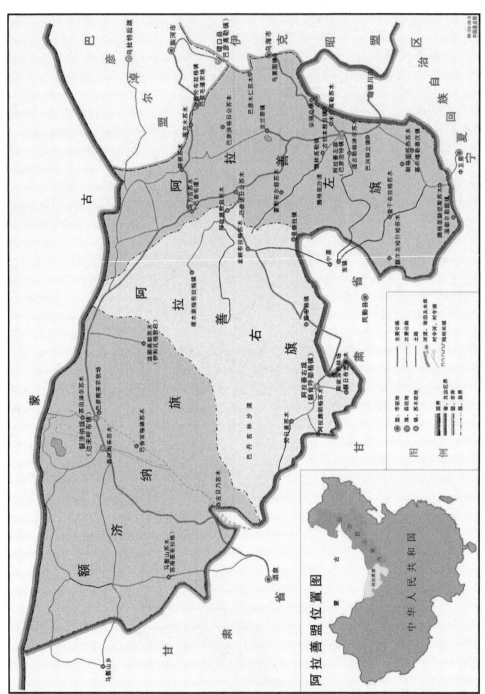

图 4-2 阿拉善盟行政区示意图

（二）自然地理

乌海—巴彦淖尔—阿拉善经济协作区，位于亚洲大陆腹地，为内陆高原，远离海洋，周围群山环抱，形成典型的大陆性气候。干旱少雨，风大沙多，冬寒夏热，四季气候特征明显，昼夜温差大。

乌海市年均气温 9.93℃，年均降水量 155.11 毫米，年均蒸发量 3114.24 毫米，境内群山环绕，戈壁、荒漠和沙漠草原分布其间。穿市而过的黄河蜿蜒 105 公里，形成狭长的河滩湿地和农业绿洲。按植被和土壤划分属于半荒漠地带。地貌类型可分为山地丘陵区、河谷平原区两大类，山地丘陵面积约 1325 平方公里，占总面积的 56.4%；河谷平原面积约 1025 平方公里，占总面积的 43.6%。森林覆盖率达到 17.5%。

巴彦淖尔市冬季 1 月平均气温为 -10℃，夏季 7 月平均气温为 23℃，日照时数为 3100～3300 小时。阴山山脉呈东西走向横贯中部，北部为广阔的天然牧场，俗称乌拉特草原，南部是著名的河套平原，素有"黄河百害，唯富一套"的美誉，耕地面积 40 万公顷，是亚洲最大的自流引水灌区，水利资源丰富，是国家和自治区重要的商品粮生产基地。总土地面积 6594252.5 公顷，人均占有土地 3.91 公顷，是全国人均占有土地的 4.4 倍，耕地 598995.4 公顷，人均耕地 0.35 公顷，是全国人均耕地的 3.5 倍。土地资源分布不平衡，90% 以上的农田、林地、水域分布在河套平原，95% 的牧草地集中在北部高平原，形成南北土地利用上的明显差异。

阿拉善盟年均气温为 6℃～8.5℃，1 月平均气温 -9℃～14℃，极端最低气温 -36.4℃；7 月平均气温 22℃～26.4℃，极端最高气温 41.7℃。地形呈南高北低状，平均海拔 900～1400 米，地貌类型有沙漠戈壁、山地、低山丘陵、湖盆、起伏滩地等。土壤受地貌及生物气候条件影响，具有明显的地带性分布特征，由东南向西北依次分布有灰钙土、灰漠土、灰棕漠土。在湖盆和低洼地区有盐碱土和沼泽土。著名的巴丹吉林、腾格里、乌兰布和三大沙漠横贯全境，面积约 7.8 万平方公里，占全盟总面积的 29%，居世界第四位、国内第二位。巴丹吉林沙漠以高陡著称，绝大部分为复合沙山。腾格里沙漠、乌兰布和沙漠多为新月形流动或半流动沙丘链，一般高为 10～200 米。沙漠中分布有 500 多个咸、淡水湖泊或盐碱草湖。北部戈壁分布较广，面积 9 万多平方公里，占全盟总面积的 33.7%。阴山余脉与大片沙漠、起伏滩地、剥蚀残丘相间分布，东南部和西南部有贺兰山、合黎山、龙首山、马鬃山连绵环绕，雅布赖山自东北向西南延伸，把阿拉善大体分为两大块。贺兰山呈南北走向，长 250 公里，宽 10～50 公里，平均海拔 2700 米。主峰达郎浩绕和巴彦笋布日，海拔分别为 3556 米、3207 米。贺兰山巍峨陡峻，犹如天然屏障，阻挡腾格里沙漠的东移，削弱来自西北的寒流，是外流域与内流域的分水岭。阿盟属典型的生态经济型土地利用区域，有宜耕土地 300 万亩，其中现有水浇地 33 万亩，播种面积 28.6 万亩；全盟草场总面积 2.6 亿亩，可利用面积 1.5 亿亩；全盟森林总面积 1336.6 万亩，其中，贺兰山青海云杉为主的天然次生林 36 万亩；额济纳天然胡杨林 45 万亩；天然梭梭林 1000 余万亩，全盟森林覆盖率为 3.27%。

从自然地理条件来看，乌海—巴彦淖尔—阿拉善经济协作区有着丰富的水、土、光、热、风等资源，气候条件适宜发展牧业、灌溉农业、沙产业等。

（三）资源禀赋

1. 矿产资源

乌海—巴彦淖尔—阿拉善经济协作区内自然资源富集，矿产资源具有储量大、品种多、品位好、易开采等特点。具体而言，乌海市矿产资源丰富，属矿产资源密集区，平均每平方千米矿产资源的丰度是自治区的 5 倍，是全国的 5.75 倍。优质焦煤、煤系高岭土、石灰岩、铁矿石、石英砂、白云岩等矿产资源储量大、品位好、易开采、相对集中配套、工业利用价值高。煤炭资源全部为主焦煤及配焦煤种，是国家重要的炼焦用煤基地。各煤矿区普遍伴有煤层气，在海勃湾煤矿区的卡布其井田、乌达煤矿区的黄柏茨、五虎山井田相对富集，预测可抽采量在 80 亿立方米以上。石灰岩矿产资源也较丰富，质量较好，是发展多种化工、建材生产业及冶金熔剂的有利资源基础。石灰石远景储量在 200 亿吨以上，煤系高岭土储量 11 亿吨以上。潜在的经济价值在 4000 亿元以上，得天独厚的矿产资源优势为乌海市的矿业发展提供了资源保证。

巴彦淖尔市境内阴山山脉有全国著名的狼山—渣尔泰山多金属成矿带。目前，已探明的矿产资源达 300 多处 63 个品种，经地质工作探明储量 45 种。其中硫、锌、铅、沸石、膨润土、银、镉、锂、镓、熔剂、硅石、白云石、云母、蓝晶石探明储量居全区首位。铜、镍、钴、铁、锰、铬、磷探明储量居全区第二位。毗邻蒙古国南戈壁省矿产资源富集，合作开发前景广阔。

阿拉善盟现已探明的矿藏有 86 种，占自治区发现矿种的 71.67%，产地共计 416 处。其中有开发利用价值的 54 种，现已开采 40 种。分布规律为东煤炭、西萤石、南多磷、北富铁、中部建材石墨盐碱硝。矿产以湖盐煤炭、石油、芒硝、石膏、萤石、花岗岩、大理石、白云岩、铁、冰洲石、石墨、宝玉石为主，形成明显的矿产优势，其中无烟煤、湖盐、花岗岩、冰洲石储量居内蒙古自治区第一位。阿盟境内有大小盐湖 53 个，主要是吉兰泰、雅布赖等，湖盐探明储量达 1.62 亿吨；天然碱产地 10 处，总储量 57.76 万吨；硝产地 30 处，总储量 1 亿吨。阿拉善盟煤炭资源丰富，煤种齐全，煤质优良，主要分布在贺兰山、长山子、西戈壁滩三大含煤区，矿区16处，探明煤炭储量达13.9亿吨，其中无烟煤探明储量4亿吨。阿拉善盟拥有油气资源，据初步预测，银—额盆地石油资源量达12亿吨，巴彦浩特盆地石油资源量6.1亿吨、天然气400亿立方米。

2. 可再生资源

乌海—巴彦淖尔—阿拉善经济协作区内太阳能、风能资源极其丰富，其中乌海市年均风速2.7米/秒，大风日数20.63天，年平均日照3000~3200小时，接受太阳辐射热能年均155.85千卡/平方厘米。

巴彦淖尔市河套灌区年平均日照时数为3191.7小时，日照百分率为72.1%；乌兰布和沙区年平均日照时数为3180.1小时，日照百分率为71.9%；牧区年平均日照时数为3286.3小时，日照百分率为73.7%；山旱区年平均日照时数为3261.8小时，日照百分率为73.2%。其风能资源也丰富稳定、分布广。北部牧区年平均风速超过启动风速大于3.0米/秒，乌兰布和沙区和山旱区启动风速年平均日数100天左右，套区为80~100天，年平均风速牧区最大为4.6米/秒，乌兰布和沙区和山旱区为2.6~2.8米/秒，河套灌区最小为2.6米/秒。

阿拉善属典型中温带大陆性气候，无霜期长达130~165天，年日照时数2600~3500小时，年太阳总辐射量147~165千卡/平方厘米，年均风速4.3米/秒，年均风日70天左右，是全国光、热、风能资源最丰富的地区之一。

3. 水资源

乌海—巴彦淖尔—阿拉善经济协作区内水资源主要来源于黄河和地下水，协作区内分布着乌梁素海、额济纳河等内陆河流，形成了丰富的水资源环境。其中，乌海市境内黄河由南向北流经市区105公里，平均河宽250~300米，水深2.5~11.6米，黄河水年平均径流量321亿立方米。地下水主要分布在桌子山、贺兰山山前冲积洪积扇，含水层较稳定，一般为17~185米，采深小于150米，已探明地下水总储量93.27亿立方米，并同黄河形成自然互补系统，为发展工农业生产提供了充足的水资源。

黄河自西向东横贯巴彦淖尔市，流经磴口县、杭锦后旗、临河区、五原县、乌拉特前旗，境内全长345千米。多年平均过境水流量为315亿立方米。河套灌区建有以三盛公黄河水利枢纽工程（包括引水总干渠）为主体的完整的引黄灌溉系统和以总排干沟及红圪卜扬水站为骨干的排水系统，引黄灌溉面积达57.4万公顷。境内湖泊资源较为丰富，有大小湖泊300多个，面积约47千公顷，多数分布于河套灌区，面积在100公顷以上的湖泊就有10个，其中位于后套平原东端的乌梁素海面积3万公顷，平均水深0.7米，最大深度2.5米，蓄水量20993万立方米，以盛产黄河鲤鱼和芦苇而闻名。

黄河流经阿拉善盟阿拉善左旗的乌索图、巴彦木仁苏木，在境内流程达85公里，年入境流量300多亿立方米。额济纳河是阿盟境内唯一的季节性内陆河流，发源于祁连山北麓，流至巴彦宝格德水闸分二支。额济纳河在盟境内流程200多公里，年流量10亿立方米。贺兰山、雅布赖山、龙首山等山区许多冲沟中一般有潜水，有些出露成泉。在三大沙漠中分布大小不等的湖盆500多个，面积约1.1万平方公里，其中草地湖盆面积1.07万平方公里，集水湖面积400多平方公里。这里绿草如茵，湖水荡漾，被称为沙漠中的绿洲，是良好的牧场。

4. 动植物资源

乌海—巴彦淖尔—阿拉善经济协作区内分布着世界上少有的珍稀野生动植物资源。乌海市的野生植物资源独特，已经查明的有69科、181属、279种。乌海市的野生植物大部分植株矮小，但生命力旺盛，对于防风固沙起着重要作用。在这些植物中，有药用植物甘草、锁阳、肉苁蓉、苦豆根、麻黄、远志、罗布麻等；有造纸植物松叶、猪毛菜、红河、油蒿、籽蒿等；有属于国家二级濒危珍稀保护植物四合木、半日花、棉刺、沙冬青、胡杨等，特别是四合木的科学研究价值无可估量。乌海市天然林资源面积30万亩，主要有四合木、沙冬青、霸王、白刺等天然灌木林。此外，在李华中滩，胡杨岛等黄河夹心滩及黄河沿岸的部分河漫滩上分布着天然河岸林，树种有沙枣、胡杨、河柳、黄白茨、灌丛等。西桌子山沟谷陡壁上亦有零星天然散木分布，树木主要有山榆、黑桦、山杏、杜松等。

巴彦淖尔市境内的乌梁素海是全国八大淡水湖之一，总面积300平方公里，素有"塞外明珠"之美誉。它是全球范围内干旱草原及荒漠地区极为少见的大型多功能湖泊，也是地球同一纬度最大的湿地。已被国家林业部门列为湿地水禽自然保护示范工程项目和自治区湿地水禽自然保护区，同时列入《国际重要湿地名录》。乌梁素海是鸟的世界、鱼的乐园，有近200种鸟类和20多种鱼类繁衍生息，其中国家一类、二类保护鸟类12种，中日候鸟协议保护鸟类48种。

阿拉善盟的野生动植物资源丰富，双峰驼和白绒山羊是两大优势畜种，骆驼数量曾居全国旗县之首，境内有各类野生动物180余种，其中国家重点保护动物37种，如蒙古野驴、野骆驼、马鹿、盘羊、天鹅、蓝马鸡等；境内有野生植物600多种，其中驰名中外的阿拉善肉苁蓉肉质肥厚，油性大，保健疗效强，面积632万亩，年贮藏量20万公斤，还有作为蒙药、藏药主药之一的山沉香，全国唯阿拉善独有，贮藏量80万公斤。

（四）经济社会发展现状

1. 人口及城市化发展水平

乌海—巴彦淖尔—阿拉善经济协作区从总体上来看，截至2015年总人口约为 248 万人，是内蒙古四个经济协作区中人口最少的区域，城镇人口约为 159.5 万人，城镇化率为 64.3%。比全区平均城镇化率 60.3% 高出 4 个百分点。其中乌海市常住人口 55.58 万人，有蒙、汉、回、满等 40 个民族，是中国西部大开发以来，率先在国内实施城乡一体化改革、实行城乡单一户籍制度的城市之一，城镇化率为 94.58%，全国排名第四位。巴彦淖尔市总人口 167.7 万人，聚居着蒙、汉、回、满、达斡尔等 40 多个民族，城镇人口约 88.2 万人，全市城镇化率达到 52.6%。阿拉善盟总人口 24.35 万人，有蒙、汉、回、藏等 28 个民族，城镇人口 18.71 万人，城镇化率达到 76.8%，是内蒙古自治区面积最大、人口最少的盟市（见图 4 - 3）。

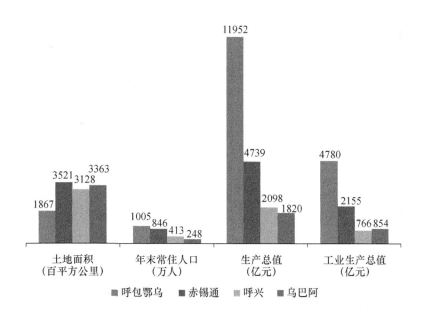

图 4 - 3　乌巴阿经济区与其他三个经济区基本要素比较

2. 产业及经济发展水平

乌海—巴彦淖尔—阿拉善经济协作区经济发展水平从整体而言，截至 2015 年 GDP 为 1819.8 亿元，占全区国民生产总值的 8.6%，见图 4 - 4。其中，乌海市 609.8 亿元、巴彦淖尔市 887.4 亿元、阿拉善盟 322.6 亿元。从产业结构来看，该经济协作区第一产业生产值 182.3 亿元，占全区的 11.26%；第二产业生产值 1037.3 亿元，占全区的 11.3%；第三产业生产值 599.8 亿元，占全区的 8.31%。其中，乌海市的产业结构为 0.8 : 60.3 : 38.9，第一产业为 4.74 亿元、第

二产业为 367.8 亿元、第三产业为 237.3 亿元;巴彦淖尔市的产业结构为 18.7:
50.8:30.5,第一产业创收 165.6 亿元、第二产业为 450.6 亿元、第三产业为
271.2 亿元;阿拉善盟的产业结构为 4:68:28,第一产业创收 12.0 亿元、第二产
业为 219.3 亿元、第三产业为 91.3 亿元(见表 4 - 1)。从发展态势上看,从 2010 ~
2013 年乌巴阿经济协作区 GDP 增长较快,此后经济增长放慢,见图 4 - 4。

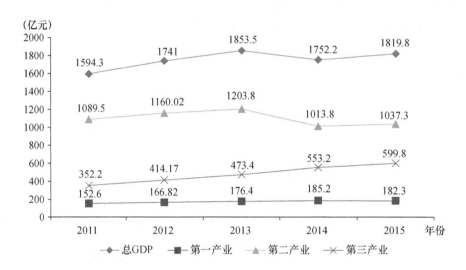

图 4 - 4 乌巴阿经济区经济发展现状图

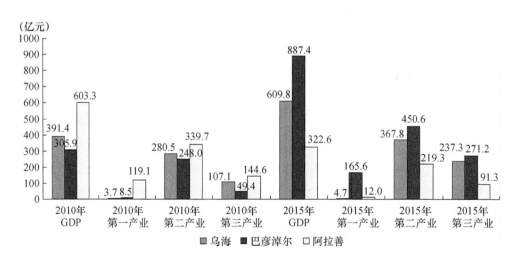

图 4 - 5 乌巴阿经济协作区第一产业、第二产业、第三产业比较

乌海市2015年地区生产总值比"十一五"末增加218.5亿元，年均增长11.6%。公共财政预算收入是"十一五"末的2.4倍，年均增长19%。社会消费品零售总额比"十一五"末增长94%。全社会固定资产投资累计完成1800亿元，是"十一五"期间的2.7倍，超额完成"十二五"目标任务，见图4-6、图4-7。三次产业结构由"十一五"末的1:71.7:27.3调整为2015年的0.8:60.3:38.9。工业产业延伸升级。煤焦化和氯碱化工两大基地建设成效显著，精细化工快速发展。装备制造、新能源、新材料等非煤产业占工业增加值比重由"十一五"末的47.7%提高到65.9%。乌海市成为国家第三批资源型城市转型试点和首批循环经济示范城市。金融业对财政的贡献率由"十一五"末的3%提高到7.5%，内蒙古君正能源化工集团股份有限公司、内蒙古海化辰兴化工有限公司在主板挂牌上市。金沙湾被评为国家4A级旅游景区。乌海海关获准设立。现代农业加快发展。葡萄产业不断壮大，葡萄种植面积是"十一五"末的1.8倍，内蒙古汉森通业集团有限公司成为中国驰名商标。

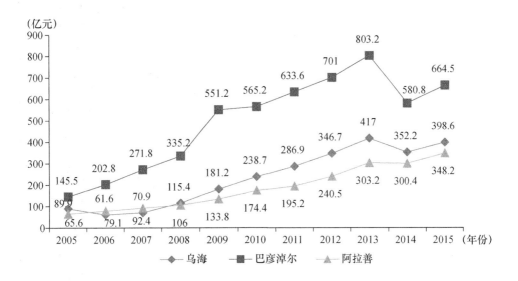

图4-6 2005~2015年乌巴阿经济区固定资产投资走势

巴彦淖尔市2015年实现地区生产总值887.4亿元、公共财政预算收入65.76亿元，分别是"十一五"末的1.5倍和1.7倍，社会消费品零售总额完成234亿元，比"十一五"末翻了近一番，固定资产投资累计完成3743亿元，是"十一五"时期的1.9倍，城乡居民收入分别达到24654元、13729元，均是"十一五"末的1.7倍。

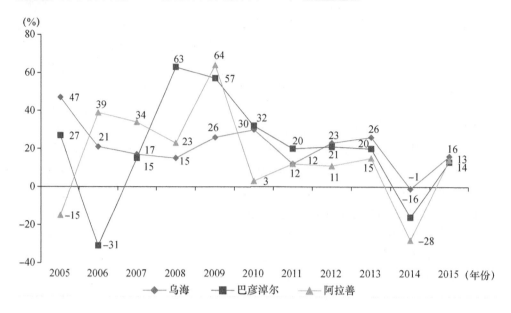

图4-7 2005~2015年乌巴阿经济区固定资产投资增长率

巴彦淖尔市化工、冶金和生物医药等产业加快发展，清洁能源基地初步成型，风光电装机累计达到364万千瓦，占电力总装机的63%。第三产业增加值提高6.5个百分点。套区森林覆盖率达到20%，新增湿地10万亩。"十二五"累计完成城建投资966亿元，是"十一五"时期的2倍。累计争取到棚户区改造贷款84亿元，实施棚户区改造5.7万户；投入农村牧区危房改造资金42.3亿元，完成危房改造11.2万户。电力完成投资近60亿元，首座百万千瓦风电汇集站建成投运。实施了680万亩农田整治，实施了大型灌区续建配套与节水改造，完成了河套灌区三年排水改造工程。向北开放取得历史性突破，甘其毛都口岸五年过货量达5411万吨，是"十一五"时期的3.3倍。

2015年，阿拉善盟地区生产总值达到322.6亿元，"十二五"年均增长10.3%，人均地区生产总值达到13.3万元；一般公共预算收入达到32.73亿元，"十二五"年均增长7.2%；城乡500万元以上固定资产投资达到348.22亿元，五年累计完成投资1243亿元，是"十一五"的2.7倍。肉苁蓉、沙葱等特色沙产业初具规模，节水高效农业稳步推进，规模化养殖步伐加快，畜牧业占农牧业总产值的比重达到38%；煤化工、盐化工、精细化工等传统产业优化升级，成效明显。文化旅游、奇石产业发展势头强劲，旅游收入占地区生产总值的比重达到14.6%。2015年，城乡常住居民人均可支配收入分别达到32253元、15563元，"十二五"年均分别增长10.6%和12.6%，见图4-8。

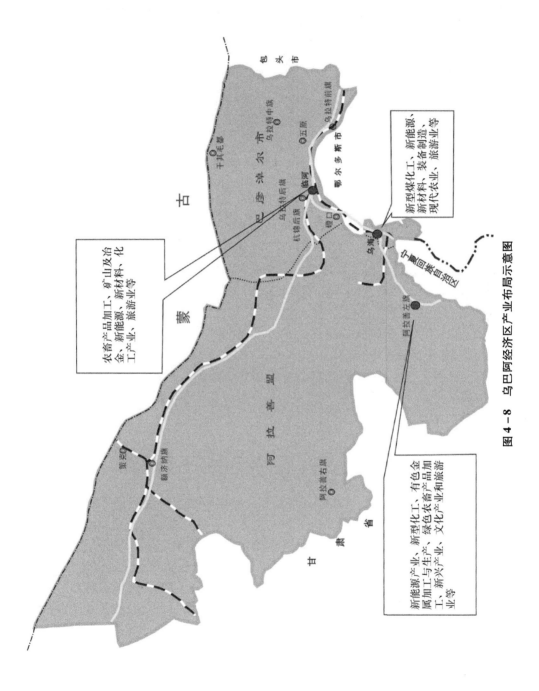

图4-8　乌巴阿经济区产业布局示意图

表 4 - 1　2015 年乌海—巴彦淖尔—阿拉善经济协作区产业情况　单位：亿元

	乌海市	巴彦淖尔市	阿拉善盟	内蒙古自治区
第一产业	4.7	165.6	12.0	1618.7
第二产业	367.8	450.6	219.3	9200.6
第三产业	273.3	271.2	91.3	7213.5
GDP	609.8	887.4	322.6	18032.8

3. 交通条件

乌海—巴彦淖尔—阿拉善经济协作区位于我国西北与华北的重要枢纽地带，其交通四通八达。其中乌海市作为"宁陕蒙"沿黄经济带的中心，同时还是呼市—包头—鄂尔多斯金三角经济区的延伸地带。乌海市境内交通设施日趋完善，包兰、东乌、策吉铁路，京藏高速公路、荣乌高速也在建设中、110 国道、109 国道穿区而过，民航机场已开通乌海至北京、呼和浩特、西安、广州、上海等城市的多条航线，以乌海市为中心，通往蒙西、棋盘井工业园区和阿拉善经济开发区的公路已打通，周边盟市到达乌海的"一小时城市辐射圈"正在形成。

巴彦淖尔市处于京津为龙头的呼（和浩特）—包（头）—银（川）—兰（州）经济带上，是国家西部大开发的重点区域，交通便利，通信发达，包兰铁路、京藏高速公路、110 国道横贯全境，巴彦淖尔机场通航运营，乌中旗通用机场试飞成功。建成了 279 公里黄河堤防公路，金川大桥和临河黄河大桥已建成，新改建公路 8530 公里，新增铁路 346 公里，交通完成投资 185 亿元。在国家综合交通网中长期发展规划中，临河是"一横一纵"的交会点，未来的巴彦淖尔将是华北沟通大西北、贯通大西南、连接蒙古国的重要交通枢纽（如图 4 - 9 所示）。

阿拉善盟境内巴银高速公路、巴吉一级公路、策达一级公路、哈苏一级公路、张查高速公路、策天一级公路以及一批通乡通村公路项目的建成或实施，使路网等级和通达深度有了明显改善。阿左旗、阿右旗和额济纳旗三个通勤机场建成运营，额哈铁路建成通车，临哈高速公路加快建设，实现了交通立体化发展；2016 年，阿拉善盟初步形成了铁路网"三横四纵"的骨干路网形态。"三横"：临河—额济纳旗—哈密铁路，乌海西—吉兰泰—巴彦诺日公—阿拉善右旗—张掖铁路，乌兰敖包—大坝铁路。"四纵"：嘉峪关—额济纳旗—策克口岸铁路，酒泉—额济纳旗—策克口岸铁路，乌力吉口岸—苏宏图—阿拉善右旗—金昌铁路，乌力吉口岸—苏宏图—吉兰泰—巴彦浩特—银川/中卫铁路。

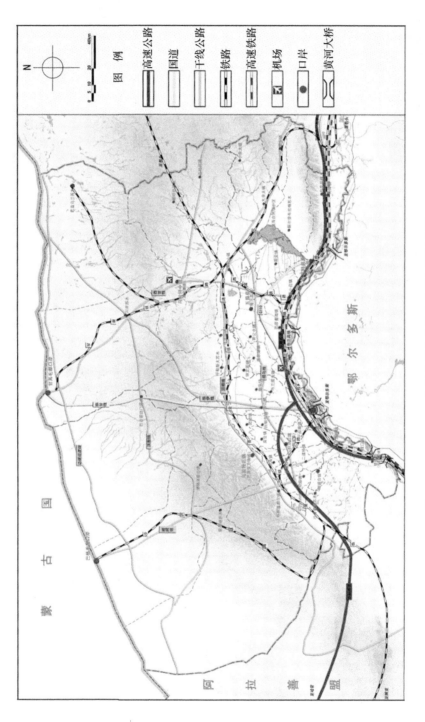

图 4 - 9 2011～2013 年巴彦淖尔市综合交通规划示意图

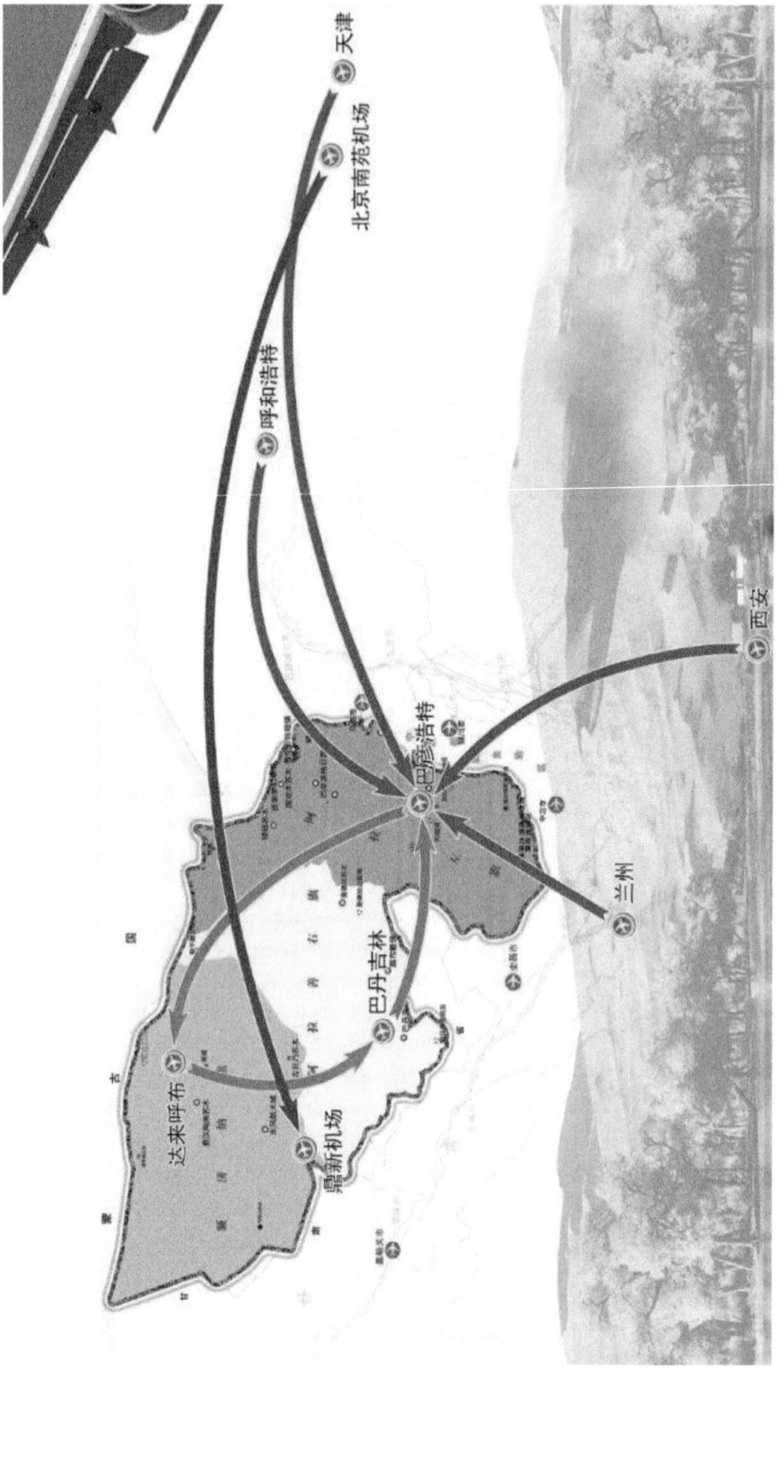

图 4－10　阿拉善盟航空旅游线路示意图

二、经济协作区的区域发展及存在的问题

（一）经济协作区发展历史及背景

内蒙古自治区人民政府在《以呼包鄂为核心沿黄河沿交通干线经济带重点产业发展规划（2010～2020年）》中，明确了乌海市发展定位是以呼包鄂为核心的次中心城市，并提出乌海市要突出经济协作区的中心城市地位。其发展进程可分为以下三个重要阶段。

第一个阶段是1958年到20世纪末的夯实基础期。伴随着包兰铁路的开通和包钢等国家重点项目的建设，乌海开始了大规模开发建设。1976年建市后，形成了以煤炭为主，化工、建材为辅的产业结构，煤炭工业占地区经济总量的80%以上。随后又经历了"主体两翼"和"煤从空中走"的资源转化发展阶段。1998年，乌海市被自治区确定为高载能工业区，确立了以资源转化为主的经济发展战略，构筑了能源、化工、建材、特色冶金支柱产业经济框架，迈出了发挥资源优势、发展特色产业的第一步。

第二个阶段是进入21世纪以来十年的高速发展期。进入"十五"时期，乌海市提出以经济结构的战略性调整为主线，全方位扩大对外开放的发展思路，在自治区率先完成了国企改革任务，海勃湾、乌达两大矿务局成功转制。坚决淘汰落后产能，集中建设了三个工业园区和一批投资规模较大、经济效益较好、带动力较强的重点项目，经济增长的质量和效益明显提高。产业产品链条不断延伸，煤—电—化工、煤—焦—化工、煤—电—特色冶金等产业链条基本形成，发展后劲显著增强，其中煤化工、氯碱化工产业在自治区乃至全国都占有举足轻重的地位。

第三个阶段是"十二五"以来的转型升级期。"十二五"是乌海产业调整转型的关键时期，受国内经济下行压力增大的不利影响，工业经济受到严重冲击。乌海市在危机中寻找和把握机遇，变危机为促进经济转型、提升产业层次的契机，坚定了推进产业升级、延伸、多元的新型工业化发展方向，明确了"加快经济转型和城市转型，建设自治区西部区域中心城市"的战略目标。同时，按照"城市提质"的总体要求，加快城市规划建设步伐，加大环境治理保护力度，着力保障和改善民生，经济社会各项事业步入了科学发展的轨道。

巴彦淖尔市农牧业和农村牧区经济发展的历程，可以分为以下几个阶段。

第一阶段：1949～1957年为起步阶段。新中国成立初期，经过土地改革，农民分得了土地，在政治上和经济上都翻了身的农民以极大的热情投入到农业生

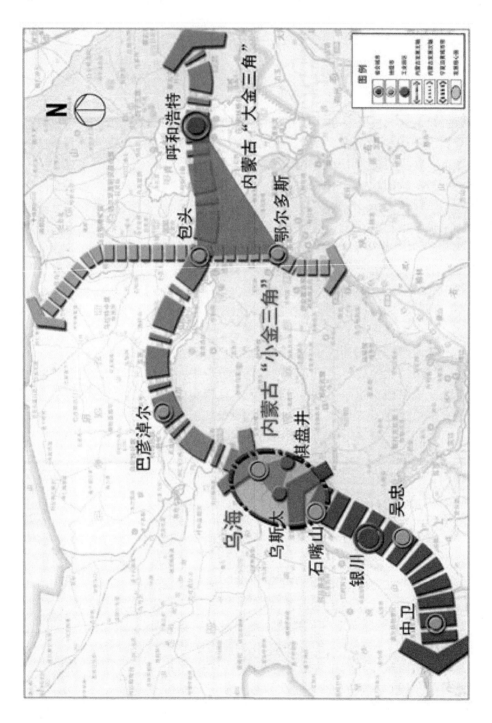

图 4 - 11　内蒙古自治区小金三角和呼包鄂大金三角示意图

产中，农业生产得到了迅速恢复和发展。几年时间，粮食和油料等产量比新中国成立前成倍增长。1957 年全市粮食总产量达到 32.30 万吨，比 1949 年增长 1.13 倍，油料总产量达 1.67 万吨，比 1949 年增长 2.34 倍；牲畜存栏达 186.31 万头（只），比 1949 年增长 96.72%；第一产业总产值为 0.83 亿元，比 1949 年增长 1.02 倍。

第二阶段：1958～1977 年为徘徊阶段。1958 年农村牧区发动了"大跃进"和人民公社化运动，加上三年自然灾害，农牧业生产力受到了严重破坏，农畜产品产量大幅度下降。经过 1963～1965 年的三年调整，全市农牧业生产得到了一定的恢复和发展。但随之而来的十年"文化大革命"，又对全市的农牧业生产产生了影响和破坏，在此期间，农业生产片面强调"以粮为纲"，不仅挤掉了经济作物，也限制了林、牧、渔业的生产。

第三阶段：1978～2008 年为快速发展阶段。党的十一届三中全会扭转了农牧业生产长期徘徊的局面。家庭联产承包责任制和牧区草畜双承包责任制的全面推行，极大地解放了全市农牧区生产力，充分调动和发挥了广大农牧民的生产积极性和创造力，特别是进入 21 世纪，在党中央全面免除农业税费、推行农业补贴等多项惠农政策的推动下，全市农牧业生产进入快速增长阶段，全市农村牧区经济走上了持续、快速和稳步发展之路。

20 世纪五六十年代，阿拉善盟额济纳旗为了祖国的航天事业和国防建设需要，占全旗 1/4 的人口、50% 以上的牲畜整体搬迁，共有两个苏木（乡）的 260 户 4000 多人和 7 万多头（只）牲畜，在不到五个月的时间内全部搬出基地范围，涉及草场面积 4 万平方公里。而当地牧民临时性的搬迁则超过了上万人次。

1990～2009 年正是改革开放后，阿拉善盟面貌发生翻天覆地变化的 20 年，中共阿拉善盟委员会、阿拉善盟行政公署带领全盟各族人民从阿拉善资源禀赋较好的实际出发，推动资源优势向经济优势转化，经济步入了又好又快发展轨道，综合实力由弱到强。城乡面貌发生了深刻变化，生态保护建设得到持续加强，民族团结进步事业繁荣发展，人民生活水平显著提高。

（二）经济协作区存在的问题

该经济协作区以乌海市为中心，得到迅速发展。因此对该经济协作区发展中存在的问题下面主要以分析乌海市为主。

1. 产业结构比例失衡，第二产业资源依赖性高

从乌海市三次产业构成由 1976 年的 3.3∶79.62∶17.08 的演变为 2015 年的 0.8∶60.3∶38.9，构成中呈现出"二三一"畸形发展趋势，期间虽然出现过波

动，但主要是由于受市场和政策的改变而产生的影响，构成中第二产业一业独大的情况始终没有改变。从产业结构的稳定性来看，第一产业一直保持在 5% 以下，保持着稳步下降的趋势，稳定性好，第二产业、第三产业波动较大，尤其是受第二产业波动的影响，第三产业也存在着发展不稳定的情况。从产业结构的协调性来看，第一、第二产业间发展不协调，不符合产业结构演进的趋势，第二产业内部发展不协调，在以资源为主的能源化工也存在重复建设，而非资源型产业发展相对滞后，发展不协调的问题。

目前，乌海市第二产业的增加值占到 GDP 增加值的 60% 左右，其中工业增加值占到 GDP 的 57% 左右。形成了煤焦化和氯碱化工两大基地，两大产业对工业增加值的贡献超过 70%，对做大经济总量，培育专业技术人才，提升创新能力，创造财税收入，稳定和扩大就业等发挥了重要作用。近几年来，受国家化解过剩产能和京津冀大气综合治理影响，乌海的煤焦、氯碱遇到了前所未有的困难，目前焦炭价格 380 元/吨，不足最高位时的 1/5，PVC 价格 4400 元/吨，降到最高位时的 1/2，工业经济增速回落，下行压力不断增大，产业层次低、产业链条短、产品单一、创新能力不足、竞争力不强、结构性矛盾等问题日益凸显，完全依赖资源的发展模式面临严峻挑战，简单粗放成了制约工业经济发展的重要因素。

2. 煤炭储量濒于枯竭、资源经济失去发展条件

乌海市行政地域狭小，矿产资源储量有限，又由于周围地区也在大力发展相似工业，同构化问题越来越突出，这种无序竞争和资源浪费消耗了大量资源，发展潜力被提前消耗，长久下去将失去继续发展的动力。根据调查研究结果，其煤炭储量为 24.97 亿吨，保有储量为 10.43 亿吨。但是由于科学技术的限制，无法提高煤炭资源的利用率，在目前的科技水平上利用率约为 30%，由此可见，急需提高科学技术水平以提高煤炭资源的利用率。据估计，乌海市煤炭资源还有不到 20 年的开采期限，必须在枯竭之前做好转型工作。随着消耗量的日益加大和经济的快速发展，对资源的需求和消耗量将对其形成巨大压力，一旦资源耗尽，乌海城市经济和社会的发展将面临极大的困境，因此积极地探究经济转型具有很重要的现实意义。2011 年 11 月 11 日，国家发改委、财政部和国土资源部《关于印发第三批资源枯竭型城市名单的通知》中，将乌海市列为第三批资源枯竭型城市。

从万元 GDP 能耗来看，初步测算，"十一五"期间，乌海万元 GDP 能耗从"十五"期末的 6.75 吨标准煤下降到 4.84 吨，二氧化硫排放量在 GDP 增长 2.2倍的情况下减少 3.46 万吨。"十二五"末单位 GDP 能耗比"十一五"末下降16%，万元工业增加值用水量比"十一五"末下降 36%，但仍高于国家、自治

区的能耗水平。由此可以看出，乌海市经济发展某种程度上仍然是靠消耗大量资源实现的。2015 年，全市第二产业投资完成 215.53 亿元，比 2014 年增长 7%。高投资率就像一把"双刃剑"，既会带来经济的高速增长，也会给经济带来负面影响。

3. 城乡差距过大、结构失衡

2011 年城市居民人均可支配收入达到 22349 元，农区居民人均纯收入 10786 元，2011 年城乡收入差距为 11563 元，比 2010 年 10496 元拉大了 1067 元。

2015 年乌海市城乡居民人均可支配收入 33023 元，其中城镇居民人均可支配收入 33968 元，农村居民人均可支配收入 14402 元，差距为 19566 元。城乡居民收入差距比为 1∶2.36。比 2010 年乌海市城乡居民的收入差距的 10496 元增加了 9070 元，城乡居民的收入差距进一步扩大。

4. 经济开发中生态环境保护不足

随着工业总量的不断增加，工业污染的刚性增长随之而来，传统的能源、资源开发型产业结构及经济增长方式对城市及工矿区环境形成的污染成为当前的污染治理的主要问题。另外，淘汰落后产能任务重、大部分企业生产工艺简单、技术装备落后、环保设施不完善，规模偏小，而且城市周边遍布高载能企业，对环境污染较为严重，直接影响工业化建设和可持续发展。粗放型增长方式是导致资源极大浪费和环境污染的根本原因。2015 年乌海市中心城区空气质量达到二级和好于二级的天数为 228 天，优良天数达标率为 63.9%。比 2011 年的 295 天少 67 天。就目前的实际来看，全年由于扬沙等自然原因形成的恶劣天气就有 50 多天，要实现 300 天的目标难度非常大。2016 年，由于经济增长趋缓，乌海市环境空气质量优良天数共计 275 天（其中优 34 天，良 241 天），达标率为 75.1%，较 2015 年同期优良天数增加了 47 天。

5. 第三产业比重偏低，层次不高，发展相对滞后

第三产业作为国民经济的重要组成部分，具有联结生产、生活、流通、分配、消费诸多环节，加速人流、物流、资金流、信息流的独特地位和作用。但乌海市第三产业总体水平落后，与发达城市相比依然差距很大。一是与国民经济高速增长态势相比，第三产业发展略显滞后，占 GDP 的比重还不高。随着工业经济的快速增长，乌海市第三产业在 GDP 中所占比重呈下降的趋势，且低于国家和自治区的平均水平。二是产业规模普遍较小，缺乏较大规模和较强竞争力的企业和项目带动，现有中小企业发育不充分，产业体系尚未形成。三是产业内部结构不合理，层次偏低，第三产业内部传统行业所占比重较大，传统产业层次偏低，乌海市第三产业主要依赖于商贸餐饮、交通运输等传统产业发展，局面仍未

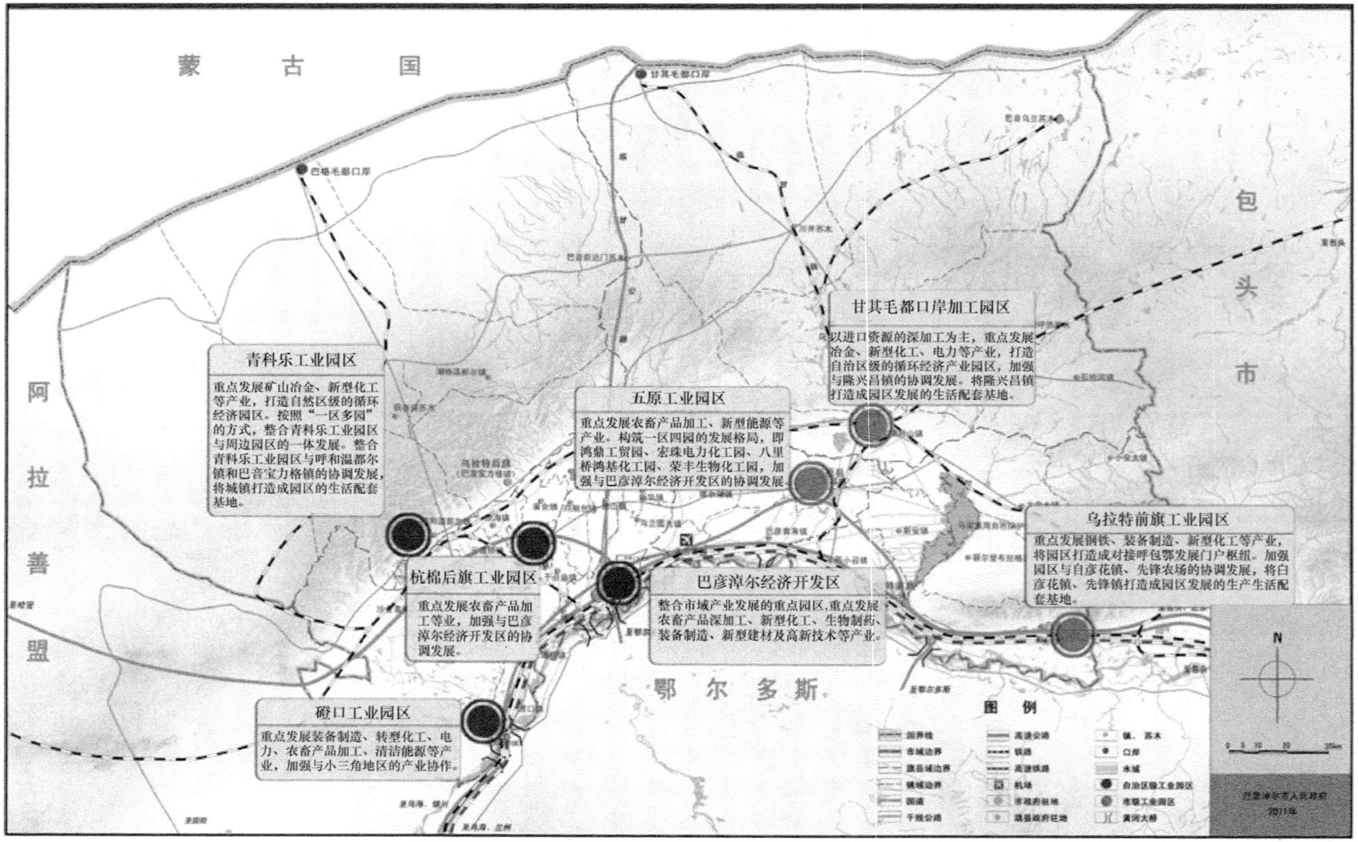

图 4-12 巴彦淖尔市工业园区分布示意图

改变；而新兴行业发展层次偏低，特别是社区服务体系较为落后，直接服务于生产和科技发展的行业严重滞后，社会化服务体系和社会保障体系有待进一步健全和不断完善。四是行业层次之间发展不够协调，市场化、社会化、产业化、商品化程度低，不适应市场配置资源和提高经济效益的需要。五是服务业市场建设仍处于初级阶段，服务业企业规模小、缺乏功能性的整体规划、科技含量不高，对产品开发、经营相关的金融、市场、人力资源等方面的服务功能偏弱，第二产业、第三产业间关联度不高。

6. 产业布局分散、雷同，接续替代产业发展不足

目前的产业布局仍然在很大程度上对煤炭资源分布有所制约，布局相对分散。同时更重要的是，内部多个工业园区之间没有形成有效的分工和协作体系。结构受制于行政级别区域竞争观念等因素的影响，乌海市与周边的工业园区，包括棋盘井、石嘴山、宁夏精细化工以及乌海的工业园区之间，在产业发展上都存在高度雷同的趋势。彼此之间没有形成发展合力，导致产业分散、人气不足、环境污染等多种发展难题。乌海市接续替代产业和新兴产业以陕汽重卡二期、唐山神州机械、新通领特种电缆等装备制造项目建设为代表，并积极推动恒业成有机硅、盛远塑胶 8 万吨 PVC 软制品、东磁光大多晶硅、隆兴佰鸿二期等项目，重点抓好抽水蓄能电站、三花科技碟式太阳能电站、蓝星集团非晶硅薄膜电池、维斯通管业、斯凯夫高档涂料等新能源、新材料项目建设。大部分项目处于起步发展阶段，发展程度不足。

三、经济协作区的发展趋势及对策建议

（一）发展趋势

1. 经济增长速度高于全国

本地区处于产业链上游，经济增长波动幅度高于全国经济波动幅度，由于后发优势和资源优势，增长速度将快于全国经济增长。

乌海—巴彦淖尔—阿拉善经济协作区着眼于下游京津冀和环渤海地区形成的长产业链，主要基于各个地区客观存在着的区域差异，着眼于发挥区域比较优势，借助区域市场协调地区间专业化分工和多维性需求的矛盾，以产业合作作为实现形式和内容，实现产业上游和下游的相互价值交互，促进互惠双赢。迎接机遇的同时也要面临挑战，由于本地区处于产业链的上游，经济增长波动幅度高于全国经济波动幅度，由于全国经济增长放缓，本地区的原材料输出受到影响，更需要发挥后发优势，不仅依靠资源优势带动地区经济发展。

本地区的后发优势很重要的一点是观念超越的优势，社会在进步，先发地区因为格局形成，难以调整而无法跟上社会的进步；而后发地区有着时时与时代进步保持一致的机动权，其建设的理念可以与时代同步，这样就形成了后发地区的观念优势。换言之，越是落后的地区就越是要与世界先进理念同步，以此来获得格局优势和资源节约。

2. 进一步完善地区经济分工协作格局

进一步完善以"乌海市为工业加工基地、以阿拉善为资源产业基地、以巴彦淖尔为绿色农畜产品生产加工输出基地"的地区经济分工协作格局。

（1）乌海市加强工业加工基地的基础作用。不断提升其原煤利用水平，加强就地转化率。加强煤化工深加工能力，精细化工产业加速发展，不断提高新兴产业比重，迅速发展装备制造业。乌海市经济开发区成功列入首批国家低碳工业园区试点，全国电石法聚氯乙烯产业知名品牌创建示范区获准筹建，开发区总体规划获自治区批复。积极申报"环乌海湖国家级高新技术产业开发区"。海勃湾工业园区成为全国首批循环化改造试点园区。

（2）阿拉善盟加强资源产业基地建设，着重发展新能源产业。

一是风能资源丰富，适合发展风力发电产业。阿拉善盟地处亚洲大陆腹地，属高空西风环流区，多大风天气，尤其冬春大风频繁，风能资源稳定可靠，每年变化不大，而且按季节变化，与农牧业生产的耗能相吻合，适合发展风力发电产业。全年大风日约 10～108 天，据初步估算风能储量约 2.1 亿千瓦，占内蒙古自治区风能储量的 1/5。

二是太阳能资源富集，适宜建设大型地面太阳能电站条件。太阳能资源储量约 6.94 亿千瓦，可开发利用量约 6 亿千瓦。年日照时数大于 3000 小时，年太阳能辐射总量为 150～165 千卡/平方厘米，夏季日照时数 9～11 小时。

三是国土面积辽阔，支撑条件优越。全盟总面积 27 万平方公里，沙漠、戈壁、荒漠草原各占 1/3，土地资源丰富，地类单一，植被稀疏，宜耕宜牧土地有限，建设用地以未利用的沙地、戈壁为主且相对集中，有利于风光电产业的大规模开发。

四是地理位置特殊，向北开放优势明显。阿拉善盟东接内蒙古蒙西地区，南与宁夏回族自治区相交，西与甘肃河西走廊相望，北邻蒙古国，边境线长 735 公里。不但可以建设外送通道，还可利用境外丰富的煤炭等矿产资源，也可考虑在蒙古国境内建设电厂向国内输送电力。

五是符合"电能替代""一特四大"等国家新能源发展战略，既可以将富余电力大规模输送到东中部负荷中心，减少东中部污染排放，也可以把周边国家的电力大规模输入我国，减少国内污染排放，推动在全国范围内优化配置电力资源，提高化石能源的开发、配置效率，促进清洁能源加快发展，促进雾霾等环境污染问题的治理，加快生态文明建设步伐。特别是，国家支持内蒙古自治区能源发展，对四条特高压通道同步启动和蒙东蒙西两大风电基地建设给予相关政策支持，为阿拉善盟发展新能源产业带来了难得机遇。因此应结合实施丝绸之路经济带发展战略，将内蒙古自治区阿拉善盟建设成为国家级新能源输出基地及国家能源储备基地。

（3）巴彦淖尔要大力发展现代农牧业，争当全区建设绿色农畜产品生产加工输出基地的"排头兵"。发挥现代农牧业在规划区内的基础保障作用。发挥水土光热条件优势，建设规模化、高品质绿色农畜产品种植和养殖基地。实施好"高产创建示范"项目。做强龙头，提高绿色农畜产品加工能力。提高产业的带动能力和集中度，增强市场竞争力；推进农畜产品精深加工。加大优惠政策扶持力度。认真落实国家和自治区相关政策，从财政支持、项目争取、土地供应、电价补贴、融资贷款等方面给予全方位支持。

做优品牌，突出绿色特色优势。近年来，依托绿色无污染这一最大优势，巴彦淖尔市大力实施品牌战略，积极培育、扶持和发展名牌产品。接下来，巴彦淖尔市应在区域合作的基础上，打好"河套牌"，培育更多拿得出、叫得响的优势品牌，打造成为呼包鄂乃至西北地区的"冰箱""肉库""厨房"。要创品牌、走高端。对国家、自治区评定的驰名商标、著名商标、名牌产品、原产地产品和地理标志产品登记保护，市政府给予相关企业一定的物质奖励，并在技术改造、技术引进、科研立项等方面优先扶持。做实监管，保障绿色农畜产品品质安全。近年来，巴彦淖尔市以保障农畜产品消费安全为目标，不断完善监管体系，健全监管手段，强化执法检查，农畜产品质量安全监管成效明显。做活流通，畅通绿色农畜产品输出渠道。加大农畜产品流通体系建设，全力开拓国内国际市场。产品出口，在更宽领域、更大规模、更高层次上参与国际竞争，巩固欧美、东南亚、俄蒙、中东等传统市场，开拓非洲、中亚等新兴市场，逐步形成多层次、全方位的农畜产品出口市场格局。

3. 缩小地区差距

随着城镇化、工业化进程，人口和经济要素加快向城市集聚，避免扩大城乡和地区之间"过密过疏"差距。

"过密"是指随着城市规模的扩大，必将增大其经济吸引力，出现资本的富集进而造成城市不动产的过猛上涨，降低资本形成水平，减少就业机会，使城市陷入萧条。"过疏"是指农村人口分布过于分散难以获得集聚经济。在本区域的发展中，要在促进城市发展同时，结合城市覆盖范围，尽量避免城市规模过大，考虑城市扩张的边际成本，以避免形成城市扩张的规模不经济；而本地区城市之外的广大的农村腹地，加大引导和规划，使人口向城镇集聚。

4. 加强国际合作

随着基础设施及建设加快，区域经济合作不断深化和加强；随着"草原丝绸之路"的实施，促进地区扩大开放，加快国际经济通道和经济合作平台建设。

"草原丝绸之路"是蒙古草原地带沟通欧亚大陆的商贸大通道，是几千年来连接东西方经济贸易的大动脉，它的发展与繁荣在蒙元时期达到顶峰。从包头市北上经乌镇、乌不浪口到甘其毛都通往哈剌和林地区（原蒙古首都），再向西北经中亚纵向延伸，直至欧洲。这条通道是历史形成的三条"草原丝绸之路"主线中的重要支线，在盛唐时期被誉为"参天可汗道"，是通往回纥牙帐的交通要道和商贸通道。

近年来，巴彦淖尔市乌拉特中旗充分利用毗邻蒙古国的优越区位，加强与其贸易交流，全面打造甘其毛都口岸成为"草原丝绸之路"经济带重要一环。随着甘其毛都口岸的不断发展，在"新丝绸之路"战略规划中，甘其毛都口岸承担了对外开发开放的重要职能，已成为国际货物运输的枢纽。而据史料记载，阿拉善盟额济纳旗是古代"草原丝绸之路"的重要驿站。随着额哈铁路的开工，充分发挥阿拉善盟草原丝绸之路重镇的历史作用，通过乌巴阿区域合作，带动整个区域融入"一带一路"中来。

（二）发展定位

1. 乌海市

"十三五"时期，乌海市产业定位是建成区域清洁能源输出基地。完善能源基础设施，推进"阿拉善、乌海—华中"电力外送通道建设，争取进入上海庙—山东电力外送通道。发挥地区资源优势，积极发展低热值煤发电、光伏发电以及抽水蓄能、瓦斯发电、尾气发电，打造电力"洼地"。到2020年，新能源装机比例达到30%以上。调整优化能源输出结构，大力发展LNG等清洁能源，积极争取国家支持进入西气东输管网，将资源优势转化为经济优势，见图4-13、图4-14、图4-15。

（1）全国重要的煤焦化工、氯碱化工和精细化工产业基地。加快焦化企业兼并重组，扩大产业集群效应和行业整体竞争力。实施焦炭气化战略，实现资源分质分级利用，不断延伸煤焦化工、氯碱化工产业链条，发展以农药医药中间体、多元醇、PVC树脂等产品为主的精细化工产业。

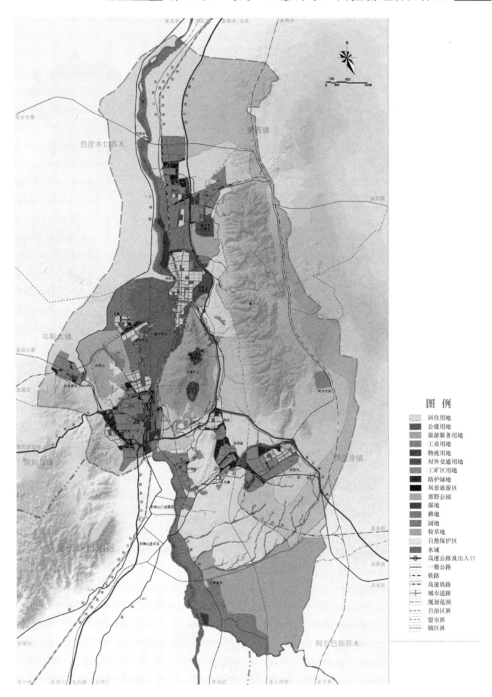

图例

居住用地
公建用地
旅游服务用地
工业用地
物流用地
对外交通用地
工矿区用地
防护绿地
风景旅游区
郊野公园
湿地
耕地
园地
牧草地
自然保护区
水域
高速公路及出入口
一般公路
铁路
高速铁路
城市道路
规划范围
自治区界
盟市界
镇区界

图 4 – 13 乌海地区（2010～2030 年）用地规划示意图

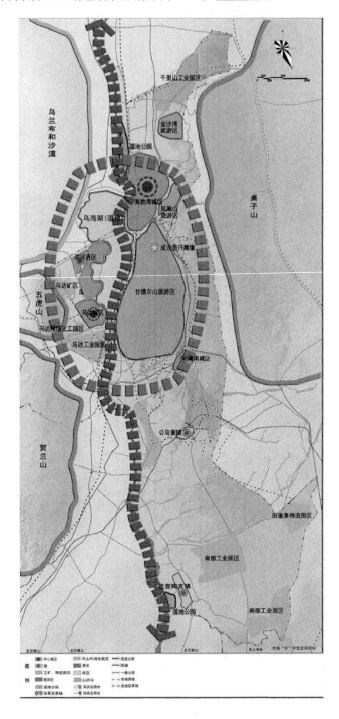

图 4 - 14 乌海市空间结构示意图

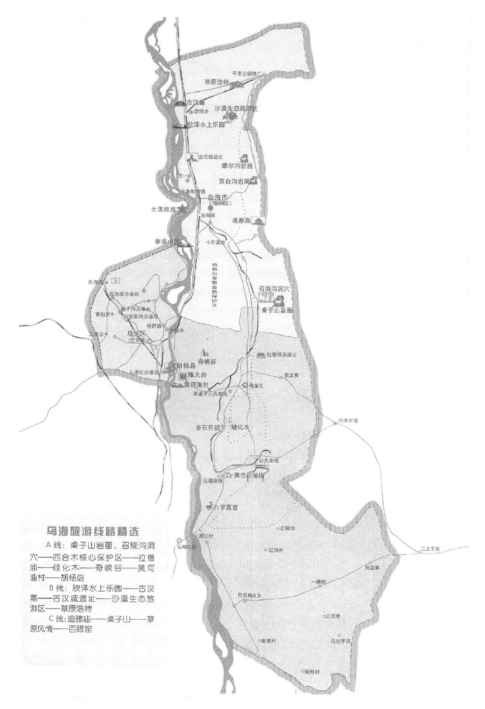

图 4 - 15　乌海市旅游景点分布示意图

（2）区域循环经济示范基地。围绕主导产业，加强上下游企业间的配套链接，形成行业间、园区间和区域内的循环系统。大力发展危废处理、污水处理等环保产业，推动电石渣、粉煤灰等固体废弃物资源化利用，加快发展新型节能环保墙体材料等建材产业，建设资源节约型、环境友好型社会。

（3）以葡萄产业为主导的现代农业基地。坚持按照"全产业链"模式发展现代农业，大力发展葡萄种植和葡萄酒加工，构建"一区、一带、三圈、百庄"发展格局，打造"中国·乌海沙漠原生态葡萄酒庄之都"。依托国家"一带一路"发展战略，探索建设葡萄酒交易平台，加强葡萄酒文化对外交流。

（4）区域文化旅游中心。全力做好"山、水、城"三篇"文章"，发挥地区特色资源优势，打造中国西部旅游集散中心和国际特色旅游目的地。围绕"山"，重点打造以蒙元文化、草原文化、赏石文化为特色的甘德尔山生态文明景区。围绕"水"，以沿黄生态文明产业带开发建设为重点，着力打造集观光旅游、体育竞技、休闲度假、会议会展于一体的乌海湖黄金岸线。围绕"城"，充分发挥"六张名片"品牌优势，着力打造生产空间集约高效、生活空间宜居适度、生态空间山清水秀的"沙地绿洲、水上新城"。

（5）区域健康产业中心。依托市人民医院滨河分院和雅泰高科技产业园，大力发展以医疗服务、药品器械、耗材产销应用为主体的医疗产业。深入挖掘蒙医蒙药、温泉沙疗等资源，大力发展健康理疗产业。建设养老服务平台，大力发展满足多样化养老服务需求的养老产业。

（6）区域大数据应用中心。以政务云中心为核心，建设以"一云、两网、四库、应用"为主要架构的"智慧乌海"。实施"互联网＋"行动计划，推动工业、旅游、金融、城市管理等10个领域与互联网深度融合发展。积极培育大数据应用市场，推动区域社保、医疗、教育、养老、就业、公共安全、社区服务等领域信息资源互通共享。

（7）区域金融服务中心。大力引进各类股份制金融机构，支持乌海银行等地方金融机构做大做强，鼓励通过企业上市、发行债券、股份转让、股权交易等方式直接融资，建立多层次资本市场体系。扶持证券、期货及新型金融业态发展，构建立足乌海、辐射周边的金融服务体系。

（8）区域生产性物流中心。完善交通运输网络，积极促进呼银高铁建设，实施乌海机场扩建。力争到2020年，全市公路里程达到1200公里。推动"互联网＋"物流，发展面向乌海及周边地区的第三方专业仓储配送、出口代理、技术咨询、员工培训、检验检测等生产性服务业。依托乌海海关，发展跨境电子商务，提高对外贸易水平。

2. 巴彦淖尔市

巴彦淖尔市"十三五"时期产业定位是着力打造五大基地。

（1）绿色农畜产品生产加工输出基地。依托四十亿吨黄河水、千万亩大灌区、八千万亩大草原的农牧业优势，通过产学研结合、标准化管理、源头追溯体系建设等措施，切实在绿色农畜产品生产、精深加工、品牌建设等方面寻求突破，在农牧业科技、产业化经营、政策创新等方面形成示范，打造农畜产品加工产业集群，建成内蒙古自治区绿色农畜产品生产加工输出基地的核心区，见图4-16至图4-20。

（2）有色、黑色金属和进口资源深加工基地。发挥铜、铅、锌、铁等金属矿产资源丰富和就近利用蒙古国资源的区位优势，依托已形成的冶炼产业基础，改造提升有色、黑色金属加工业，大力发展精深加工，加快向金属材料和制品领域延伸产业链条，建成自治区有色金属生产加工基地的引领区。

（3）清洁能源输出基地。依托丰富的风、光资源，坚持清洁火电和风电、太阳能发电、生物质能等新能源并举，集中式电站群和分布式能源点并重，利用风电供热和微网技术，着力提升就地消纳能力，积极争取能源外送通道建设，建成自治区清洁能源输出基地的重点区。

（4）现代化工及新材料生产基地。依托有色金属冶炼副产品硫酸着力发展硫化工和氟化工，依托蒙古国及周边盟市焦煤资源大力发展煤焦化工和氯碱化工，依托秸秆资源发展生物化工，加快油页岩资源开发利用，推进产业链条向化工新材料方向延伸，建成自治区现代化工产业基地的先导区。

（5）河套文化特色旅游度假基地。深入挖掘河套文化融合黄河文化、农耕文化、草原文化等多方面内涵，结合山水、林沙、草原、民俗、农牧业、特色饮食等多元化要素，以观光、休闲、体验、养生、养老等多形式为重点，大力发展文化旅游业，建成自治区文化旅游基地的示范区。

巴彦淖尔市功能定位是构建生态安全和安全稳定"两个屏障"。实施好乌梁素海、乌兰布和沙漠和巴音温都尔沙漠治理工程，加强草原保护和河套灌区绿化，加强污染防治和综合治理，建成国家级生态文明示范区。努力维护边疆民族团结，形成各民族和谐共荣的发展局面。在自治区建设国家生态安全屏障、安全稳定屏障中发挥重要作用。

巴彦淖尔市"十三五"时期开放定位是加快建设"一堡一枢纽"。以国家建设中蒙俄经济走廊为契机，依托甘其毛都口岸加工园区建设进口资源落地加工基地，在境外资源加工利用和中蒙合作方面发挥主体作用，在内地与俄蒙欧合作中发挥桥梁纽带作用，建成国家和自治区向北开放的重要"桥头堡"。以临哈高速公路、临哈铁路建成运营为契机，进一步推进基础设施互联互通，加快构建现代物流体系，将巴彦淖尔市打造成为融入"一带一路"的重要枢纽城市。

3. 阿拉善盟

阿拉善盟发展定位是"十三五"期间国家重要的生态功能示范区，是"服务丝

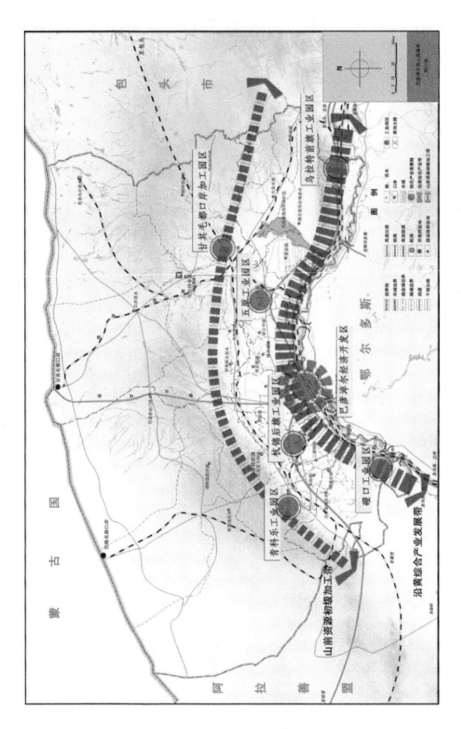

图 4－16　巴彦淖尔市产业布局规划示意图

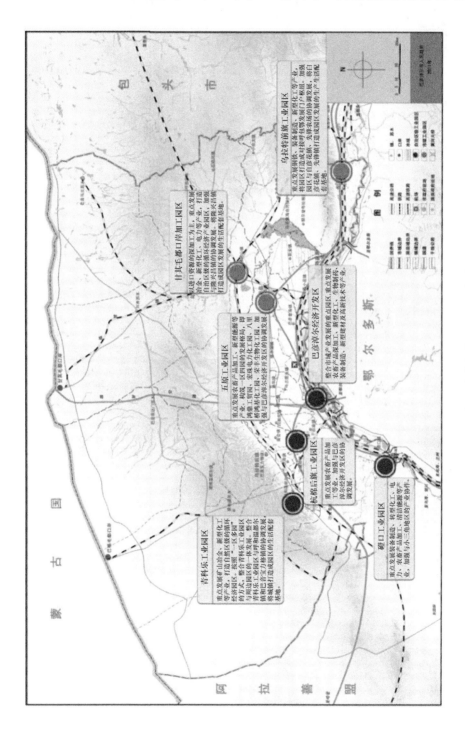

图 4 - 17　2011 ~ 2030 年巴彦淖尔市工业园区发展引导示意图

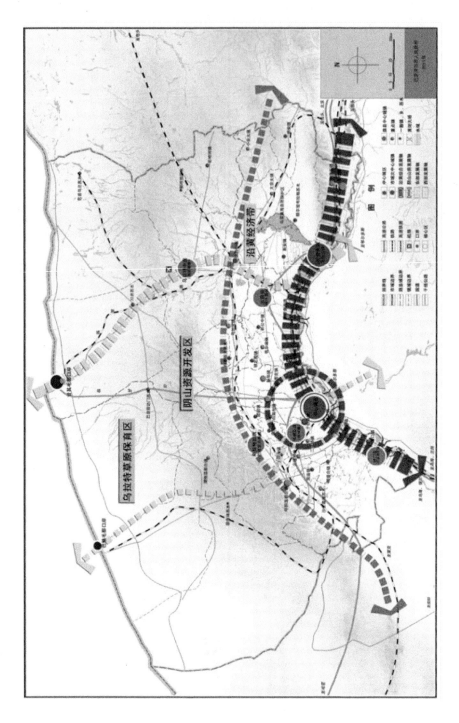

图4—18　2011～2030年巴彦淖尔市城镇体系结构规划示意图

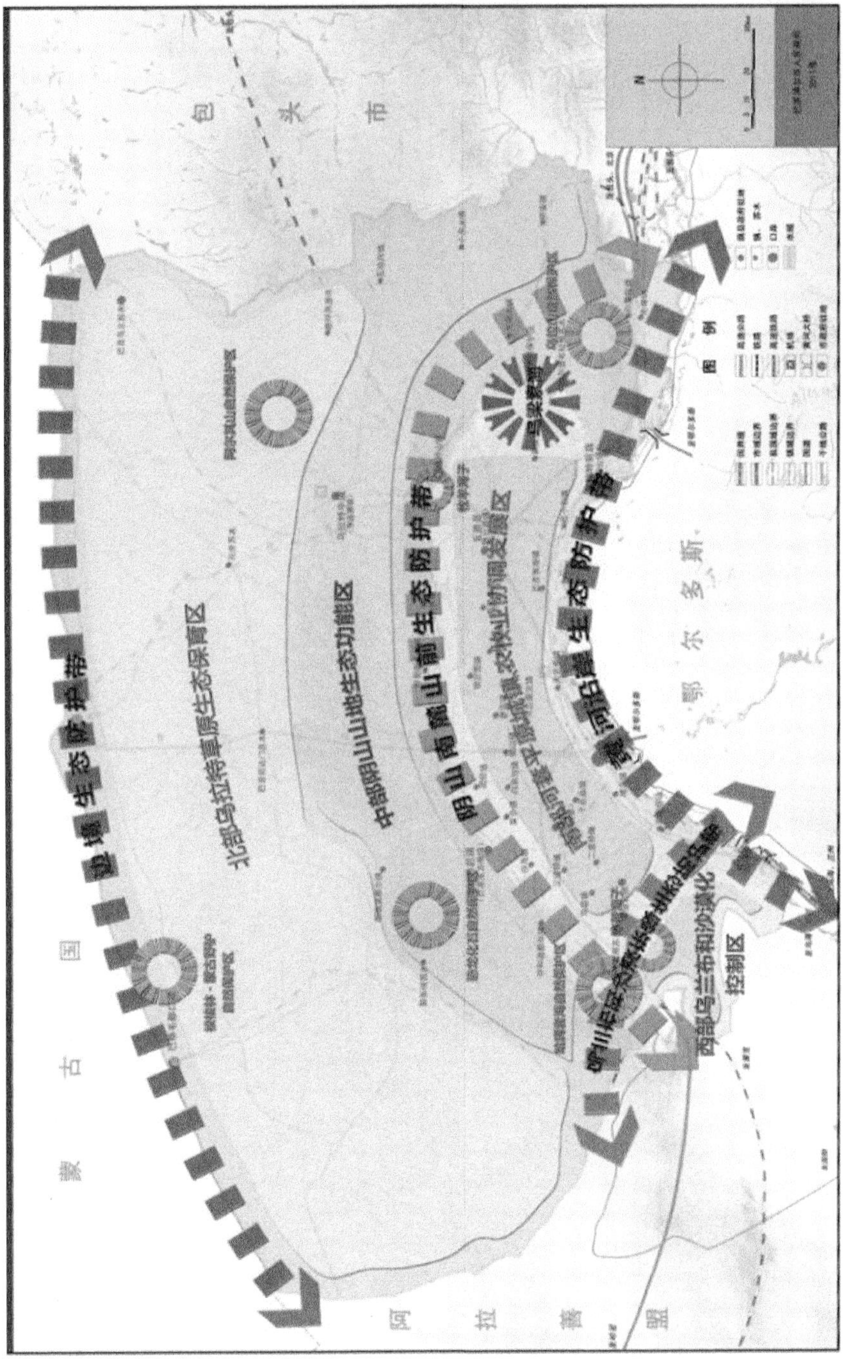

图4-19 2011～2030年巴彦淖尔市生态安全体系规划示意图

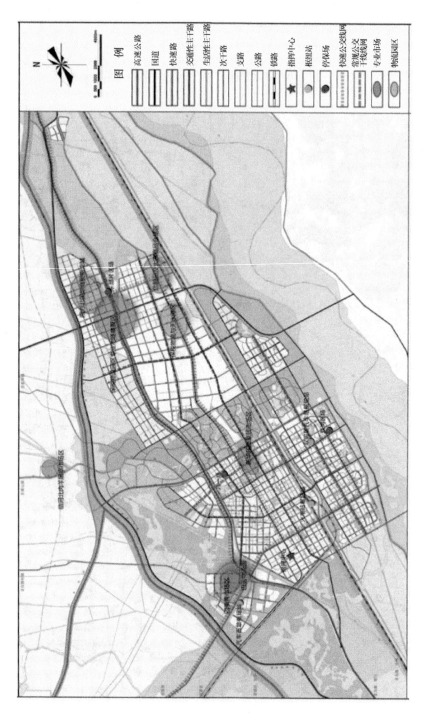

图 4-20　2011~2030 年巴彦淖尔市中心城综合交通体系规划示意图

绸之路"经济带和中俄蒙经济走廊的重要通道，国际旅游目的地，国家重要的军民融合空天基地，国家重要的清洁能源示范基地，国家重要的沙产业示范基地，见图4-21。

（三）对策建议

1. 更加注重内涵发展和结构优化

本区域面临的资源环境约束压力大，节能减排的任务非常艰巨。国家将加大资源环境税费和价格改革力度，包括实施用电、用水阶梯价格和惩罚性价格、开征环境资源税等，经济社会发展面临的资源环境约束将进一步强化。从本区域的实际情况来看，乌海作为一个有一定工业基础的矿业城市，在新节能减排形势下，产业结构调整，提升产业内部结构优化是解决问题的治本之道。要大力发展第三产业，以专业化分工和提高社会效率为重点，积极发展生产性服务业；以满足人们需求和方便群众生活为重心，提升发展生活服务业。大力发展高技术产业，坚持走新型工业化道路，促进传统产业升级，提高高技术产业在工业中的比重。在产业内部结构上要抓创新、抓品牌、育产业，要建立创新机制，在政策上向节能减排环保的产业倾斜，培育节能减排产业，不断探索节能减排的新途径，优化生产工艺，使产品的单位能耗、物耗趋向合理也是企业降低生产成本的努力方向。而巴彦淖尔市与阿拉善盟作为后起之秀，在工业发展开始之初，应该更加注重内涵发展，设计符合可持续发展要求的产业结构。

2. 扩大区域经济合作，完善产业链

乌海—巴彦淖尔—阿拉善区域，充分利用阿拉善盟资源优势，乌海市的工业加工基础以及巴彦淖尔市农产品发展基础，增强合作，互联互通，形成一批新的产业并完善已有的产业链。

3. 扩大对外开放，建设开放型经济地区

充分利用国家推进草原丝绸之路的宏观战略，增强本区域在"草原丝绸之路"建设中的地位，利用好与蒙古国接壤的地缘优势，创建有利于对外开放的发展环境，建设开放型经济地区。充分发挥巴彦淖尔市甘其毛都口岸和阿拉善盟额济纳旗策克口岸在对外贸易中的连通作用。全面实施"走出去"战略，鼓励企业走出国门，在更大范围、更宽领域、更深层次拓展与俄罗斯、蒙古国合作的空间，通过龙头企业的对外投资带动产业合作、项目合作、劳务合作。加强与俄罗斯和蒙古国在矿产资源勘探及开发、森林采伐、木材加工、境外基础设施及城市建设、农业种植、畜牧饲养、食品皮毛加工等领域的合作。支持有条件的企业在境外建立资源及农、牧、林业开发基地。通过对外投资，扩大资源、原材料等初级产品进口，提升进口资源落地加工水平；开拓国外市场，促进加工贸易，生

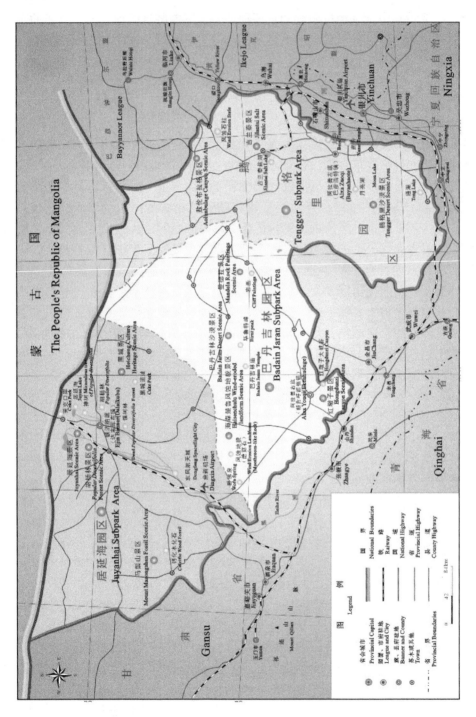

图 4 – 21　阿拉善盟旅游景点分布示意图

产适销对路的产品，鼓励家电、建材、轻工纺织、林牧机械、交通装备和特色农畜产品及电子信息设备等产品出口。

4. 处理好经济发展与生态保护的关系

本区域大部分地区位于干旱的荒漠半荒漠地带。著名的巴丹吉林、腾格里、乌兰布和三大沙漠横贯本区是我国生态环境最为脆弱的地区之一。区域开发要根据环境承载能力，在开发开放和基础设施建设过程中，始终坚持生态保护优先和集中开发的原则，实行点状式开发，做到"点上开发、面上保护"，以开发、开放促进生态环境保护；在开发开放中，加强资源节约及综合利用，形成开发开放与草原、森林以及农田等生态系统良性循环。大力加强国际生态环境合作，建立生态跨国保护机制，在共同开发中保护生态环境，实现经济与环境的和谐发展。土地开发利用要控制适度规模，防止土地资源的浪费。矿产资源开发要在统一的规划下进行，严禁乱采乱挖，造成资源浪费和生态环境破坏。口岸、道路的建设，要进行严格环境评估，把对环境的损坏控制在最低点。处理好经济发展与生态环境保护之间的关系。

第 五 章

呼伦贝尔—兴安盟经济协作区

一、基本概况与发展条件

(一) 地理位置

呼伦贝尔—兴安盟经济协作区包括内蒙古自治区的最东部的一盟一市，即呼伦贝尔市和兴安盟，总面积近 32.3 万平方公里，是自治区蒙东经济大区重要的能源、木材和粮食生产基地（如图 5 - 1 所示）。

呼伦贝尔市是世界上土地管辖面积最大的地区级城市，总面积 26.3 万平方公里，占自治区面积的 21.4%。其中，东西 630 公里、南北 700 公里，具体的地理坐标为东经 115°31′~126°04′，北纬 47°05′~53°20′。呼伦贝尔市南部与兴安盟接壤，东部以嫩江为界与黑龙江省为邻，西北部以额尔古纳河为界与俄罗斯接壤，西南部则同蒙古国交界，地处中俄蒙三国交界地带，边境线总长达到 1723.82 公里，其中中蒙边界 675.82 公里，中俄边界 1048 公里（不含未定界部分），其中有八个国家级一类、二类通商口岸，其中满洲里口岸是中国最大的陆路口岸。

兴安盟（"兴安"系满语，汉语为"丘陵"之意）位于内蒙古自治区东北部，地处大兴安岭向松嫩平原过渡带，东北、东南分别与黑龙江省、吉林省两省毗邻；南部、西部、北部分别与通辽市、锡林郭勒盟和呼伦贝尔市相连；西北部与蒙古国接壤，边境线长 126 公里；设有中国阿尔山—蒙古松贝尔国际季节性开放口岸；总面积近 6 万平方公里，总人口 168 万，少数民族人口占 47%，其中蒙古族人口占 42.1%，是全国蒙古族人口比例较高地区。1980 年兴安盟恢复盟建制，现辖两市（乌兰浩特市、阿尔山市）三旗（科尔沁右翼前旗、科尔沁右翼中旗、扎赉特旗）一县（突泉县），其中，阿尔山市和科尔沁右翼前旗为边境旗市，乌兰浩特市为盟委行署所在地。

(二) 发展基础

呼伦贝尔—兴安盟经济区地处内蒙古自治区东北部，是大兴安岭和科尔沁草原的核心地带，土地资源丰富，水资源充足，矿产资源、动植物资源得天独厚。人口密度相对较小，经济发展基础较好，具有较大发展潜力。

呼伦贝尔市位于大兴安岭的西部，是草原畜牧业经济区。呼伦贝尔市土地资源种类多样；土壤肥沃、自然肥力高，适合农作物生长，耕地以黑钙土、黑土、暗棕壤以及草甸土为主，共分为八大类，42 类二级分类。呼伦贝尔草原是世界四大草原之一，被称为世界上最好的草原，地跨森林草原、草甸草原与干旱草原

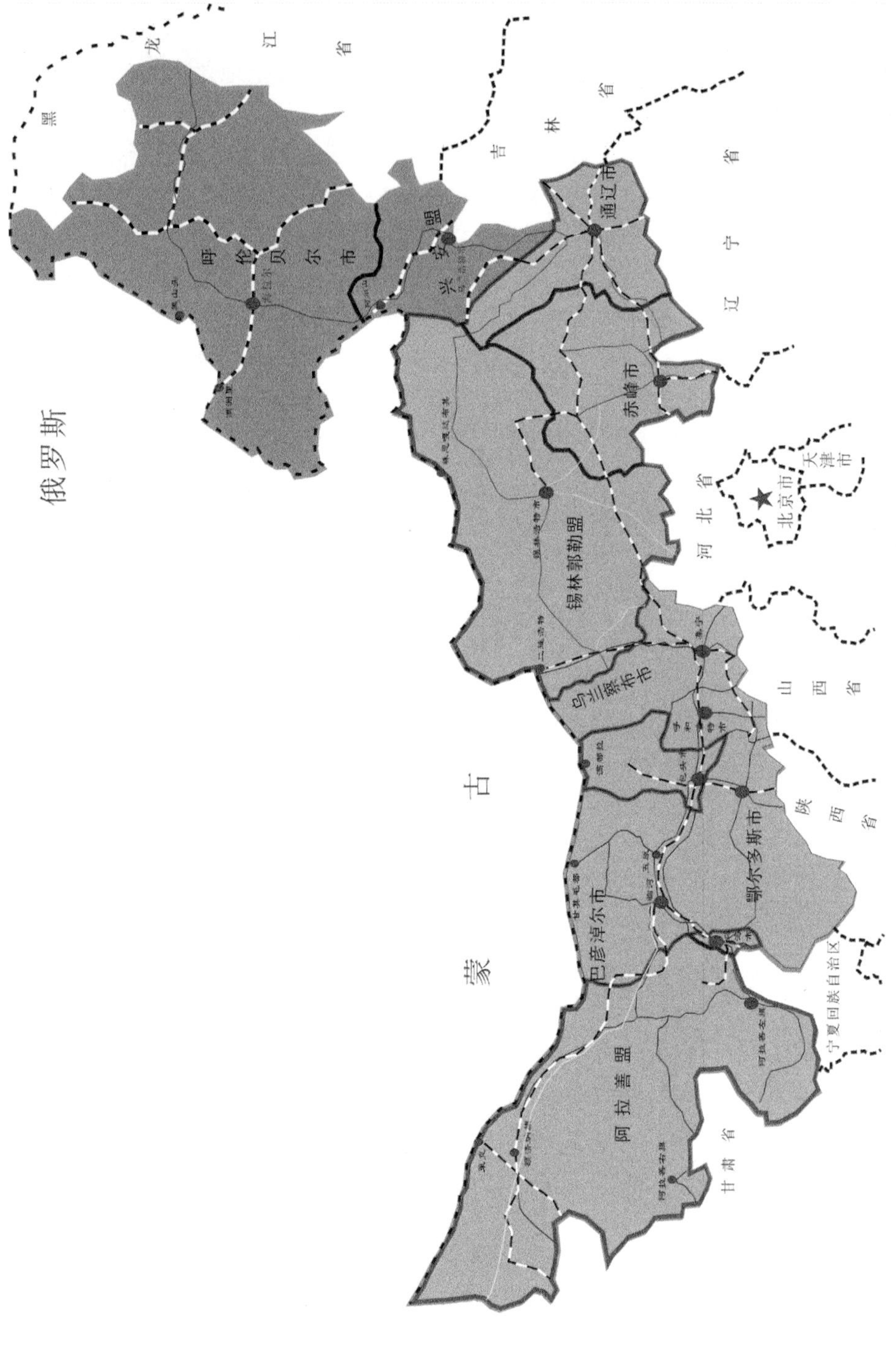

图 5 - 1　呼兴经济协作区区位示意图

三个地带,位于大兴安岭以西,是牧业四旗——新巴尔虎左旗、新巴尔虎右旗、鄂温克旗、陈巴尔虎旗与海拉尔区、满洲里市以及牙克石市西部、额尔古纳市南部草原的总称。天然草场面积有 8.4 万平方公里,占全市土地总面积的 33.2%。草场可分为八大类,其中以山地草甸、山地草甸草原、平原丘陵干旱草原、丘陵草甸草原、沙地植被草地以及低地草甸草场六大类为主。草原植物资源有 1000 多个品种,隶属 100 个科 450 属,多年生草本植物成为组成草原群落的基本生态特征,丰富的草原资源为发展草原畜牧业经济区提供了极大的优势。大兴安岭构成了呼伦贝尔市林业资源的主体。呼伦贝尔林地面积约为 1.90 亿亩,占全市土地总面积的 50% 左右,占内蒙古自治区总林地面积的 83.7%。全市探查到的各类矿产达 40 余种,矿点 370 多处。其中 57 处矿点已探明,主要分布在海拉尔区、牙克石市、新巴尔虎左旗以及新巴尔虎右旗。煤炭探明储量是辽宁、吉林、黑龙江三省总和的 1.8 倍。海—满地区煤炭是主要的矿产资源,已探明的煤炭资源储量有 334 亿吨,且品位较高,为煤炭企业的发展提供了资源优势。呼伦贝尔地区水资源总量为 316.19 亿立方米,占自治区的 56.4%。其中,地表水总量298.19 亿立方米,地下水总量 18 亿立方米。水能资源理论蕴藏量 246 万千瓦,水域面积 48.32 万公顷。其中地表水储量占全国储量的 1%,为 272 亿立方米,是全自治区地表水储量的 73%。全市人均占有水量高于世界人均占有量,为 1.1万立方米,是中国人均占有量的 4.66 倍。较大的河流湖泊有海拉尔河、辉河、伊敏河、锡尼河以及呼伦湖和贝尔湖等十几条河流与上百个湖泊。富饶的水资源使得该地区渔业发展势态良好。地区野生动植物的种类繁多、数量巨大。野生植物有 1400 多种,其中有经济价值和药用价值的野生植物就有 500 种以上,野生动物的种类占国家野生动物总类的 12.3%,自治区种类的 70% 以上;受国家和自治区保护的野生动物就高达 30 余种。地区著名的旅游景点有满洲里中俄互市贸易区、满洲里套娃广场、呼伦湖小河口、金帐汗蒙古部落、北山侵华日军要塞遗址、西山国家森林公园、红花尔基原始樟子松国家森林公园等 20 多个旅游景点。

　　兴安盟周边 400 公里范围内有一盟两市三省一国,靠近东北市场,位于黑吉辽三省区的扇形中心,是东北地区乃至东北亚地区连接俄蒙的重要经济通道。目前,已基本形成公路、铁路、航空立体交通网络,交通区位优势明显。兴安盟地处大兴安岭向松嫩平原过渡带,由西北向东南分为四个地貌类型:中山地带、低山地带、丘陵地带和平原地带,海拔高度 150~1800 米;南北长 380 公里,东西宽 320 公里。山地和丘陵占 95% 左右,平原占 5% 左右,被誉为无污染、无公害的"绿色净土"。与地貌特征相关,经济区划大致分为林区、牧区、半农半牧区和农区。林区主要集中在大兴安岭主脊线的中山地带,有 7000 多平方公里。牧区主要集中在乌兰毛都低山地带，有 8000 多平方公里。半农半牧区和农区分布在低山丘陵和平原地带，有 45000 多平方公里。水资源丰富，大小河流 200 多条，水库 25 座，总库容 19 亿立方米，水资源总量 50 亿立方米，居自治区第二位，是东北地区的"水龙头"，具备水煤组合、发展新型煤化工和新型能源的独特优势。兴安盟位于嫩江、松花江流域和科尔沁沙地源头，是大兴安岭林海的重要组成部分，生态地位非常重要。年均降水量 400～450 毫米，雨热同期，四季分明，是世界公认的"玉米黄金种植带"和"最佳养牛带"。耕地面积 1200 万亩，粮食年产量稳定在 50 亿斤以上，牲畜存栏 820 万头（只），农牧业发展优势明显。兴安盟地处大兴安岭成矿带核心区，以有色金属资源为主，地下蕴藏铅、锌、铜、镁、铁等资源；在经济运输半径内，由周边的蒙古国和呼伦贝尔市、锡林郭勒盟、通辽市等地构成一个煤炭资源富集圈。可利用草原面积 3900 万亩、森林面积 2400 万亩、可利用荒漠化土地面积 2000 万亩，生态服务价值、碳汇功能潜力巨大，是东北地区重要的生态功能区和生态服务区。有各级各类自然保护区 10 个，总面积 1000 多万亩。特别是阿尔山地区集国家地质公园、国家森林公园于一身，拥有温泉、湿地、火山、冰雪、森林、草原等自然景观，是典型的生态文明体验区。

二、呼兴经济协作区的产业基础及发展水平

近年来呼伦贝尔市和兴安盟以经济建设为中心，以结构调整为主线，不断深化对区域发展优势的调查研究，利用科学发展观指导社会经济的全局发展，经过不懈努力，社会经济取得了长足进步，人民生活水平也得到显著提高。

（一）呼兴经济协作区"十二五"发展现状

1. "十二五"时期综合经济实力大幅提升

2015 年，呼兴经济协作区生产总值完成 2098.3 亿元，五年增长 5.06 倍，年均增长 50%，人均地区生产总值达 47261 元。工业结构优化升级。工业生产总值 765.93 亿元，"十二五"期间年均增长 10%。2015 年呼兴经济协作区公共财政收入 1299917 万元。兴安盟全年完成全部工业增加值 160.47 亿元，按可比价格计算，比 2014 年增长 10.0%，拉动地区生产总值增长 3.2 个百分点。呼伦贝尔三次产业比由 19.6：42.1：38.3 优化为 16.5：44.6：38.9，兴安盟三次产业比由 32：34：34 演变为 25：40：35，农牧业现代化稳步推进，工业带动力逐步增强，服务业加快发展。兴安盟 2015 年财政总收入完成 47.88 亿元，固定资产投资完成

627. 36 亿元。500 万元以上固定资产投资 425. 33 亿元，比 2014 年增长 18. 1%（如图 5 - 2、5 - 3 所示）。

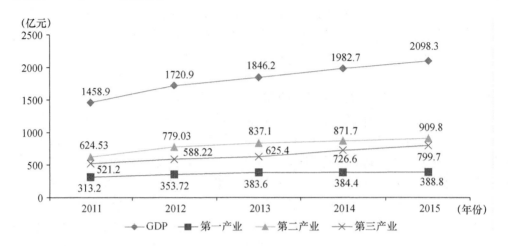

图 5 - 2　呼兴经济区发展状况

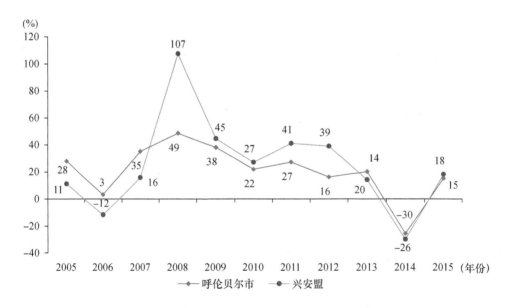

图 5 - 3　2005 ~ 2015 年呼兴经济区固定资产投资增长率

2. 旅游业发展迅速

呼伦贝尔市 2015 年旅游规模达到 1417 万人次，年均增长 12. 3%；旅游收入完成 448. 4 亿元，年均增长 27. 9%。金融、保险等行业大幅增长，社会融资总规模连续三年超过存款总额，达到 1587 亿元。兴安盟全年接待国内游客 537.01 万人次，比 2014 年增长 19.8%；接待境外游客 1423 人次，与 2014 年持平。全年实现国内旅游收入 55.40 亿元，比 2014 年增长 20.7%；入境过夜旅游收入 85.40 万美元，增长 0.8%。

3. 生态建设成效显著

呼伦贝尔市生态建设五年投入 63.4 亿元，是"十一五"时期的 3.6 倍。造林 619 万亩，森林覆盖率达到 51.4%，新增活立木蓄积量 1.2 亿立方米，呼伦贝市荣获"国家森林城市"和"低碳试点城市"称号。兴安盟继续实施天然林保护、退耕还林、"三北"防护林等重大生态工程，草原植被覆盖度达到 68.2%。

4. 城乡基础设施建设迈上新台阶

呼伦贝尔市五年投入 1664 亿元，是"十一五"时期的 3.9 倍。累计实施供水、河道整治等市政公用基础设施项目 1400 多个，完成投资 377.4 亿元，是"十一五"时期的 3.3 倍，人均道路和公园绿地面积分别增长 82% 和 53%，伊敏河综合治理工程主体完工。呼伦贝尔市中心城区建成区面积达到 84.5 平方公里。呼伦贝尔市基础设施建设五年投入 535.4 亿元，是"十一五"时期的 1.6 倍。高速公路达到 453 公里，一级公路达到 543 公里，全市公路通车里程达到 23483 公里。铁路运营里程达到 2236 公里。海拉尔机场旅客吞吐量达到 183 万人次，扎兰屯支线机场和根河、阿荣旗、新巴尔虎右旗三个通用机场建成，机场群建设初具规模。红花尔基水利枢纽投入使用，扬旗山水利枢纽工程全面完工。供电能力明显改善，基本形成了以 500 千伏和 220 千伏为主网架、110 千伏及以下为配网的电网架构。兴安盟公路总里程达到 11466 公里，铁路总里程达到 732.6 公里，阿尔山机场已投入使用，乌兰浩特机场完成改扩建工程，盟内外航线已达到九条。建设实施一批 220 千伏输变电工程，500 千伏变电站从无到有，电网结构优化升级。文得根水库、绰勒水库内蒙古下游灌区等项目进展顺利，水利设施建设实现重大突破。

5. 主动融入"一带一路"，扩大对外开放

呼伦贝尔中俄蒙合作先导区上升为国家战略，满洲里国家重点开发开放试验区建设加快推进，蒙古国驻呼伦贝尔领事馆正式开馆。对外贸易稳定增长，进出口总额累计完成 137.8 亿美元。招商引资成效显著，累计引进国内（市外）资金 3496.2 亿元，是"十一五"时期的 2.1 倍。兴安盟深化与蒙古国的经贸合作，阿尔山口岸通关能力进一步提升。

6. 人民生活水平得到显著提高

呼伦贝尔市民生支出占公共财政预算支出的 62.5%，五年年均增长 16%。城镇常住居民人均可支配收入达到 26844 元，五年增加 11987 元，年均增长

11.4%;农村牧区常住居民人均可支配收入达到 11632 元,五年增加 5337 元,年均增长 13.9%,城乡居民收入增速双双跑赢 GDP 和财政收入增速。扶贫开发五年投入 101.2 亿元,脱贫 21.2 万人。兴安盟城乡常住居民人均可支配收入分别达到 22397 元和 7894 元,年均增长 14.3% 和 16.3%。公共财政预算收入 26.66 亿元,比 2014 年增长 21.9%,社会消费品零售总额达到 209.7 亿元,年均增长 13.9%,消费水平明显提高。"十二五"期间 9.4 万人实现稳定脱贫。林区转型和美丽乡村建设成效显著,城镇化水平进一步提高,常住人口城镇化率达到 46%。兴安盟全年粮食作物种植面积 754.92 千公顷。粮食总产量再创历史新高,达到 435.15 万吨,比 2014 年增加 25.15 万吨,增长 6.1%。

近年来,经济的迅速发展加快了呼伦贝尔市的城市化进程,为人口城镇化进入快速发展阶段奠定了坚实的基础。2015 年呼伦贝尔市常住人口中,城镇化率快速提高到 70.3%,反映了呼伦贝尔市在快速推进城镇化、统筹城乡协调发展方面取得重大进展。

(二) 呼兴经济协作区发展背景

1. 早期资源、能源开发高速发展期

21 世纪初,国家经济高速发展,加大能源和资源需求,加快了呼伦贝尔市、兴安盟地区的资源、能源开发。呼伦贝尔市和兴安盟是内蒙古自治区甚至是全国资源最富集的地区之一,区资源丰富、种类多样,现代化的工业体系主要朝着资源主导型方向发展。在过去的几十年发展历程中,呼伦贝尔市是依托资源开发为主而逐步发展壮大起来的,形成了以煤炭采掘、森林采伐、逐水草养牧、土地屯垦为主的资源依赖型经济,成为典型的"资源立市"型城市。长期的资源开发,使呼伦贝尔市成为资源型城市,多数城市及城镇或"以林为主""以林建城""以林兴城"或"以煤为主""以煤建城""以煤兴城",形成了以资源型产业、资源型企业为主的经济格局。呼伦贝尔的几个旗市是比较典型的资源型旗市,可分为两种类型:一是森林资源型城市,即牙克石市、根河市、鄂伦春旗、扎兰屯市;二是煤炭资源型城市,满洲里市、鄂温克旗。改革开放以来,中国的经济取得了飞速发展,备受世界瞩目。资源和能源作为我国经济发展的原动力,极大地推动国家经济的高速发展,对能源和资源需求的不断增加,进一步加快了呼伦贝尔地区的资源、能源开发。

兴安盟在 20 世纪 90 年代末,经济总量在全区还处于中下游水平,之所以短短几年时间就被兄弟盟市远远甩在后面,成为全区统筹发展的短板,根本原因就是进入 21 世纪以来在兄弟盟市竞相加快推进工业化的进程中,兴安盟没有赶上全区经济跨越式发展的快车,工业经济发展与其他盟市形成了阶段性差距,仍然

处于农牧业经济占主导的发展阶段。兴安盟是农牧业大盟，但这些年一直没有发展成为农牧业强盟，主要根源在于生产方式落后。全盟有耕地 1600 万亩，平均亩产仅在 200 公斤左右；牲畜头数虽然稳定在 800 万头只以上，但多为一家一户的自然放养，规模化程度不高；农牧业机械虽然基本普及，但配套水平低，特别是缺少大型机械；农畜产品多为"原字号"初级产品，就地加工转化率低。在"十二五"起步之年，兴安盟提出推进城乡统筹发展，坚持以加快特色城镇化和人口转移为突破口，全力构建大乌兰浩特、旗县城关镇和重点集镇三级城镇体系，推动工业向园区集中、产业向基地集中、人口向城镇集中、土地和草牧场向规模经营集中。国务院《关于进一步促进内蒙古经济社会又好又快发展的若干意见》中明确支持事关兴安盟发展大局的几个重大项目，在新一轮扶贫开发中把兴安盟纳入大兴安岭南麓山区集中连片特困地区。

2. 沿边开发开放和地区经济振兴

在我国发展战略定位中，沿边地区经济发展是我国建设北方生态屏障的重要实施区域，向北开放"桥头堡"的前沿门户区域，战略资源基地建设的重要支撑区域，经济社会发展中新经济增长点的重要发育区域。呼伦贝尔位于祖国北部边疆，分别与蒙古国、俄罗斯接壤，是我国向蒙古国、俄罗斯开放的重要地区，是我国向北开放的重要"桥头堡"与沿边开发开放经济带，在国家边疆繁荣稳定大局中具有重要的战略地位。

近年来，内蒙古自治区十分重视对外开放工作与沿边地区的经济发展，并取得了不错的成效。内蒙古自治区与俄罗斯、蒙古国陆路相连，边境线总长 4221 公里，占全国陆地边境线总长的 19.2%，现有沿边对外开放口岸 17 个，其中，满洲里是我国最大的陆路口岸。内蒙古自治区经济社会的快速发展，成为沿边地区开发开放的重要支撑，建成了满洲里边境经济合作区等一批对外经济合作和产业开发园区，初步形成了以对外贸易、口岸物流、旅游开发、进出口资源加工等为特色的产业体系。

呼伦贝尔市位于共和国版图的雄鸡之冠，是我国唯一的中俄蒙三国交界地区，具有区位、口岸、交通等多方面的优势，是内蒙古自治区最东部的地级市。呼伦贝尔北部和西北部以额尔古纳河与俄罗斯接壤，西部和西南部同蒙古国交界，边境线总长 1733.32 公里，有国家正式对外开放口岸八个（其中对俄罗斯开放边境口岸四个，对蒙古国开放边境口岸两个，航空口岸两个），待开放口岸两个。对俄罗斯和蒙古国开放的铁路、公路、航空为一体的立体化开放交通体系以及内联东北地区和华北地区的"三纵三横"综合运输通道格局初步建立，已经使呼伦贝尔市成为我国进入东北亚便捷的陆路通道和"内引外联"的重要枢纽，在深化与俄罗斯、蒙古国等国家的多元交流合作中具有重要的区位优势。

呼伦贝尔与俄罗斯和蒙古国在多个方位和层面合作空间十分广阔。它毗邻的俄罗斯地区在林木、能源、矿产、旅游等方面资源富集，毗邻蒙古国的东方、肯特、苏和巴特三省自然资源丰富，动植物种类繁多，与俄罗斯和蒙古国在农牧业及农畜产品、能源与矿产资源、建材和装备制造等方面合作条件优越，与俄罗斯和蒙古国经贸合作及人文交流历史悠久、内涵丰富。

兴安盟背靠俄罗斯和蒙古国，面向东北，是内蒙古自治区连接东北、沟通华北的重要节点，是贯通东北亚地区国际大通道的重要组成部分，在大图们江及东北亚区域合作中具有重要的战略位置。阿尔山至蒙古国松贝尔口岸作为大图们江开发战略的重要组成部分，被列入《中国图们江区域经济发展规划纲要》。国务院批复了《黑龙江和内蒙古东北部地区沿边开发开放规划》，将黑龙江省和内蒙古自治区东北部地区沿边开发开放上升为国家战略。这些为兴安盟贯彻落实内蒙古"8337"发展战略，构建向北开放的重要节点和沿边经济带带来了新机遇。

兴安盟作为自治区的诞生地和发展最薄弱的地区，加快发展不仅具有重要的经济意义，也具有重要的政治意义。从机遇来看，一是兴安盟地处东北亚经济区，是未来连接欧亚大陆的第四条大通道，随着我国与俄罗斯、蒙古国以及欧洲各国经贸交流的日益加强，兴安盟将成为蒙东地区利用中外"两个市场""两种资源"的重要窗口和交通枢纽。二是"十二五"时期，国家和自治区以更大的力度，在更广的领域支持兴安盟的发展，在对口支持、资源配置、项目审批和财政扶持等方面给予差别化待遇，改善兴安盟的发展条件，提高发展能力；三是兴安盟作为内蒙古东部经济区的组成部分，既可以享受国家西部大开发的相关政策，也可享受振兴东北的优惠政策；四是兴安盟正在加快推进东部、西部两大经济板块的协调发展。

阿尔山口岸作为内蒙古自治区重点打造的对蒙口岸之一，是联合国开发计划署规划的第四条欧亚大陆桥及大图们江经济区的"桥头堡"，也是国家确定的长吉图开发开放先导区的重要节点和蒙古国通向最近出海口的重要节点。作为兴安盟向北开放的前沿和窗口，口岸的正式开放，对于兴安盟提升地缘优势、扩大俄罗斯和蒙古国开放、融入东北振兴、发展口岸经济、开展跨境旅游、壮大现代物流都具有重大的现实意义。阿尔山口岸位于中蒙边境1382～1383号界碑，与阿尔山口岸对应的是蒙古国东方省的松贝尔口岸。阿尔山口岸作为内蒙古自治区对蒙古开放的国际性口岸之一，在盟委行署的正确领导和上级部门的大力支持下，近几年建设取得了巨大进展，截至2015年已累计完成投资1.51亿元，口岸基础设施建设基本达到了通关要求。依托优越的交通区位优势，积极拓展自治区周边盟市和东三省物流、贸易市场，努力打造东北部重要的物流、贸易中心，阿尔山将逐步打造成为一条新的东北亚国际物流大通道，为区域经济的振兴发挥其应有的作用。

3. "一带一路"下的中蒙俄经济走廊和草原丝绸之路

随着改革开放的持续深入推进和社会主义市场经济体制的不断完善，以及"西部大开发"等区域协调发展战略与"十五""十一五""十二五"规划的相继实施，在全国、全区经济持续平稳发展、新型城镇化建设的新常态大背景影响和带动下，地区基础设施建设不断完善，区域经济联系持续增强，交通、通信等互联互通基础设施逐步完善，城镇和产业联系密切，在着力推动经济加快转型突破的过程中呼伦贝尔—兴安盟经济协作区逐渐形成。

呼伦贝尔与兴安盟山水相连，同属内蒙古自治区东部，同属一个经济圈，一条大兴安岭连接着经济带共同的血脉。作为友邻地区，近年来已经形成了相互支持、共谋发展的良好局面。鉴于两地发展具有很强的互补性，为充分发挥各自优势，实现互惠双赢，双方分别于2009年6月和2010年7月两次签署了区域经济合作协议。通过两个盟市的共同努力，一个全方位、宽领域、多层次的合作交流格局正在逐步形成。目前，煤炭开发项目交通优势明显，电网、水利等基本条件已具备。旅游方面，在推动旅游通道建设的同时，要形成一体化旅游发展格局，海拉尔—红花尔基—阿尔山公路上升为国家级公路，推动海拉尔、阿尔山开通国际国内航线，启动支线连飞和区域通用航空，实现两地间航空互通。在煤炭资源开发、建设阿尔山至诺门罕运煤专用线、旅游开发合作和企业投资合作等方面正在逐步加强合作，形成区域经济一体化、融合协作的特色区域。

在国家大经济区域的格局中，呼伦贝尔草原、大兴安岭以及部分科尔沁草原是国家北疆重要生态地区，处于"西部大开发"和"东北振兴"的交会地区，是国家培育和发展中的重要能源基地，是国家北部沿边开发的重要地区和"草原丝绸之路"的国际大通道。在"东北经济圈"的外围，整体在经济辐射范围，该经济区是资源、能源、绿色食品供给之地和草原、森林生态安全屏障（见图5-4）。

自治区"8337"发展思路"一堡一带"向北开放战略，经过攻坚争取，呼伦贝尔中俄蒙合作先导区建设战略获得国务院批准，先导区《呼伦贝尔中俄蒙合作先导区建设实施方案》已通过自治区政府报国家发改委。《黑龙江和内蒙古东北部沿边开发开放规划》已获得国务院审批，将呼伦贝尔市全部列入规划范围，并将该市关注的战略定位、重大事项、重点项目和扶持政策方面，全部列入规划。协助编制的《满洲里国家重点开发开放试验区总体规划》获得国家发改委批准。积极推进中蒙跨境经济合作区建设，合作区《中蒙二连浩特—扎门乌德跨境经济全体区共同总体方案》编制完成。

4. 新型城镇化快速发展

近年来随着经济的快速发展，城镇化也得到了空前的发展，在总结以往城市发展的理论与实践基础上，各种新的认识、新的理论、新的学派不断涌现，推动了城镇化水平不断提高。至 2015 年末，城镇常住人口 77116 万人，城镇化率达到了 56.1%，表明中国已经结束了以乡村型社会为主体的时代，开始进入到以城市型社会为主体的新的城市时代。国家城镇化建设加快的同时也促进了呼兴经济协作区的城镇化建设。2015 年，呼兴经济协作区常住人口中，城镇人口达 252.92 万人，全区域的城镇化率达 61.3%，高出自治区城镇化率 1 个百分点，城镇化率快速提高。

资源的开发是呼伦贝尔城镇体系形成的重要原因。滨洲线上的城镇因具有资源集散的优势，发展相对较好，工业具备一定基础，多为各自区域的综合服务中心。交通建设对呼伦贝尔市城镇体系格局的影响较大，任何交通线路的开通往往带动沿线一大批城镇的发展，加速了城镇体系的演变。新中国成立以后，呼伦贝尔的城镇体系开始形成，城镇多中心呈现非均衡发展的态势，主要城镇体系格局形成。受大兴安岭森林和岭西煤炭资源的开发，带动了交通设施的建设和沿线城镇的发展，形成岭东、岭上和岭西三大经济区，中心位于海拉尔。兴安盟持续推进乌兰浩特市和科尔沁镇一体化建设，以 55 万左右人口规模，构建城市框架，强化城市功能，将全盟 30% 左右人口和 60% 左右经济总量向中心城市聚集，建设功能齐全、设施配套、品位高尚、生活方便的中等城市。

（三）区位发展定位

在国家大经济区域的格局中，呼伦贝尔草原、大兴安岭以及部分科尔沁草原是国家北疆重要生态地区，处于"西部大开发"和"东北振兴"的交会地区，是国家培育和发展中的重要能源基地，见图 5-5。国家北部沿边开发开放的重要地区和"草原丝绸之路"的国际大通道。阿尔山口岸是联合国开发计划署规划的第四条欧亚大陆桥的西出口。呼伦贝尔—兴安盟经济协作区属于"东北经济圈"的外围，整体在经济辐射范围。①乌兰浩特城镇组群。这一小城镇群历史上曾经是吉林省的一部分，与白城城镇组团联系密切。可依托未来东北第二条亚欧大陆桥，加强与长春、延吉、图们开发开放先导区的合作，重点培育旅游业及相关产品的发展，大力发展阿尔山口岸经济、绿色食品加工业，积极发展高质、低耗的冶金、装备制造工业。②扎兰屯城镇组群。属哈尔滨市、齐齐哈尔市辐射范围，其发展可纳入到以哈尔滨市为中心的黑龙江省、蒙东城镇体系中。重点建设岭东地区南北向快速、高效的公路交通系统和电信网络，增强中心城市与南部、北部城镇之间的分工与联系，见图 5-6。加速农业产业化进程，形成东北区重要的农林产品加工基地和全国性重要的自然风景及少数民族风情旅游目的地。③呼伦贝尔城镇组群。以海拉尔区、满洲里市为中心，依托滨州、滨绥线，与哈

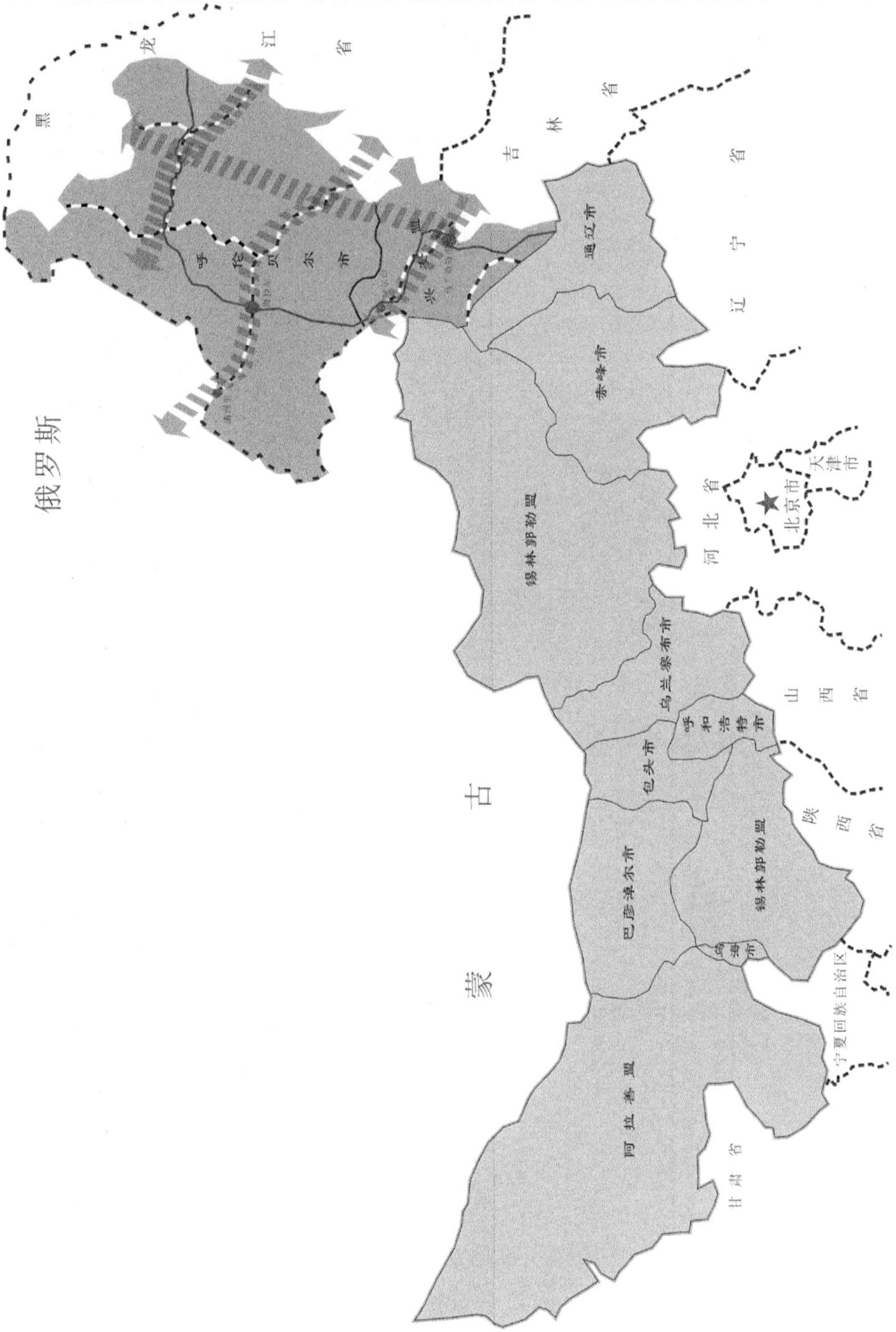

图 5 - 4 呼兴经济区区位示意图

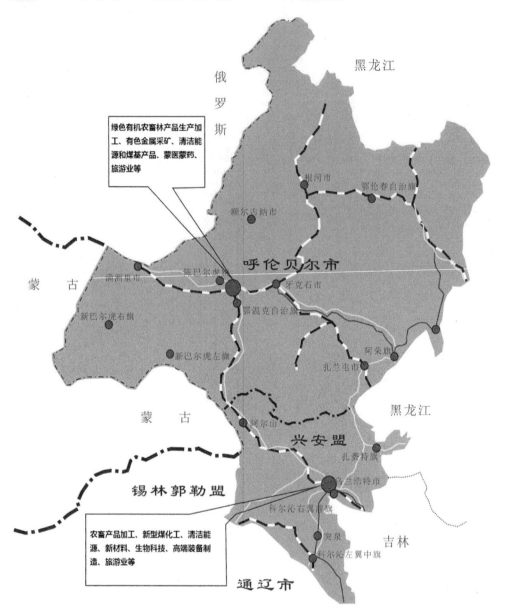

图 5-5 呼兴经济区产业分布示意图

尔滨、大庆、齐齐哈尔城镇组群的联系密切，可建成东北区重要的能源、建材、国际贸易、旅游基地。该经济区是资源、能源、绿色食品供给之地和草原、森林生态安全屏障。

1. 呼伦贝尔市发展定位

"十三五"时期，呼伦贝尔市将落实绿色发展理念，走美丽发展之路，坚持在保护中发展、在发展中保护，全力保护森林、草原、河湖、湿地生态系统，强化节能减排和整治环境，加强生态文明制度建设，构建可持续发展机制，实现呼伦贝尔"天更蓝、水更清、林更密、草更绿"，将呼伦贝尔建成生态文明示范区，全力保障祖国北疆生态安全，并将其建设成为全国可持续发展的生态环境保护建设示范区。

积极参与"一带一路"和中蒙俄经济走廊建设，推进建设中俄蒙合作先导区，大力推进互联互通等基础设施、产业合作平台建设，深化与俄蒙毗邻地区经贸、投资、人文等多元合作，打造欧亚大陆桥的重要枢纽、沿边开发开放合作发展的重点区域、体制机制改革创新的先行区、睦邻友好和边疆稳定的示范区。将呼伦贝尔市建设成为全国沿边开发开放最具活力的合作先导区。

全力构建现代农牧林业体系，全力提升呼伦贝尔绿色有机农畜林产品品牌价值。加快科技创新与成果转化，建设高标准农田和草牧业试验示范区，培育新型农牧业经营主体和特色产业基地，壮大龙头企业实力，打造绿色有机农畜林产品主产区。将呼伦贝尔市建设成为国家重要的绿色有机农畜林产品生产加工输出基地。

充分发挥煤水组合优势，坚持循环利用、科学高效、保护生态、符合环保的资源开发利用方式，积极发展新能源，促进煤基产品转化。改造提升传统优势产业，以传统产业新型化、新兴产业规模化、支柱产业多元化为总要求，促进经济发展提质增效、转型升级。将呼伦贝尔市建设成为国家重要的清洁能源和煤基产品加工输出基地。

全力实施旅游业优先发展战略。把旅游业作为战略性支柱产业和结构调整的主攻方向。树立全域、全民旅游发展理念，用好"呼伦贝尔"这块金字招牌，统筹全市各类旅游资源，高标准规划，高起点开发。提升以绿为根、以人为本、以文为魂、以河为脉的生态城镇品质，打造国际休闲旅游特区，建设美丽呼伦贝尔。打造国际化高端旅游目的地。

2. 兴安盟发展定位

"十三五"时期，兴安盟发展定位如下：全国重要的绿色农畜产品生产加工输出基地、国际知名的特色旅游观光休闲度假基地、面向东北和环渤海地区的清洁能源输出基地；全国民族团结进步示范区；全国扶贫开发创新先行区；全国生态文明建设引领区；新亚欧大陆桥的重要节点。

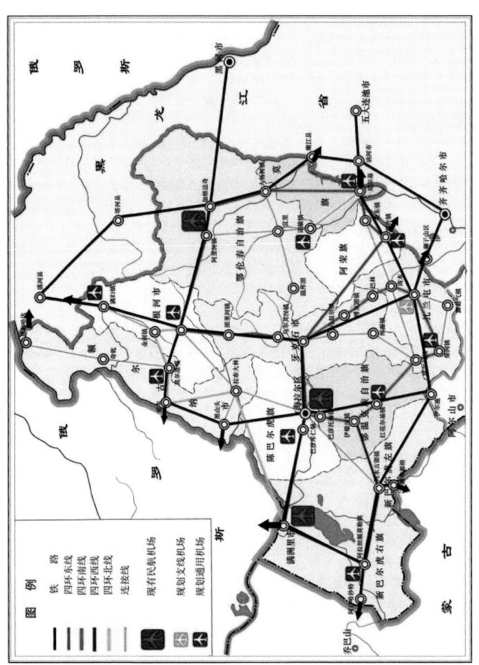

图 5－6　2012～2030 年呼伦贝尔市综合交通规划示意图

三、经济协作区发展存在的问题

呼伦贝尔市开发开放发展势头强劲，改革开放以来，特别是国家实施西部大开发战略和振兴东北战略以来，呼伦贝尔市综合经济实力显著提升，产业结构逐步优化，基础设施支撑能力明显增强，发展环境明显改善，增长活力稳步增强，民生保障进一步改善，生态保护成效显著。但也存在一些问题。

1. 产业结构不合理

将呼伦贝尔市的三次产业结构与内蒙古自治区和全国比较就会发现，当前呼伦贝尔市整体产业结构仍处于产业结构演进的初级阶段。如图 5－7 和图 5－8 所示，呼伦贝尔市和兴安盟产业结构与国家和自治区存在差异。第一产业所占比重过高，呼伦贝尔市高于内蒙古自治区 7.5 个百分点，兴安盟高于内蒙古自治区 16 个百分点，高于全国比例与高于内蒙古自治区比例相同；第二产业比重与国家及自治区相比则相对合理，呼伦贝尔市占 44.5%，兴安盟占 40%；而第三产业比重都相对较低，呼伦贝尔市低于内蒙古自治区 1 个百分点，兴安盟低于内蒙古自治区 5 个百分点。第三产业与全国相比落后更多，呼伦贝尔低于全国 10.5 个百分点，兴安盟低于全国 15.5 个百分点，从实际情况来看，这并不是产业层次的实际提升，而是在产业结构调整的过程中出现的产业结构与经济发展不相匹配的情况，如表 5－1 所示。

表 5－1　2015 年呼—兴经济发展状况　　　　　　　　单位：亿元

地区	GDP	第一产业	比例（%）	第二产业	比例（%）	第三产业	比例（%）
呼伦贝尔市	1596	263.7	16.5	710.8	44.5	621.5	39
兴安盟	502.3	125.1	25	199	40	178.2	35
内蒙古自治区	18032.79	1618.7	9	9200.6	51	7213.5	40
全国	676708	60863	9	274278	40.5	341567	50.5

资料来源：2015 年统计公报。

改革开放以来，呼伦贝尔市和兴安盟正逐渐从传统经济向现代经济、产业结构逐渐调整。但是从产业结构与经济增长关系来看，虽然呼伦贝尔市、兴安盟结构变动的大方向符合现代产业发展趋势，但结构效益较低，仍有较大调整空间。在今后的发展过程中，呼伦贝尔市和兴安盟应继续加快产业结构调整步伐，以支配产业发展带动从属产业发展，以主导产业发展带动相关产业发展。

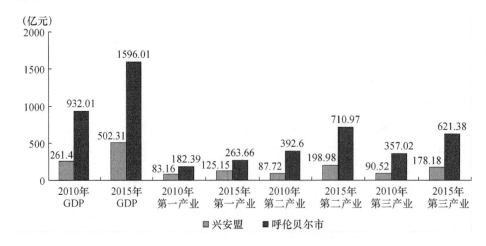

图 5-7 呼兴经济区 GDP 和三次产业产值比较图

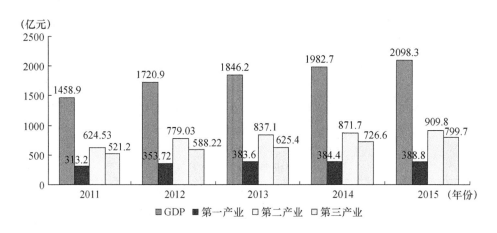

图 5-8 呼兴经济协作地区经济总值与全区经济总值比较图

2. 新型工业化水平有待提升

呼伦贝尔市属于资源型地区，产业结构单一，原字号、低端化特征明显，非资源型产业、战略性新兴产业和现代服务业发展滞后。呼伦贝尔市工业虽然是全市经济发展的主要拉动力量，但其内部行业结构则以采掘业等重工业为主，轻工业和加工工业发展水平较低，工艺技术水平相对落后，通常被作为初级原材料的加工基地，这就形成了上游产品与下游产品之间的技术断层和原材料产品结构与加工工业对原材料需求之间的结构错位。新型工业化道路要求以信息化带动工业化，走科技含量高、经济效益好、资源能耗低的工业化道路。因此，在产业结构调整过程中，应通过其产业链的前项延伸，改变主导产业的产业链缺损状态，用高新技术来促进传统工业的发展，逐步淘汰工艺落后、资源消耗大、环境污染大的企业；同时，要不断加快科技成果的转化和推广应用，推动地区产业结构优化升级，使既有的优势产业在总量上和高度上都有新的突破，推进传统产业新型化、新型产业规模化、支柱产业多元化，构建多元发展、多极支撑的现代产业体系任务艰巨繁重。

3. 城镇公共设施建设有待提高

虽然呼伦贝尔市的城镇化率比较高，接近70%，高出自治区城镇化率10.22个百分点，城镇建设面貌日新月异，推动了全市城镇经济的高速增长，但很多城镇公共设施建设严重不足，民生服务跟不上，出现城镇化水平虽然高于经济发展水平和工业化水平，但城镇化"率"与"质"不同步现象，属于数字超前城镇化。除基础设施的投资外，在呼伦贝尔市的城镇化建设中，所有居民生活质量的提高也十分重要，与之配套的医疗、教育、商业等一系列公共设施必须跟上节奏，满足居民的城市生活，使城镇化与城镇化质量同步。

此外，呼伦贝尔市的工业化进程也在逐步加快，一直保持着15.2%的年均增长态势。

4. 生态环境压力较大

作为西部地区的典型城市，呼伦贝尔市自然资源丰富，生态环境优美，战略地位突出，是北方天然的生态屏障。呼伦贝尔草原和大兴安岭森林共同构成了独特珍稀的生态环境，也是中国北方生态屏障的重要组成部分。但与此同时，由于生态环境极为脆弱加之粗放的经济发展模式，呼伦贝尔市在经济和社会发展的同时也出现了较中东部地区更为严重的生态环境问题，这使生态保护和资源开发与经济发展的矛盾十分突出。呼伦贝尔市资源开发走的是重生产轻生活、重产业轻城市、重经济轻生态的发展过程，长期积累形成的环境问题比较突出。一是资源开采产生大量的矸石、垃圾，其堆放结果，造成大量土地占用和地表生态的破坏。二是资源开采引起地面沉降，造成土地利用功能的丧失或破坏。扎煤公司、大雁集团矿区采煤沉陷区总面积达45.22平方公里，沉陷区内很多房屋和公共设施被破坏，严重威胁人民群众的生命财产安全。三是资源开采过程中对植被、地表水、地下水有不同程度破坏，生态破坏较为严重，采煤沉陷区治理不到位。四是林区"以木取暖、以煤代木"的问题没有解决。

此外，呼伦贝尔市技术人力资源缺失、产业结构与周边地区同构明显，缺少明显的竞争优势。

兴安盟是一个以农牧业为主，工业经济有所发展的盟市，同时也是内蒙古自治区的粮食主产区、商品粮基地和重要的畜牧业基地。但是，目前兴安盟的经济发展在全区中仍处于末位。而兴安盟与自治区的金三角地区相比较而言，缺乏工

表 5 - 2　2015 年内蒙古自治区四个经济区经济数据统计对比

地区	行政区域土地面积（万平方公里）	年末常住人口（万人）	生产总值（亿元）	工业生产总值（亿元）	人均生产总值（元）	职工人数（万人）	工资总额（万元）	平均货币工资（元）	公共财政预算收入（万元）	金融机构存款（亿元）	个人存款（亿元）	平均每人可支配收入（元）	粮食产量（万吨）
呼包鄂乌	18.67	1004.53	11952.35	4779.99	121032.3	125.1	7592203	60098	10007556	11642.14	5004.16	27000	483.45
赤锡通	35.21	846.29	4738.81	2154.63	66477.33	75.8	4254995	56889.7	3188988	2905.02	1946.12	18955	1242.95
呼兴	31.28	412.56	2098.32	765.93	47261	42.2	2385439	54816.5	1299917	1738.55	1032.07	18345.5	1056.35
乌巴阿	33.63	247.66	1769.84	854.43	856681.47	29.9	1718592	55766	1789717	1791.86	1017.54	26927	236.95
内蒙古自治区	118.79	2511.04	20559.32	8554.98	80113	273	15951229	56892.55	16286178	18077.57	8999.89	22806.88	3019.7

资料来源：2016 年统计年鉴。

业发展所必需的煤炭、稀缺有色金属等生产要素，综合兴安盟经济社会发展的现状，兴安盟的优势应该在农牧业方面。但是，目前兴安盟的农牧业仍然处在一种较低层次的发展状况，资源优势并没有完全发挥出来，农牧民的年平均收入增速虽然排在全区第一位，但农牧民年平均收入总值仍排在全区的最后，见表5－2。

表5－3 内蒙古自治区各盟市GDP相关数据统计对比

人均GDP排名	地级市	2014年GDP（亿元）	2015年GDP（亿元）	2014年常住人口（万）	人均GDP（元）	人均GDP（美元）	2015年GDP排名
1	鄂尔多斯	4162.18	4226.13	203.49	207682.44	33344.43	1
2	包头	3636.31	3781.93	279.92	135107.53	21692.17	2
3	阿拉善盟	456.03	322.58	24.09	133906.19	21499.29	12
4	乌海	600.18	609.82	55.42	110036.09	17666.83	10
5	呼和浩特	2894.05	3090.52	303.06	101977.17	16372.93	3
6	锡林郭勒盟	947.59	1002.6	104.04	96366.78	15472.16	7
7	呼伦贝尔	1522.26	1595.96	252.95	63093.89	10130.03	6
8	通辽	1886.8	1877.27	312.4	60091.87	9648.04	4
9	巴彦淖尔	867.46	887.43	167.23	53066.44	8520.08	9
10	赤峰	1778.37	1861.27	430.38	43247.13	6943.54	5
11	乌兰察布	872.14	913.77	211.71	43161.40	6929.77	8
12	兴安盟	459.85	502.31	160.12	31370.85	5036.74	11
	内蒙古自治区	17769.5	18032.79	2504.81	71992.65	11558.77	

从产业结构发展来看，以生产总值为例，12个盟市第一产业生产总值占总生产值的比例按以下顺序递减：兴安盟约为30%，巴彦淖尔市约为19%，呼伦贝尔市约为18%，乌兰察布市约为16%，赤峰市约为15%，通辽市约为14%，锡林郭勒盟约为10%，呼和浩特市约为5%，包头市、阿拉善盟约为3%，鄂尔多斯市约为2%，乌海市约为1%。第二产业生产总值占总生产值的比例按以下顺序递减：阿拉善盟约为82%，乌海市约为68%，锡林郭勒盟约为67%，通辽市约为63%，鄂尔多斯市约为61%，巴彦淖尔市约为57%，赤峰市约为55%，乌兰察布市约为54%，包头市约为53%，呼伦贝尔市约为47%，兴安盟约为

40%呼和浩特市约为33%。第三产业生产总值占总生产值的比例按以下顺序递减：呼和浩特市约为62%，包头市约为45%，鄂尔多斯市约为37%，呼伦贝尔市约为35%，兴安盟约为32%，乌海市、乌兰察布市约为31%，赤峰市约为30%，巴彦淖尔市、通辽市、锡林郭勒盟约为23%，阿拉善盟约为16%，见表5-2。各产业生产总值所占比例的变化反映了12个盟市产业发展重点不同，兴安盟农牧业资源丰富，农牧业经济是全盟经济的重要组成部分。

兴安盟地处大兴安岭余脉，是松嫩平原、科尔沁草原的生态保护屏障，是国家"三北"防护林建设的核心区，战略地位十分重要。目前资源与环境面临的问题主要有：可采资源枯竭、林分质量下降、生态主体功能减弱。据森林调查监测结果显示，成过熟林面积仅为有林地面积的6%，可采伐利用的森林资源基本枯竭，森林生产力不高，林分低龄化，单位面积蓄积量还维持在较低的水平。林分质量下降、植被稀疏，致使森林的防风固沙、涵养水源、保持水土作用降低，河流水量减少、湿地萎缩或消失、草场退化、扬沙和浮尘天气增多。当地林区群众、农民、牧民生产生活对资源依赖度居高不下，生态保护与当地群众生存矛盾依然突出。

目前，兴安盟经济总体实力还不强，经济社会发展中存在的主要矛盾和问题如下：经济总量较小，结构仍需进一步调整优化；经济转型升级任务依然艰巨，发展速度需进一步加快；农牧业基础薄弱，新型工业化、城镇化水平不高；经济要素分散，产业层次低、经济集聚效应低；现代服务业发展相对滞后，统筹城乡、县域经济社会协调发展有待加强，城乡居民收入水平偏低，持续增收的长效机制亟待完善；现代市场体系不健全，社会事业发展滞后，人才开发、引进和储备不足；技术及人力资源不足；产业结构与周边地区同构明显，竞争水平较低。

从挑战来看，一是后危机时代，世界经济面临深度调整和再平衡。贸易保护主义升级加大了世界经济复苏的阻力，这对需要外部市场支撑的能源化工产业形成了一定的压力。二是"十二五"时期，国家对能源化工产业发展提出新的要求，兴安盟能源化工产业处于发展起步阶段，如果定位不准、低水平建设，将面临落后、淘汰的危险。三是应对全球气候变化，节能减排成为新的发展约束。伴随能源和化工产业的发展，兴安盟必然面临巨大的减排压力，清洁发展、节能减排将成为兴安盟工业化首要考虑和解决的问题。四是随着经济的快速发展和利益格局的深刻变化，行政管理体制、机制问题将更加突出，亟待理顺和解决。

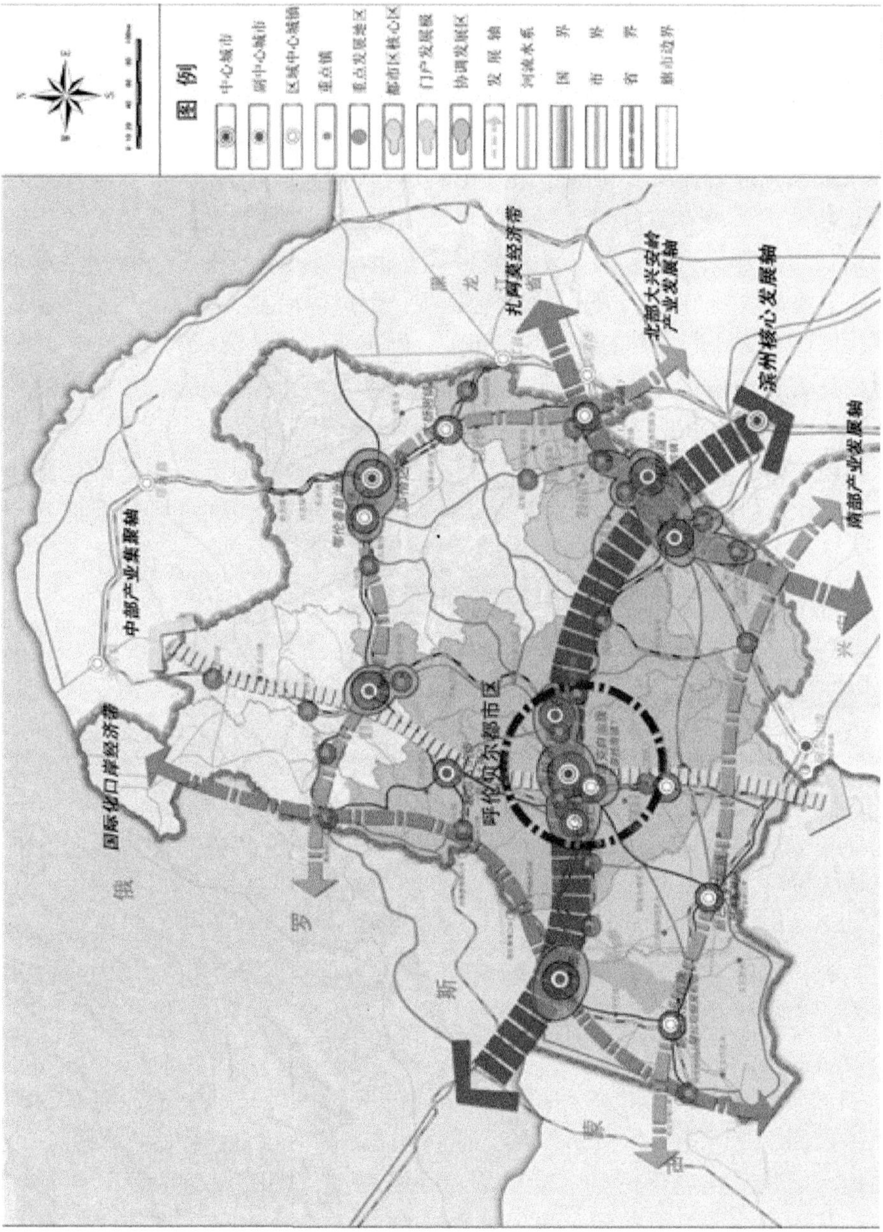

图 5-9　呼伦贝尔市工业化和城镇化空间布局示意图

近年来，黑龙江省委、省政府为了更好地贯彻落实党中央、国务院振兴东北等老工业基地战略，提出坚持区域互动、优势互补、共同发展，推进哈尔滨市、大庆市、齐齐哈尔市（以下简称哈大齐）工业走廊建设。呼伦贝尔处于内蒙古自治区东部，与黑龙江省西北部地域相连，经济社会各项活动与哈大齐经济带联系密切，已经成为这一地区的重要组成部分。呼伦贝尔市也是内蒙古自治区乃至全国资源最富集的地区之一，是哈大齐呼经济带富集的资源接续基地，是哈大齐呼经济带向俄蒙开放的龙头和桥头堡。呼伦贝尔与哈大齐地区旅游资源与产品具有明显的互补性，互为旅游目的地的双向合作不断拓展，是哈大齐呼经济协作区旅游业的增长点。呼伦贝尔市与黑龙江省同属东北经济圈，工业经济特别是重工业经济发展主要是依赖东北经济圈。东北地区现已形成以冶金、机械、化工等制造业和采矿、林业为支柱产业的工业体系，还是全国重要的商品粮基地。其中，呼伦贝尔市担负着东北地区重要能源基地、畜牧业基地、商品粮基地和林业基地的角色，是其经济体系中的重要组成部分（见图 5-9）。呼伦贝尔地区与黑龙江省共享统一的基础设施体系。东北经济区的铁路网、公路网、电网等统一的基础设施体系，使呼伦贝尔市成为东北地区经济圈，特别是黑龙江经济区域的重要组成部分。

四、海（拉尔）—满（洲里）经济带

（一）海—满地区经济与社会发展基本条件

滨州铁路线是连接海拉尔和满洲里的主要铁路干线，东起哈尔滨站，由成吉思汗站进入我国内蒙古自治区呼伦贝尔市，途经扎兰屯、牙克石市和海拉尔区，最终向西北至满洲里站出境与俄罗斯西伯利亚大铁路接轨，不仅是连接我国东北地区的交通大动脉，而且是我国对俄对蒙贸易的主要铁路干道。海—满地区经济研究主要是大兴安岭以西（以下简称岭西）滨州铁路沿线一区两市四旗的经济形势，包括海拉尔区、满洲里市、牙克石市、鄂温克族自治旗、陈巴尔虎旗以及新巴尔虎左、右旗（见图 5-10）。

1. 自然地理与资源概况

（1）自然地理概况。海拉尔是滨州铁路线的客货一等站，位于牙克石与满洲里两大站之间，是呼伦贝尔市的重要交通枢纽之一。海拉尔区作为呼伦贝尔市政府所在地，承载着发展呼伦贝尔市政治、经济和文化的重任。总面积有 1440平方公里，其中主城区面积有 50 平方公里，包括呼伦贝尔市 2.2 平方公里的城市核心功能景观区，气候属于温带大陆性气候。海拉尔位于大兴安岭西麓的低山丘陵与呼伦贝尔高平原东部边缘的接合地带，东高西低，属于"海拉尔内陆断陷盆地"，地貌

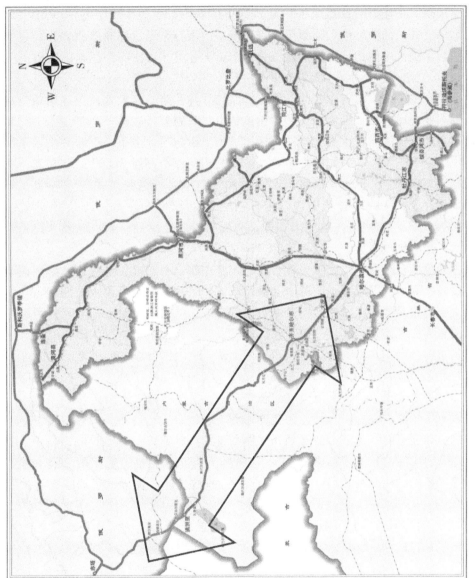

图5－10 海—满经济带区位示意图

类型多样，主要有低丘陵、高平地、低平地和河滩地，海拔高度在 603.0～776.6 米。海拉尔区"三山环抱，二水中流"，形成了北疆独特的城市风格。

满洲里市位于海拉尔区的西部，是滨州铁路线的最后一站，与俄罗斯西伯利亚铁路接轨，是连接欧亚最大的内陆贸易口岸城市，承担中俄贸易 70% 以上的陆路运输任务。满洲里市东临新巴尔虎左旗，西南与新巴尔虎右旗相邻，北与俄罗斯联邦接壤。中俄边境满洲里管段全长 101.1 公里，其中满洲里辖区内的国境线全长 54 公里（包括水界 12.7 公里）。

牙克石位于海拉尔的东北部，滨州铁路与牙林铁路的交汇处，是这两条铁路干线的主要交通枢纽。牙克石也是呼伦贝尔市行政划分区内的一个县级市，它的综合实力和城建区面积仅次于海拉尔区、满洲里市与扎兰屯市，位居呼伦贝尔市第四位。全市东西宽 147 公里，南北长 352 公里，海拔高度为 600～1000 米，总面积有 27590 平方公里，气候属于大陆性亚寒带气候。牙克石市位于呼伦贝尔草原的东部，大兴安岭中脊的中段西坡，西起东经 120°28′～122°29′，南起北纬 47°39′～50°21′，东南与扎兰屯市相邻，向西靠近海拉尔区、陈旗以及鄂温克族自治旗，是呼伦贝尔市的交通要塞。

鄂温克族自治旗、陈巴尔虎旗、新巴尔虎左旗以及新巴尔虎右旗是滨洲铁路线连接海—满地区沿线周围的四个县级行政区，是呼伦贝尔草原牧区四旗，其中鄂温克自治旗是鄂温克民族实行区域自治的地方。这四旗中除了鄂温克自治旗是以鄂温克族为主体外，其余三旗居住民族都以蒙古族为主。新巴尔虎左旗位于呼伦贝尔市的西南端，是一个边疆城市。西南部与蒙古国接壤，西部是新巴尔虎右旗，东北部与俄罗斯隔河相望，东部是鄂温克自治旗与陈巴尔虎旗，四旗总面积达 8.5 万平方公里，其中中俄边境线长 339 公里，中蒙边境线长 674.4 公里。

以海拉尔为中心的海—满地区交通便利，已经形成了公路、铁路、航空四通八达的立体交通网络，其中由北京开往莫斯科的国际列车就途经此地。此外，海拉尔还开通了海拉尔通往全国 26 个城市的国内航线以及直飞俄罗斯、日本和蒙古国等国家的国际航线。2011 年 11 月 3 日，海拉尔还成功开通了通往香港的直飞航线。

（2）资源概况。海—满地区位于大兴安岭的西部，也就是我们所称的呼伦贝尔大草原，是草原畜牧业经济区。该地区含有丰富的自然资源与人文资源，自然资源主要包括草原资源、矿产资源、土地资源、水资源以及野生动植物资源；人文资源主要包括该地区丰富的天然草原、独具特色的风土人情以及珍贵的历史文物古迹，为该区发展旅游资业提供了得天独厚的优势。

1）草原资源丰富。该地区含有丰富的天然草场，草原由东向西呈现规律性分布，地跨森林草原、草甸草原与干旱草原三个地带。草原植物资源有 1000 多个品种，多年生草本植物成为组成草原群落的基本生态特征，丰富的草原资源为发展草原畜牧业经济区提供了极大的优势。海—满地区拥有丰富的矿产资源，地下蕴藏着多达 40 余种矿产资源，已探明的矿产资源主要有金、银、铜、锌、铁、铅、锰、钼、锡、铋、钨等金属类以及煤、石油、天然气、二氧化碳、盐碱、花岗岩、硅石、石英砂、河流石、青石、玛瑙石、大理石、石灰石、萤石、吐腊石、芒硝、膨润土等非金属类，主要分布在海拉尔区、牙克石市、新巴尔虎左旗以及新巴尔虎右旗。海—满地区煤炭是主要的矿产资源，已探明的煤炭资源储量有 334 亿吨，且品质较高，为煤炭企业的发展提供了资源优势。除此之外，还有许多可预测的地方开采前景十分可观。其中，鄂温克旗的大雁煤田与陈巴尔虎旗宝日希勒煤田已经发展延伸到海拉尔区境内。伊敏华能煤电公司是我国煤电联营试点企业，也成为鄂温克旗的一个颇具特色的企业。牙克石已探明的矿产资源有 20 多种，总储量达到 32 亿吨，以煤炭居多，这些矿产资源除煤炭外，其余的都有待开发。鄂温克族自治旗也是一个煤炭资源大旗。新巴尔虎左旗是一个资源种类齐全，储量丰富的地区。这里是油气资源的聚集区，研究结果显示其石油总储量达到 5.3 亿吨，天然气总储量达到 1471.1 立方米。储量丰富的盐湖资源也是新巴尔虎左旗的一大特色。此外，旗内还储藏有金、银、铜以及云母等多种矿产资源。新巴尔虎右旗的地下矿产资源也十分丰富，最有名的是得日布尔有色金属成矿。储量比较大的矿床有查干布拉根银铅锌矿、白音甲乌拉铅锌矿、西乌日吐山煤矿、乌奴格图山铜钼矿、额仁陶勒盖锰银矿等。

2）地区水资源总储量有 286.6 亿立方米。其中地表水储量全国储量的 1%，为 272 亿立方米，是全自治区地表水储量的 73%；人均占有水量高于世界人均占有量，为 1.1 万立方米，为全国人均占有量的 4.66 倍。较大的河流湖泊有海拉尔河、辉河、伊敏河、锡尼河以及呼伦湖和贝尔湖等十几条河流与上百条湖泊。富饶的水资源使该地区的渔业发展势态良好。该地区野生动植物的种类繁多、数量巨大。

2. 社会经济基本概述

近年来，海—满地区以经济建设为中心，以结构调整为主线，不断深化对区域发展优势的调查研究，利用科学发展观指导社会经济的全局发展，通过不懈努力，社会经济取得了长足进步，人民生活水平也得到显著提高。

2015 年，海—满地区综合经济实力显著增强，区域 GDP 总值为 1061 亿元，是 2011 年的 1.5 倍，占整个呼伦贝尔市地区生产总值的 66.5%，人口总数达到 108.9 万人，人均生产总值为 114641 元，是呼伦贝尔市人均生产总值的 1.8 倍。海—满地区在加强基础产业发展与基础建设的同时，加快调整产业结构，发展优势产业。通过大力发展第三产业，积极突出工业发展，产业结构渐趋合理，三次产业的比例由 2006 年的 12.0∶37.1∶50.9 调整为 7.5∶49.4∶43.1。海—满地区各个区域由于不同的区位优势而又具有独特的经济特征，见图 5 - 11 至图5 - 14。

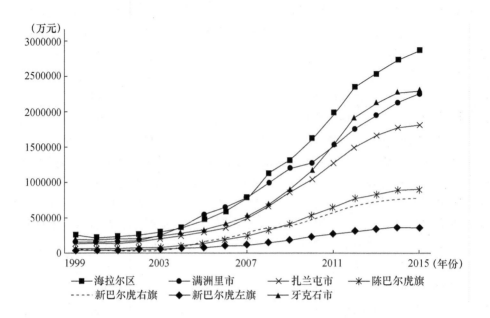

图 5 - 11　1999 ~ 2015 年海—满经济带各地区 GDP 变化图

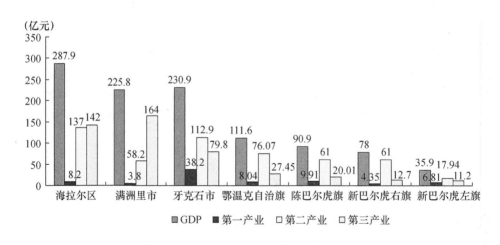

图 5 - 12　2015 年海—满经济带各地区三次产业产值

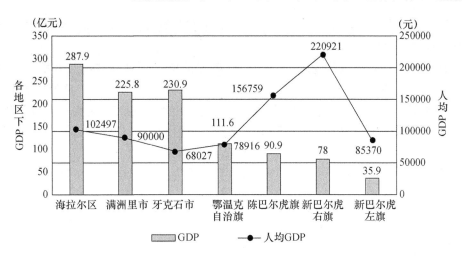

图 5 - 13　2015 年海—满经济带各地区 GDP 和人均 GDP

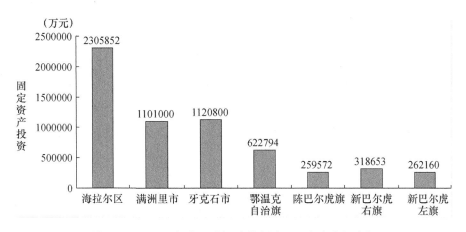

图 5 - 14　2015 年海—满经济带各地区固定资产投资额

　　过去的十年，农林牧渔业生产实现了跨越式的发展。农业生产条件有了很大的改善，生产能力进一步提高，全面实现了生产机械化生产；产业结构得到不断优化调整，引进沙棘、蓝莓、啤酒大麦、双低油菜等特色农产品的种植，实现了以粮食为主的单一结构向多元结构的转变；积极深化改革农村经济体制，推进现代农业产业化进程，成立了大型农业公司。牙克石市作为一个农业大市对海—满地区的农业贡献最大，第一产业总值占地区总产值的 48.1%，其中粮食产量就占到海—满地区粮食总产量的 70% 以上。随着西部大开发的机遇，以乳肉草作为发展的切入点，积极调整牲畜品种结构，引导牲畜生产方式的转变，提倡半圈养殖，推广饲草种植，着力发展以鹿、狍子、野猪为主的特色养殖业，区域畜牧业实现了跨越式的发展。其中，畜牧业主要集中在草原牧区四旗，牲畜头数就占到区域总头数的87.3%。

区域以"工业富市"思想为指导，积极实施项目带动战略，通过招商引资，日益显现了工业对经济的推动作用。2015年海—满地区工业生产总值为524.11亿元，比2011年增加202.05亿元，占呼伦贝尔市地区第二产业总值的73.7%；其中海拉尔区的工业总产值就占到地区工业总产值的26.1%，牙克石市工业总产值占21.5%，鄂温克旗的工业总产值占15%。

海—满地区的自然资源丰富，资源主导型为主的产业是地区工业发展的主要方向，主要形成了以煤炭、电力、乳制品、制酒、建材以及食品等为主的多元化产业体系。工业园区的建立为增强产业承接能力、提高工业企业财源贡献提供了更加宽广的平台。海拉尔区引进的大型项目主要有大唐集团的化肥、风力发电、蒙西煤矿扩能改造、顺兴煤矿扩产改造、古纳河酒以及天富城市天然气等项目；牙克石市引进的世界百强企业、蒙力达化学有限责任公司、牙克西蒙西水泥有限责任公司、北疆集团牙克西市水泥公司等大企业也已落地开工；此外，还有鄂温克的伊敏华能煤电公司以及其他一些大型企业都积极入驻该地区，全力构建现代化的海—满工业体系。

独特的区域地理优势，使第三产业集聚辐射力持续增强，外贸旅游业出现了快速发展的良好势头。全力打造以"银""绿"为特色的两条主线是地区旅游发展的主要思路，形成独具特色的绿色生态与冰雪旅游城市，充分利用了地区独特的民族文化与著名旅游景点吸引了数百万的海内外游客，巩固了经济发展。作为口岸城市，海—满地区的外贸事业也蒸蒸日上，特别是满洲里这个中国最大的陆路口岸城市，承担着中俄贸易的70%。满洲里市、海拉尔区以及牙克石市的第三产业生产总值达385.8亿元，比2011年增加129.3亿元，占海满区域第三产业生产总值的84.4%，其中绝大部分的创收来源于旅游业与国内外贸易收入（见表5-4）。

表5-4 海—满地区不同区域的农、工业产值对比表

地区	农林牧渔业总产值（亿元）	农作物总播种面积（公顷）	工业总产值（亿元）
牙克石市	38.2	182200	112.9
陈巴尔虎旗	9.91	28151	61
海拉尔区	8.2	29633	137
鄂温克自治旗	8.04	28151	76.07
新巴尔虎左旗	6.81	20304	17.94
新巴尔虎右旗	4.35	1853	61
满洲里市	3.8	123.7	58.2

近年来，海—满地区的固定资产投资逐年增多，投资结构也日趋多元化，逐步向包括邮电、交通以及能源在内的基础产业倾斜，使城市的各项基础设施建设不断完善。同时，投资资金来源也由原先的仅靠国家财政补贴慢慢向贷款、自筹、外资投资等多层次发展。2015年海—满地区固定投资达599.1亿元，比2011年多170亿元，其中大部分用于包括自来水厂、污水处理厂、公路铁路建设以及旧城区建设等在内的一系列城市基础设施建设，进一步提高了城市的宜居水平。

随着经济的发展，城乡居民的生活水平也稳步提高，由温饱开始向小康转变。图5-15是2015年海—满经济带各地区城镇居民和农村牧区居民的人均收入。2015年地区城镇居民的人均可支配金额为26212.6元比2011年增加8822元，居民收入得到提高，消费水平与消费结构也在悄然发生着转变，慢慢由发展型消费转变为享受型、舒适型消费。

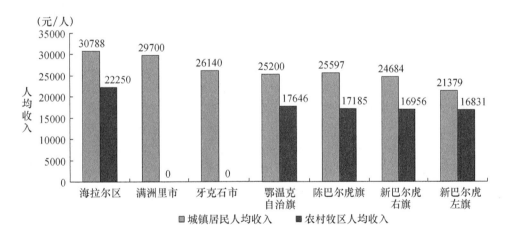

图5-15 2015年海—满经济带各地区城镇居民和农村牧区居民人均收入

（二）海—满地区经济发展现状及问题

1. 区域发展历程

1912~1920年，呼伦贝尔市岭西地区实施地方自治，脱离了黑龙江省的管辖；1920年，重新归黑龙江省管辖，并在此设副都统衙门；1932年，东北沦陷，岭西成为兴安北省，沦为"伪满洲"国领土，并设海拉尔为省会；1940年，海拉尔被伪满洲国定为市，满洲里被定为满洲里街；1945年，日本投降，岭西建立呼伦贝尔自治省政府；1946年改称呼伦贝尔自治政府；1948年，改称呼伦贝尔盟，隶属内蒙古自治政府领导，并建立新巴尔虎右旗；1949年，岭西岭东合并，改称呼伦贝尔纳文慕仁盟；1954 年，呼纳盟和原兴安盟合并，改称呼伦贝尔盟；1969 年，呼伦贝尔盟的大部分地区归黑龙江省管辖，另外一部分主要是兴安盟的大部分归吉林省管辖；1979 年，呼盟重新归内蒙古自治区管辖；1980年，兴安盟恢复建制，呼伦贝尔盟也恢复了 1954 年前的区域规划。

2001 年 10 月 10 日，国务院批准撤销呼伦贝尔盟设立地级呼伦贝尔市，撤销海拉尔市设立海拉尔区，呼伦贝尔市管辖海拉尔区和周边的旗，并代自治区人民政府管辖牙克石市、满洲里市、扎兰屯市、根河市和额尔古纳市。

新中国的外贸事业始于满洲里。1946 年，中国共产党领导下的东北联军西满军区驻满洲里办事处即开始了同苏联的贸易活动。改革开放前，满洲里市受"打后再建"的影响，基本属"老、少、边、穷"地区。1984 年，满洲里市被国家批准为乙级开放城市；1985 年被批准为甲级开放城市；1988 年，成为呼伦贝尔盟经济体制改革试验区的窗口；1992 年 3 月，满洲里市被辟为首批沿边开放城市；2010 年在中央西部大开发工作会议上，满洲里同广西壮族自治区东兴市、云南省瑞丽市一道被确定为国家重点开发开放试验区。

牙克石市地处呼伦贝市尔腹地，位于大兴安岭林草结合部，森林覆盖率达76.5%；1950 年建立喜桂图旗，1983 年撤旗设市；现辖 10 个镇、2 个便民服务中心、6 个街道办事处，有 29 个民族、35 万人口。境内驻有内蒙古森工集团及其所属的 6 个林业局和呼伦贝尔市属 3 个林业局、3 个国营农场，是大兴安岭林区的政治、经济、文化中心，被誉为"森工之都、冰雪之乡"。随着天保工程实施，经济社会发展陷入前所未有困境。自 2002 年，牙克石市积极培育替代产业，推进经济平稳转型，连续三年被评为"中国西部最具投资潜力百强县"。市域内煤的探明储量大，且质量好，具有较高的开发价值。农牧业发达，以大规模耕种为主的农场式经营模式机械化程度较高，是呼伦贝尔的粮食和油料丰产区。以牛、羊等为主的畜牧业发展迅速，畜牧年度牲畜总头数达 35 万头（匹、只），奶业发达，年商品奶交售量达 10 万吨；工业经济持续增长，森林工业基础雄厚，煤炭、水泥、电力、野生浆果酿造、油脂和木材精深加工等工业，成为全市支柱产业；教育、旅游、医疗等新兴第三产业发展势头强劲，成为全市经济新的增长点。

2. 区域经济发展定位

海—满地区是整个呼伦贝尔市的经济发展中心，"十五"规划实施以来，国民经济得到快速发展，国家综合实力显著提高，人民生活水平也得到了明显改善。

海拉尔区将强力推进三个基地，即现代商贸物流基地、旅游观光休闲度假集散基地、绿色农畜产品生产加工输出基地建设；认真做好五篇文章，即"一产做优、二产做大、三产做强、城市做美、民生做实"；实现一个愿景，即全力打造经济实力强，服务功能完善、产业层次高端、辐射带动作用明显的现代化区域中心城市。

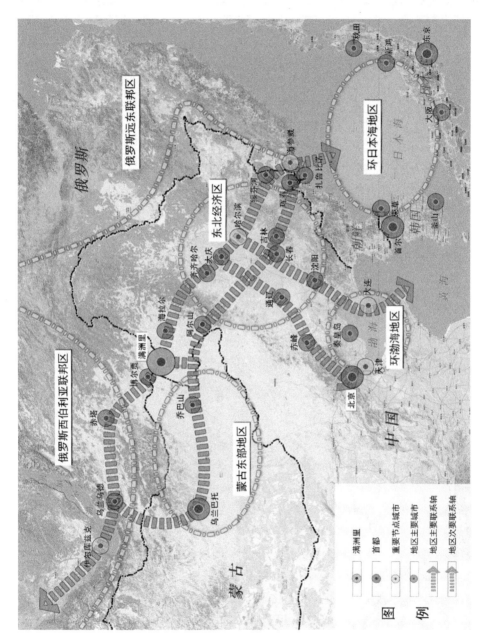

图 5－16 满洲里市区位关系示意图

"十三五"末期,满洲里市将建立起与国际接轨的新体制、新机制,探索出沿边地区稳步发展、繁荣进步的新路径,基本建成面向东北亚的区域性国际贸易基地、跨境旅游基地、进出口加工制造基地、能源开发转化基地、国际物流中心和科技孵化合作平台;充分发挥在国家全方位对外开放格局中的示范带动作用,将满洲里市建设成为对外交流合作平台、中蒙俄经济走廊的重要节点和综合性枢纽,建成东北亚著名的国际口岸旅游城市、我国沿边向北开放的重要窗口和经济增长极(见图5-16)。

牙克石市在"十三五"时期坚持"理性发展、力争上游"这一主题,按照一年强基础、两年翻身仗、三年大变样"三步走"战略,突出新型城镇化建设,全面构建以线连点、以点辐面的城镇一体化格局。牙克石市将发挥城镇的集聚功能,突出有"减"有"加"的建设特点。"减"就是继续推进城市棚户区改造和城镇人居环境综合整治,按照全面拆迁的要求,大力去除板夹泥房屋等落后元素,加快特色产业培育,以人口集中、产业集聚加速适度收拢进程,全面打造免渡河、乌尔其汉等区域中心镇和博克图、伊图里河等重要节点镇。"加"就是抓好功能完善,深化精品修建,让市民既能享受现代城市的便利,又能寄托美丽乡愁的情思。既统筹抓好老城区道路升级、供热供水、污水处理、垃圾填埋等项目,又要全面完成棚改新区在建基础设施和公共服务设施,加快推进牙伊公路、乌塔公路和雅克萨大桥、牙克石大桥等交通基础设施,着力解决无物业小区管理、城市内涝、供热安全等问题,全力将牙克石打造成林区经济转型示范区和生态移民集聚城。

3. 经济社会发展中存在的主要问题

"十一五""十二五"期间经济稳步发展,为"十三五"的发展奠定了坚实的基础,"十三五"时期是海—满经济区富民强市、转型升级的关键阶段,同时也是重要的机遇期,在抢抓发展机遇的同时也显现了经济社会发展中存在的一些问题。

第一,海—满地区离我国经济中心较远,环境比较封闭,与外界的信息交流相对滞后,地区建设周期长,投资环境差,生产资金比较匮乏,产品生产成本较高,经济技术水平较低,劳动力整体素质较差,除了在计划经济条件下形成的规模性的采掘业,第二产业、第三产业的发展相对滞后,产业链较短,加工程度较低,基本以资源输出为主。贸易输出以低附加值的原材料、初级加工产品以及农副产品为主,输入的却是高档次和精加工的产品,交换商品中的效益较低,从而形成了资金双向暗流的模式。

第二,虽然政府不断地对经济结构进行调整,经济结构却依然比较单一,作为边疆城市,服务业在海—满地区经济结构中的比重虽然较大,但基本以旅游贸易为主，这样的经济结构使经济发展对旅游贸易过度依赖，抵御市场风险的能力不高；近年来海—满地区不断增强工业经济在经济发展中的地位，产业发展的层次依然较低，工业总体还处在产业链的中低端，初级产品所占的比重相对较高，新兴的服务业发展之后，传统的服务业却缺乏创新；人民群众生活需求多样化、公共需求的多层次给社会事业发展带来了新的挑战。

第三，海—满地区作为一个中央直属企业较为集中的地方，部门所有和条块分割现象比较明显，这就导致了行业壁垒和经济割据的产生，使地方政府的宏观调控作用难以发挥，不仅加剧了地区内的竞争，还影响到地区对外的竞争。基础设施比较薄弱，电力、交通、水利等方面的条件不够完善。生态环境广受关注，项目审批门槛提高，节能减排压力巨大，工业发展受到制约。优势资源开发将受到限制。与东北三省和蒙东地区其他盟市面临同一东北市场，地域相邻，产业相近，区域竞争会进一步加剧。

（三）海—满地区区域经济结构及特征

1. 区域经济空间布局（包括沿边开发带中的区域定位）

在区域经济发展过程中，海—满地区根据自身条件不断优化经济形式，形成了独特的经济布局。发展中依托大中城市、大型产业基地以及城镇经济带，形成"极点开发、以点带面"的空间开发格局。作为边境地区，岭西主要实施中俄蒙边境地区"大金三角"地缘经济战略、海满额"小金三角"区域聚焦战略、"大海拉尔、新满洲里"龙头城市战略。

中俄蒙边境"大金三角"的构筑是以满洲里这个中国最大的陆路口岸为核心，联动周边的几个口岸，南连北开，深化与俄蒙的贸易和经济技术合作。建设进出口加工基地，向外深入拓展俄蒙以及东欧的国际市场，积极融入东北亚经济圈，向内与自治区东部盟市和东部经济区相连接，将两个市场、两种资源有效整合起来，带动整个地区的经济发展，将满洲里口岸打造成全国重要的转口贸易商埠。

积极打造海满额"小金三角"，鼓励经济发达地区优先发展，以乳肉草资源为依托进一步培育乳肉草三大产业集团，以丰富的煤炭资源为依托巩固煤业集团，促进煤电联营。作为整个呼伦贝尔市的经济中心，要发展海拉尔的强辐射与区域核心作用。加强工业园区建设，依托大企业，推进神华宝日希勒能源有限公司、伊敏有限责任公司、嵯岗铁南以及诺门罕洁净煤有限公司等重大项目实施，发展周边旅游风景区，将海拉尔建设成为海—满地区最大的能源化工基地、农林牧产业化基地、现代服务业中心以及旅游中心，经济总量居于地区首位。发挥满洲里对外开放的龙头作用，将其建设成为延边开放的国贸城，海—满物流带的重要节点以及商贸服务和旅游会展中心。优化牧业四旗的经济结构,打造重化工、能源、进出口产品加工、绿色农畜产品加工以及旅游等产业集群,转变经济增长方式,实现经济快速增长。

重新振兴牙克石林区经济发展。发挥牙克石的龙头作用,实施对外开放,推进区域经济协调发展,将牙克石建设成为滨州铁路沿线的重要节点城市,成为农牧林产品加工和生态旅游基地,辐射林区的商贸物流和生产生活物资供应中心。牙克石市的聚集区产业主要以汽车测试、生物制药、钢铁冶炼以及林浆纸为主导,并辅助发展热电联产、氯碱化工、煤炭以及农、林产品加工等产业,通过构建基础产业基地,实现林区经济的快速、全面、协调发展。

以大中城市经济发展为带动,大力发展周边旗市经济。牧区四旗经济要以农牧业产业化为突破口,加快经济由农牧业为主导的经济类型向以工业为主导的经济型转变,加强特色资源开发利用,延长工业企业的产业链,实现经济的循环发展。

实施兴边富民政策,对于边境和少数民族聚集地区,要加大资金投入和政策扶持,加强地区基础设施建设,鼓励开发优势资源与特色经济,改变其传统的落后的生产经营方式,加强产业结构调整,为实现经济发展找到新突破。

加强搞好城镇发展规划与基础设施建设。认真做好城市各项发展规划,统筹安排城镇建设用地,合理配置各项基础设施。增强"大海拉尔""新满洲里""森工之都牙克石"的辐射带动作用,不断地扩大发展规模,完善各项功能,促进海—满地区形成结构合理、层次分明、优势互补、功能明确、环境优美的高管理水平发展体系,将农牧区比较分散、环境比较恶劣地区的人口转移到城镇。不断完善海—满地区的交通网络结构,提高交通密度,增强排水、供水、供热、垃圾处理、电力、通信、文化体育以及住宅等城镇基础设施硬件建设,不断完善和提升城市功能,改善软环境建设,增强要素集聚和扩散能力。

2. 区域产业结构及特征

(1)独具特色的农牧林产业。农业是国民经济社会发展的基础产业,为实现地区经济发展现代化就必须先实现农业的现代化,根据当地形势,发展特色农业产业,是海—满地区农牧林业发展的战略重点与突破口,加快推进国家大型绿色产品产业基地,构筑现代农林牧业体系就是区域农业发展的方向。

海—满地区地广人稀,自然资源丰富,人口聚集地比较分散,农牧产业化经营是地区农牧业发展的主导方向。地区积极引入与培育了一批龙头企业,包括雀巢有限公司、华润祥运货理、雨润集团等在内的一批大企业,促进了乳肉、粮油等实现规模化产业化经营,建造了一批农业产业化基地,将特色优势农畜产品集中在优势地区,形成一种标准化、规模化的种养殖方式,实现产品的稳定增长与供给，同时拉动了农药化肥业与饲料加工业的发展。

得天独厚的自然环境为海—满地区发展绿色产业提供了优势，绿色、出口、观光等果蔬基地的建设保证了城镇以及出口蔬菜的供给。

乳肉业是草原地区的一大特色产业，地区推行集中饲养，主导奶农合作，在垦区、牧区、城郊奶业发展区以及农区沿公路奶业发货站等建设乳业基地，促进奶业向标准化、集约化、优质化的水平发展。与此同时，建设了一批肉业生产基地，促进了生猪、肉牛、肉羊及其他家禽的规模化养殖与集约化经营，通过品种改良提高了肉类质量的产出率。

独特的资源优势促进了特色种养殖业的发展，比较有代表性的就是当地的黑木耳、食用菌、蓝莓等种植加工业以及貂、狐、獭兔等特色养殖业。

（2）资源型主导的工业化体系。海—满地区资源丰富、种类多样，现代化的工业体系主要朝着资源主导型方向发展。现代工业体系主要由农畜产品加工业、化工、煤炭、多金属、电力、装备制造业以及生物制药行业构筑了海—满地区的工业产业体系。

大力发展农畜产品加工产业集群，地区农畜产品丰富，产有大量的乳肉原产品，发展绿色农畜产品精深加工业是地区工业产业发展的一个方向。

积极培育多金属产业，地区矿产资源丰富，以多金属为主，统筹开发利用地区的铜、铁、铅、锌、钼等多金属资源，实行采矿、选矿、冶炼一体化，集中实施冶炼加工，培育出一批多金属产业加工集群。

大力发展煤炭石油产业，地区丰富的煤炭资源为电力、化工等产业发展提供了保证，对于地方煤炭资源要统筹规划，提高煤炭开采技术与设备水平，提高采矿与环保水平，将其建设成为国家大型煤炭能源基地。作为边境城市，积极整合开发境内外的石油资源，推动跨境园区石油炼化项目的实施。

积极推进煤炭化工产业的发展，促进多元化工产业集群的培育，提高尿素、合成氨、煤制甲醇、烯烃、合成二甲醇等煤化工的产量，并且积极发展盐碱化工、生物化工、电石法生产聚氯乙烯、燃料乙醇、冰醋酸、煤制气等化工产业，提高化工产业在工业中的地位。

积极促进电力产业的发展，以发展煤电产业为基础，配套建设大型煤电与热电联产等外送电源项目，以非石化清洁能源为辅助，大力发展水电、风电、光电等清洁能源发电业，同时大力推进工业余热发电、生物质能、沼气利用与地下水热能转换等可再生能源和新能源的利用，提高电力产业的总产值。

推进生物制药产业的发展，玉米、中草药、马铃薯、动物脏器等资源都是制药原料，通过引进高技术、大企业，加快生物制药产业的发展，提高蒙药、中草药、片剂药、针剂药、胶囊药等综合生物制药的产量。

依托海—满地区俄蒙境内外矿山机械用量的优势，推动装备制造业与电子信息产业等非资源型产业的发展。

（3）外向型现代服务业。以旅游业作为海—满地区的引导产业，将现代服务业聚集区作为载体，大力发展生活性和生产性服务行业，加快对外贸易的发展，提升服务业在产业发展中的比重，同时创造就业机会，使各族人民的生活需求得到满足。

作为当地的特色产业，要积极促进旅游业与当地文化产业相融合，将海—满地区打造成国际原生态多民俗旅游胜地。构建自己独特的草原民俗文化品牌，培育精品旅游路线，不断提升在全国旅游产业中的定位，并将其打造成国际品牌，促使旅游业成为海—满地区第三产业的核心、资源转型的主导产业、地区经济的支柱产业。深度开发草原风光与草原文化旅游功能，充分利用当地民俗文化资源与天然冰雪，打造银色旅游体系，挖掘不同的民族历史文化，建设民族文化旅游区。作为边境口岸城市，还可以充分利用其资源优势与办照政策优势，开发出境旅游业，打造异域风情产品。同时，还可以将农林牧业和旅游业相结合，实现农林牧的升级转型。建设一批宾馆会展集聚区与特色餐饮集聚区，支持海—满地区旅游业的发展。

海—满地区是连接中国与东欧的重要交通要道，也是重要的物流集散中心，在发展中需要围绕生活服务和生产不断地壮大物流业集聚群，建立一个与社会经济发展相适应的高效、便捷、信息化、专业化程度较高的现代物流服务体系，着重发展滨州干线物流和口岸国际物流，形成对俄罗斯、蒙古国、东北三省的三大物流通道，打造出一批骨干级的物流企业。

利用靠近大兴安岭的优势，以海拉尔为中心，建设一批经营建材家居的企业，形成家具建材与设计装潢服务成套的体系，并且形成一个对外远销俄罗斯、蒙古国，对内辐射周边的建材家居聚集区。

作为口岸城市，对外贸易是海—满地区经济的重要组成部分。在发展对外贸易的过程中要逐步扩大对外贸易的规模，将贸易方式进行转变，将贸易结构进行优化，积极拓展对外贸易的国际市场，扩大机电、农畜产品以及建材产品的出口，提高高附加值、高深加工以及劳动密集型产品的比重，提高出口商品的技术含量。同时，依托口岸优势，加快发展加工贸易，将满洲里市建设成为贸易加工示范基地。积极推动服务外包、教育培训、技术转让、信息网络等服务贸易的发展，做大货物贸易和服务贸易，相互促进、共同发展。促进资源型产品的进口与落地加工，稳定其进口与落地加工值。

（4）城镇建设与城乡协调发展。增强海拉尔区、陈旗工业园区这两个中心城区的发展，加快满洲里市、牙克石市等副中心城市的发展，辐射带动周边重点镇、中心镇的发展，构筑发展新型的城镇体系。加强城镇发展的各项规划，完善城镇发展的各项功能，加快产业与人口向城镇聚集的能力。同时，将基本的公共服务均等化推行，统筹城乡发展。

加强中心城区海拉尔区、陈旗工业园区的建设，增强其辐射力、集聚力、承载力；依托地区周边工业园区，发展规模化的工业产业群，加强劳动密集型产业的发展，积极创造再就业岗位；发展现代服务业聚集区，促使其发展成为金融中心、物流中心、贸易中心以及旅游集散中心；增强地区的人口聚集能力，完善公共服务功能，通过社会保障机制的扶持，促进农民工市民化；实施教育聚集，旅游避暑聚集以及休闲养老聚集，将中心城区建设成为民族气息浓郁、区域特色突出、生态环境优美、产业布局合理的中心城区。

加强副中心城区的公共基础设施建设，增强地区吸纳人口、集聚产业以及辐射周边地方发展的能力，完善城市各项功能，美化城市环境，提升城市形象，打造城市区域性文化、经济中心。将满洲里市打造成现代国际化口岸，主要发展现代物流、国际贸易、旅游休闲及进出口产品精深加工等。将满洲里市打造成森林工业之都，积极发展绿色食品加工、木材深加工以及商贸物流等产业。

在中心城区和副中心城区为辐射作用下，构建各具特色的重点镇与中心镇，加快建设一批旅游型、工贸型、农牧型以及口岸型等特色各异的重点镇和中心镇。在保护环境的前提下，合理规划布局，完善城镇公共服务设施建设，集文化、卫生、教育、产业为一体，提升城市综合实力，构建多元化的城镇体系。

统筹城乡发展，推进基本的公共服务均等化。首先，实行户籍制度城乡一体化，实行以就业地与居住地为原则的户籍制度，逐步将符合条件的农村人口转移为城镇居民，允许进城务工人员进入城镇登记常住户口，放宽外来人口落户条件，保证外来务工子女入学和就业与城镇居民享有同等待遇。其次，要推进公共服务均等化，加强建设农村的科技、教育、文化卫生事业，增强城乡客运网络体系的建设，增强农牧区城镇产业聚集、城镇转移人口、就业增收、生活服务以及培养新型农牧民功能的能力，进一步完善农牧林区的基本社会保障制度，包括教育、医疗、养老。再次，实施规划一体化、产业发展一体化、基础设施一体化、市场一体化和社会管理一体化五化体系，统筹城乡发展。最后，要加强农牧林区的公共基础设施建设，改善农牧区生活环境、加快农牧林区的公路网络建设，提升农牧区的供电能力与电网可靠性，加强农牧区水利、生态、电力、交通等基础设施建设，改善农牧民的生活条件，推进沼气设施建设，支持农牧区清洁能源与生活能源的利用。

（5）资源开发与生态环境保护。以资源节约与环境友好为发展方向，实施生态城市建设规划，统筹抓好生态保护和建设，大力发展循环经济、低碳经济、绿色经济。近年来草原沙化得到遏制，林木蓄积量得到增加，湖泊、湿地、流域等生态系统得到明显恢复，城市的空气质量得到进一步改善，农田得到有效保护，生态功能与区域气候调节功能显著增强。

在资源开发利用方面，需要淘汰落后的生产力，实施资源的减量、循环、高效再利用。推行建筑节能设计标准，推广使用节能材料，降低企业能耗，在建材、冶金、电力、化工等高能耗行业推广余压、余热回收利用技术，大力发展热电联产，提高能源利用率。推行节能照明，实行农牧业机械与交通运输节能，大力发展现代物流集约配送与公共交通，鼓励使用节能、环保型交通工具与农业机械设备。积极开发利用可再生能源，推广使用风力发电、地热资源的开发利用，鼓励农牧区使用沼气、太阳能等可再生能源。

加强生态保护与建设。第一，加强天然草原保护，实施退牧还草工程，坚持草畜平衡，实施禁牧期、禁牧区与轮牧区相配套的草畜平衡措施，加强天然草场保护与草原监管，推广人工草地建设，提高草原现代化水平，积极实施秸秆利用、饲料种植、节水灌溉以及围栏封育等工程；同时，加强草原沙地的治理，草原生态系统与草原质量得到明显提高，草原沙化得到根本控制。第二，加强流域和湿地自然保护区建设，加强地区河流的环境治理，严格控制农药、化肥的使用，使农牧业面源污染减少到最小，并且加强饮用水周边环境的保护和治理，使饮用水水质达标。加强湿地自然保护区的建设，采取多样措施，修复湿地、流域与自然保护区生态系统，维护生物多样性。第三，加大耕地保护与水土流失治理，防止人为水土流失，构筑以小流域为单元的水土流失动态系统检测与治理系统，为综合治理水土流失提供帮助。在江河流两岸营造护岸林，大力营造农田防护林，控制水土流失，恢复生态系统。深入实施退耕还林工程，实现耕地占补平衡，同时，加强农田建设，保持水土，支持防护林工程建设，实施保护性耕作与结构调整，建立农业生态园。第四，大力实施生态移民工程，制定养老、就业、居住、社保、补偿等综合性引导措施，将沙区、农区、牧区、林区的移民聚集到中心城镇，建设林区移民安置点。

加强环境治理。首先，要加强水污染治理。严格控制造纸业的 COD 减排，加强监管，控制工业废水排放，加强工业发酵、城镇污水以及畜禽养殖等相关行业的污染防治，对于新建项目要严格实行新的脱磷除氮标准。分别加强工业污水和城镇污水处理及配套设施的建设，将未达标的污水处理设施进行升级改造。实施城市再生水资源利用工程，提高再生水的利用率。其次，积极改善城市环境与空气质量。严格控制二氧化硫、氮氧化物等污染气体的排放，积极发展公共交通，鼓励使用低油耗、小排量、低污染的车型，建设集中供热锅炉，提高清洁能源比例，推广使用天然气。加强建材、有色、化工、强煤电等相关行业与供热锅炉的排放控制，淘汰污染重、能耗高、效率低的小火电机组，严格控制二氧化硫的排放量。推广低氮燃烧技术，严格控制热电联产机组与煤电机组的氮氧化物排放量，控制氮氧化物排放；同时，促进电子废旧产品的集中处理与生活垃圾的分类回收利用，提高废水、废气、固体废弃物的处置率，加强绿化，促进生态城市的建设。最后，要加强矿产资源开发地区的环境治理。加大地质灾害防治与矿山地质环境治理力度，坚持开发与治理同步实施。通过生物措施与工程措施相结合的方式，加大采矿区的塌陷治理，加大废弃地的综合治理。恢复矿区植被，加强旅游景区与矿区的环保执法与监管，保护地区生态环境。

（6）独具特色的区域民族文化。海—满地区历史悠久，民族众多，地域辽阔，有着丰富的民族文化底蕴，有着北方"游牧民族摇篮"的美称，其浓郁的民族特色为世人所瞩目。在特定民族历史条件下，游牧民族、古代狩猎民族为了生存发展，在生产、生活中同自然界进行斗争，创造了丰富多彩的民族文化形态，包括草原文化、狩猎文化以及农田文化等。地区民族文化具有独特性和开放性两大特征，我们可以通过挖掘潜在的民族文化资源，对这些资源进行开发利用，实现文化的经济价值。

第一，民族文物古迹历史文化。海—满地区文物古迹丰富，并且具有民族和地域特征，经考古发现，早在两三万年以前就有人类活动在这里，也就是该地区最早的原始居民，尤其是鄂伦春嘎仙洞拓跋鲜卑旧墟石室与扎赉诺尔人头骨的发现，震惊了中外学术界，是珍贵的历史文物，具有珍贵的史料价值和学术价值。这些价值可以吸引海内外游客来该地区探古访幽，对宣传地区的历史文化、提高该地区知名度具有重要的作用。

第二，民族房屋建筑文化。说到蒙古族，我们都会提到蒙古包这一独具特色的建筑，它的雏形就是鄂温克族最先居住的建筑，叫作"撮罗子"，蒙古包就是蒙古族从森林走出来到草原游牧后所特有的建筑，它是一种技术与艺术的统一，发展至今已经成为一种民族文化的象征，体现着草原文化独特的风格。

第三，草原民族的服饰文化。草原牧民的蒙古袍、草帽以及马靴是草原文化的基本特色，它适用于草原游牧的生产与生活。

第四，丰富多彩的音乐、舞蹈文化艺术。说到蒙古人，我们首先想到的是歌善舞来。生活环境决定着该民族的风俗，游牧民常年生活在马背上，他们用歌声记载历史，用舞蹈表现生活。来到蒙古包，你会受到牧民的热情款待，在蒙古包里喝着奶茶，在马头琴的伴奏下歌手为您献上家乡的长调民歌，使你就像喝了最醇香的美酒。

第五，当地的饮食文化与礼仪。这里的蒙古族与其他民族还保持着最原始的饮食文化，手把肉是他们最喜欢的食物，也是他们招待客人必不可少的食物。来到大草原,如果牧民不用手把肉招待客人好像就不能完全表达自己的心意,这已经成为一种礼仪。如果客人来到蒙古族人家中做客,热情好客的主人就会献烟、献酒、敬茶,然后拿出糖块、点心、果子、奶皮、奶干等来招待客人。

第六,民族工艺品。蒙古族民间传统手工艺源远流长,绚丽灿烂,它们用料天然,用色自然,具有浓烈的民族特色和生活气息,从中也体现出蒙古族勤劳智慧与丰富的创造性。这些工艺品有皮毛工艺品、桦树皮工艺品、蒙古刀、石雕工艺品、银制工艺品以及牛角制品等,具有较高的审美价值、经济价值以及使用价值,是开发旅游纪念品的重要文化资源。

同时,还可依托呼伦贝尔地区历史形成的中俄蒙文化交流的优势,把呼伦贝尔建设成中俄蒙文化交流的前沿与基地。

(四)经济与社会发展对策及建议

内蒙古自治区境内哈大齐呼经济带西段的海—满地区根据自身条件不断优化经济形式,形成了独特的经济布局。发展中依托大中城市、大型产业基地以及城镇经济带,形成"极点开发、以点带面"的空间开发格局。作为边境地区,岭西主要实施中俄蒙边境地区"大金三角"地缘经济战略、海满额"小金三角"区域聚焦战略、"大海拉尔、新满洲里"龙头城市战略。优化旗市资源配置,调整经济产业结构、积极发展优势特色产业,全面增强旗市经济发展。

中俄蒙边境"大金三角"的构筑是以满洲里这个中国最大的陆路口岸为核心,联动周边的几个口岸,南连北开,深化与俄蒙的贸易和经济技术合作。

建设进出口加工基地,向外深入拓展俄蒙以及东欧的国际市场,积极融入东北亚经济圈,向内与自治区东部盟市和东部经济区相连接,将两个市场、两种资源有效地整合起来,带动整个地区的经济发展,将满洲里口岸打造成全国重要的转口贸易商埠。

积极打造海满额"小金三角",鼓励经济发达地区优先发展,以乳肉草资源为依托进一步培育乳肉草三大产业集团,以丰富的煤炭资源为依托巩固煤业集团,促进煤电联营。作为整个呼伦贝尔市的经济中心,要发展海拉尔的强辐射与区域核心作用。

加强工业园区建设,依托大企业,推进神华宝日希勒能源有限公司、伊敏煤电有限责任公司、嵯岗铁南以及诺门罕洁净煤有限公司等重大项目实施,发展周边旅游风景区,将海拉尔建设成为海—满地区最大的能源化工基地、农林牧产业化基地、现代服务业中心以及旅游中心,经济总量居于地区首位。

发挥满洲里对外开放龙头作用,将其建设成为延边开放的国贸城,海—满物流带的重要节点以及商贸服务和旅游会展中心。优化牧业四旗的经济结构,打造重化工、能源、进出口产品加工、绿色农畜产品加工以及旅游等产业集群，转变经济增长方式，实现经济的快速增长。

五、乌（兰浩特）—阿（尔山）经济带

乌—阿经济带包括以乌兰浩特、阿尔山为主线，辐射科尔沁右翼前旗、扎赉特旗、突泉县、科尔沁右翼中旗为辅的经济聚集区。经济带已有包括兴安盟经济技术开发区、科右中旗百吉纳工业循环经济园区和科右前旗工业园区在内的四家自治区级工区。

（一）乌阿经济带经济与社会发展基本条件

1. 自然地理与资源概况

乌—阿经济带位于内蒙古自治区兴安盟。经济带中乌兰浩特市地处东经121°50′~122°20′，北纬45°55′~46°18′。北部为山地，南部为冲积平原，东、西、南三面环水，平均海拔263.6米，属温带大陆性季风气候。年均气温5.0℃，年均降水量442.6毫米，年均日照2875.8小时，无霜期134天。阿尔山市地理坐标为东经119°28′~121°23′，北纬46°39′~47°39′，是全国纬度最高的城市之一。全称"哈伦·阿尔山"，系蒙古语，其意为"热的圣水"。阿尔山市横跨大兴安岭西南山麓，是兴安盟林区的政治、经济、文化中心。东邻呼伦贝尔市所辖扎兰屯市和兴安盟扎赉特旗，南至兴安盟科右前旗，西与蒙古国接壤，北和呼伦贝尔市新巴尔虎左旗、鄂温克自治旗毗连。东西长142公里，南北长118公里，总面积7408.7平方公里，辖区内中蒙边境线长93.434公里。全市人口5.6万人，由蒙古族、汉族、回族、满族、朝鲜族、达斡尔族、苗族、壮族、锡伯族等13个民族组成，是以蒙古族为主体、汉族居多数的多民族聚居地区。阿尔山市处于特殊的地理环境，海拔高度由西南向东北逐渐升高，全年主要受东南海洋暖湿气流与西北干寒气流影响，属寒温带大陆性季风气候，又处于大陆型高山气候区，地方小气候特征明显。全年气温较低，无霜期短，气温日差较大。

2. 资源概况

乌—阿经济带资源丰富，开发前景广阔。

（1）水资源丰富。乌兰浩特河流众多，水资源丰富，与北方其他城市相比，本地区具有较丰富的水资源。全市水资源可利用总量达3.9亿立方米，其中地表水可利用量达2.8亿立方米，地下水可利用量达1.1亿立方米。阿尔山市水资源异常丰富，哈拉哈河水系的阿尔善高勒河呈蛇曲状沿北西向流经阿尔山市区，由阿尔山至伊尔施汇入哈拉哈河，流量很大，无污染，能够满足工业生产和人民生活需要。

（2）土地资源丰富，农产品众多。乌兰浩特市有耕地27万亩，年产粮食稳定在5.5万吨左右，牧业年度牲畜头数15万头（只），以奶牛、肉羊为主。阿尔山市境内有宜农后备土地资源15万亩，大都是川地、谷地和平缓坡地，有效土层较厚，质地优良，排水好，有机质含量很高，可辟为优质稳产农田，适合小麦、油菜、马铃薯等作物生长；可利用草场500万亩，发展农牧业的潜力很大。工业用地充足，有自治区重点扶持的全区20个开发区之一的乌兰浩特经济技术开发区，开发区总规划面积21.24平方公里。

（3）草原资源。经济带所处的草原是科尔沁草原的腹地，有2000多种草原野生植物，其中近800种是营养价值很高的禾本科和豆类植物。阿尔山处于蒙古草原、锡林郭勒草原、科尔沁草原、呼伦贝尔草原四大草原交会处，森林与草原相拥，冰雪与温泉相伴。特别是冰雪与温泉的组合堪称绝配。阿尔山温泉构成疗养度假特色、冰雪构成运动休闲特色、火山构成科考观光特色、气候构成避暑特色，加上阿尔山拥有中蒙国际性季节开放口岸，是四大草原托起的城市，草原的美景也决定了阿尔山旅游的组合度世界罕见。

（4）森林资源及野生动植物资源。乌兰浩特森林覆盖率达24.8%，活立木蓄积量达3000万立方米。全市有林地面积1.1万公顷，活立木蓄积量达35.5万立方米，林木覆盖率为41%。阿尔山市地区森林资源极为丰富，森林面积达689万公顷，人工林达158万亩，森林覆盖率为64%，活立木蓄积量为4174万立方米。

（5）旅游资源。乌兰浩特市具有得天独厚的旅游资源，融历史文化、革命胜地、自然风光和民族风情于一体。"一庙两河"环抱着红色的城市。世界上唯一一座纪念成吉思汗的祠庙坐落在罕山之巅，是体现蒙元文化的突出代表；五一会址、内蒙古自治政府办公楼旧址、乌兰夫办公旧址、内蒙古民族解放纪念馆和五一广场等可供参观瞻仰；城北有气势恢宏、庄严的烈士陵园，是缅怀革命先烈和进行爱国主义教育的基地。阿尔山市旅游资源丰富，旅游业发展迅速。2008年全市接待游客总数达到45.5万人次，旅游总收入实现3.65亿元，接待海外游客745人，旅行社招徕团队1965个。2008年阿尔山市成功举办阿尔山国际旅游节，邀请蒙古国交响乐团和俄罗斯歌舞团来阿尔山进行长达两个月的演出。同时，针对不同客源市场的需要，以举办全国自由式滑雪锦标赛为契机，相继推出系列形式多样、内容丰富的冬季旅游活动。

（6）口岸资源。乌兰浩特市是向北开放的前沿阵地，现有阿尔山—松贝尔国际性季节开放口岸，还是联合国开发计划署规划的第四条欧亚大陆桥西出口，两山铁路（蒙古国乔巴山—中国阿尔山）贯通后，国际通道和口岸优势将十分明显，为引进和合作开发利用俄罗斯、蒙古国丰富资源，开辟了一条便捷通道。定性为生态旅游口岸的阿尔山口岸位于阿尔山市西北部边境线上（三角山下），以努木尔根河为界。如今，口岸升级工作取得很大进展，2003年阿尔山口岸正式升格为中蒙国际性季节开放口岸，为中蒙区域经济合作中唯一的一个国际性口岸，2002年总投资3900万元的口岸公路已正式通车，口岸规划区实现了"三通"（通电、通信、通路）。

（7）矿泉资源。经济带矿泉资源名扬中外。阿尔山矿泉资源享誉中外，具有世界罕见的大矿泉群，无论泉眼数量还是微量元素含量以及泉水涌出量都是世界级的。

（8）冰雪资源。阿尔山市冰雪资源得天独厚，具有五大优势：①雪质好，非常洁净，软硬适度，冬季降雪平均达368毫米；②雪期长，积雪覆盖期152天左右，从10月至翌年5月都可以滑雪；③地形优越，可以开展冬奥会规定的全部比赛项目；④冰雪与温泉结合，这在我国是独一无二的，体现了休闲与运动的统一；⑤滑雪场与城市一体化，相得益彰，相映成趣，这种完美的结合在国内、国际都是十分罕见的，在我国各大雪场独树一帜，体现了以人为本的旅游新观念。目前，已修建了东山游乐滑雪场、西山自由式滑雪场和西山越野滑雪场。2003年，阿尔山市被中国滑雪协会确定为冰雪运动冬训基地，并承办了多项国家级滑雪赛事。

3. 社会经济基本概况

"十二五"是乌兰浩特市经济社会发展很不平凡的时期。"十二五"末，全市地区生产总值完成161.9亿元，是"十一五"末的1.8倍，年均增长分别为8.1%。公共财政预算收入实现7.7亿元，是"十一五"末的3.3倍，年均增长27%；财政支出达到36.7亿元，是"十一五"末的2.7倍，年均增长22%。社会消费品零售总额实现109.6亿元，是"十一五"末的2.4倍，年均增长19.5%。城镇、农村常住居民人均可支配收入分别达到24616元、11539元，年均增长分别为14.2%、14.9%。"十二五"时期，固定资产投资累计完成525.6亿元，是"十一五"时期的3.3倍。主要经济指标增速均高于自治区平均水平。五年来，产业结构更加优化，三次产业结构调整为6.1:47:46.9，经济活力和发展质量不断被激发和提升。

（1）阿尔山市经济社会发展概况。阿尔山市地处大兴安岭脊中段，位于自治区东部，兴安盟西北端，被呼伦贝尔草原、锡林郭勒草原、科尔沁草原、蒙古草原四大草原所环抱；东邻扎兰屯市，西与锡林郭勒盟及蒙古国接壤，北与呼伦贝尔新巴尔虎左旗、鄂温克旗毗邻，南与兴安盟科右前旗相接，总面积为7408.7平方公里，平均海拔为1200米。2005年总人口为4.72万人，是典型的林区城镇，主要功能是承担林区生态保护和生态恢复。主要产业以生态旅游、资源经济和林下经济为主。

图 5-17　阿尔山国家地质公园景点分布示意图

2015 年全市完成地区生产总值 16.8 亿元，"十二五"年均增长 13.3%；完成全社会固定资产投资 37 亿元，"十二五"年均增长 12.3%；完成公共财政预算收入 1.01 亿元，"十二五"年均增长 24.5%；社会消费品零售总额达到 6.8 亿元，"十二五"年均增长 14.2%；三次产业结构由"十一五"期末 20.9：23.6：55.5 调整到"十二五"期末 16.2：23.8：60。2015 年接待国内外游客突破 252.2 万人次，实现旅游收入 33 亿元。2015 年城镇常住居民人均可支配收入达到 22171 元，"十二五"年均增长 14.0%。

（2）交通、能源等基础设施建设取得重大进展。机场通航后，先后引进华夏、海南、中国联合等航空公司，实现了多机型、多家航空公司执飞，拥有 5 条航线，飞机起降 1162 架次，旅客吞吐量累计超过 26 万人次。302 国道乌兰浩特—阿尔山段一级公路、331 国道阿尔山—海拉尔段一级公路建成通车；完成了蛤蟆沟—杨树沟、五岔沟—明水公路建设；完成街巷硬化 56.6 公里；启动了阿尔山—伊尔施城市环线公路升级改造工程、旅游二环线白狼七道沟—金江沟段公路建设工程。截止到 2015 年底，境内公路总里程达到 794.65 公里，220 千伏输变电工程投入运营，66 千伏输变电项目实现双向供电，基本形成了以航空、铁路、内外环公路为骨架的立体综合交通网络。

（3）林区经济转型后保护和恢复是地方重要功能之一。"十二五"期间，稳步推进天保工程，大力推动森林培育，加强森林灾害防控和自然保护区建设，生态环境明显改善。累计投资 7.35 亿元，实施天保工程 1036 万亩，完成封山育林 100 万亩、植树造林 30 万亩、退耕还林还草 20 万亩。地表水质达标率超过 97%，森林覆盖率 81.2%。节能减排成效明显，单位地区生产总值能耗、二氧化硫排放量、化学需氧量排放量等指标均有明显下降。荣获了"国家级生态示范区""中国低碳旅游示范地"和"全国森林旅游城市示范区"等称号，天池、白狼、五岔沟、明水河四个镇荣获"国家级生态乡镇"称号。

（二）经济社会发展存在的主要问题

1. 工业

（1）工业结构战略性调整步伐有待加快。实现工业结构战略性调整是经济带工业发展的主线。应该说，2010～2015 年，乌—阿经济带工业结构调整方向取得了明显进展。但总体来看，与当前经济发展形势和规划要求还有一定距离。工业总体上仍偏重于对自然资源的初加工，产品基本属于产业链分工的低端，普遍不具备市场竞争的优势。高新技术产业发展迟缓、规模偏小、传统产业多、现代产业少，低加工产业比重高，高加工产业比重少。

（2）工业增长方式尚未得到根本转变。从总体来看，工业仍在较大程度上沿袭片面追求速度和规模，粗放型增长方式，以低价参与竞争，以消耗换取增长，以行业扩张代替结构调整，以规模扩张代替产业升级，对资源和环境造成巨大压力。

（3）工业经济运行受要素约束影响突出。集中反映在自然资源及能源利用等方面。一是目前工业经济很大比重用在矿泉水开发上，2015年，阿尔山市规模工业总产值完成40058万元，对经济贡献率为16%。近年来，随着旅游业的发展取得了令人瞩目的成就，相伴随而来的合理地保护开发资源这一议题不得不提到我们的面前，尤其是在矿泉水的开发建设上，在旅游旺季到来之时，矿泉水量一度下滑这一现象必须得到重视。二是在土地方面，以目前用地规划计算，可供开发建设的用地在"十二五"时期将面临严峻挑战。三是在电力上，用电形势依然严峻，部分企业在用电高峰期不能正常生产或满负荷生产。同时随着运输成本、劳动力及商务成本的提高等因素也对工业经济发展带来不利影响。

2. 农牧业

（1）农产品生产效益偏低，农民生产积极性受挫。近年来，随着中央一系列惠农支农政策的出台，特别是粮食直补和取消农业税等举措的实施，极大地调动了农民生产的积极性，对于促进农村经济发展，保证粮食的安全生产起到了重要的作用，但仍然存在一定的问题。在农民享受中央惠农支农政策的同时，各种农资价格也一路飙升，加上原油价格的上涨和工资水平的提高，使农机使用成本也相应提高。农产品生产收益越来越少，这在一定程度上抵消了粮食直补和取消农业税费等惠农政策给农民带来的实惠，这对农民投入农业生产的积极性造成了一定的负面影响。

（2）农田基础设施薄弱，灌溉效率低下。低产田主要包括瘠薄培肥、干旱灌溉、障碍层次、渍涝排水、沙化耕地等类型。统计数据显示：阿尔山市现有耕地中，中低产田面积占到80%左右。因资金紧张，中低产田改造步伐偏缓，部分地块缺乏必要的农田基础水利设施，造成农田有效灌溉面积数量偏低，影响了粮食生产的发展。

（3）农业科技自主创新能力不强，务农劳动者素质不高，农技推广体系改革与建设亟待加强。当前，农业生产者素质普遍不高，已成为增强农业后劲的重要制约因素，不少青壮劳力从务农转到其他行业，务农劳力科技文化素质低，接受新技术慢，加上家庭经营条件的局限，推广新技术也受到影响。

3. 旅游业

由于乌—阿经济带旅游业刚刚起步，产业基础薄弱，在许多方面还是空白的，与旅游发达地区相比，旅游产业在整体上尚未形成规模。这些都成为乌—阿经济带发展旅游行业的制约因素。具体来说，乌—阿经济带旅游业发展的制约因素主要包括以下五个方面：

（1）旅游产业意识有待进一步增强。由于乌—阿经济带旅游产业起步较晚，对发展旅游业的重要性认识不足，旅游开发的观念相对滞后，甚至把发展旅游业全面理解为单纯地建设景点或建设宾馆、饭店，缺乏对旅游业整体、全面、系统的认识，旅游政策保障体系和加速发展旅游业的政策环境尚未形成。旅游投资、财政支持、金融服务等方面不尽如人意；现有的服务业中以游客为主要服务对象的企业比例极小；部分人对发展旅游业的前景和重要性也认识不足。

（2）资金缺乏。旅游业刚刚起步，旅游景点、服务设施和基础设施建设相对滞后，亟需大量的资金投入，目前尚无力拿出较多资金用于旅游开发与宣传。地方财力的投入可谓是杯水车薪。资金短缺已成为兴安盟旅游业发展的一个主要制约因素。

（3）促销力度不够。因旅游业发展起步较晚，加之过去对外交流和对外宣传力度不够。因此，尽管拥有良好的旅游资源，但却是"养在深闺人未识"，缺乏在国内国际旅游客源市场的知名度。

（4）缺乏旅游"王牌产品"。乌—阿经济带虽然拥有丰富的自然旅游资源和人文旅游资源，但是目前尚未开发出具有强烈吸引力的旅游王牌产品（阿尔山市除外），缺乏撼动性名牌景点和与之配套的设施，旅游产品品位低、功能不全、整合度差，不能给旅游者以鲜明的旅游形象。乌—阿经济带有些丰富而高品位的旅游资源未能转化为巨大的旅游生产力。

（5）旅游人才匮乏。旅游产业处于刚刚起步的阶段，急需大量高素质的旅游人才，如旅游行业管理人才、旅游经营人才、旅游产品设计人才、旅游规划人才、旅游教育培训人才，等等。人才的匮乏已成为兴安盟旅游迅速发展的严重障碍。

（三）乌—阿经济带经济结构和产业结构

1. 产业结构及调整

"十二五"末，乌兰浩特市主要经济指标增速均高于自治区平均水平。五年来，产业结构更加优化，三次产业结构调整由2009年的7.3∶47.5∶45.2调整为2015年的6.1∶47∶46.9，经济活力和发展质量不断提升。2015年以来，乌兰浩特市坚持把服务业发展作为"转方式、调结构"的主战场，大力实施服务业专业化战略，呈现出亮点纷呈、遍地开花的良好局面。截至2015年10月末，乌兰浩特市商贸物流、旅游等服务业增加值同比增长8.7%，占全市GDP比重达47.3%。2015年，乌兰浩特市成功举办成吉思汗庙大型祭祀、首届杏花节和首届稻田捕鱼节等系列活动，成功承办第十二届中国蒙古族服装服饰艺术节暨蒙古族服装服饰大赛,让城市美誉度、知名度大幅度提升。随之令人振奋的是:截至 2015 年前 10 个月,乌兰浩特市旅游人数达到 86.56 万人次,同比增长 7.9%; 旅游收入达 8.27 亿元,同比增长 10.6%。乌兰浩特市第三产业的蓬勃发展势头 和城镇化建设快速发展的规模,吸引了众多外来投资者。

2000 年以来,阿尔山市以生态为根本、以市场为导向、以效益为中心,充 分利用特殊的气候特点和独特的自然地理环境,积极调整种养业结构,推进产业 化经营,全市生态特色农牧业得到长足发展,农牧业发展方式出现了积极的变 化。2009 年 3 月 5 日,国务院批准了 32 个资源枯竭型城市,阿尔山市作为内蒙 古自治区唯一一个名列其中。阿尔山市委、市政府以资源枯竭型城市经济转型为 契机,推进传统林业向生态林业转变,促进资源优势向经济优势转化。大力开发 接续替代产业,充分利用阿尔山市良好的生态环境和独特的旅游资源,大力发展 旅游业,以旅游业为主导产业的格局正在形成。积极进行口岸建设,发展口岸经 济,将在 28.3 平方公里的口岸区内建设口岸区、加工区、物流区、休闲度假娱 乐区和居住区五个区。积极推进互市贸易区和旅游自由贸易区建设,推动边境贸 易发展,开发过境旅游产业。同时,以改造提升、适度发展为前提,不断推进工 业提质增量,大力发展环保型工业,借助阿尔山矿泉水被确定为 2010 年上海世 博会指定饮用水的契机,以争创中国矿泉水之乡为目标,全力推进矿泉水资源 开发。

2. 重点产业及园区

(1)阿尔山市旅游产业。兴安盟的神泉雪城阿尔山,夏季凉爽,适宜避暑, 年平均温度 3℃。冬季漫长,每年 11 月开始下雪,第二年 5 月开始融化,雪期长 达六个多月,冬季降雪量平均达 36.8 厘米,冰雪旅游资源得天独厚,一望无际 的林海雪原令人心旷神怡。由于雪质好、雪期长、雪量大,又有温泉相配,阿尔 山滑雪场被国家体委确定为"国家冰雪运动训练基地""国家雪上运动中心"。 自 2002 年以来,已成功举办了内蒙古自治区第四届冰雪节,举办了多次国际性 越野滑雪、高山跳台滑雪比赛。

目前,阿尔山景区总体规划已经完成,并经自治区政府批准实施,按照阿尔 山旅游景区规划设计,总体定位:以大兴安岭森林、湿地,呼伦贝尔草原为背 景,以温泉度假和会议论坛为核心产品,组合火山资源、冰雪资源,建设世界级 的旅游目的地,使阿尔山景区成为国际知名、国内一流的国际会议论坛中心、国 际温泉疗养中心、国际冰雪运动中心、国家生态旅游中心、国家休闲度假中心、 国家火山科考中心。阿尔山是内蒙古自治区旅游的品牌,是兴安盟旅游业发展的 龙头,具有带动周边地区旅游经济发展的作用。

伴随着"旅游兴盟"发展战略的实施,丰富的旅游资源正焕发青春的活力,旅游知名度不断提升，旅游事业蓬勃发展，呼伦贝尔兴安旅游精品线路是到内蒙古自治区旅游的最佳线路，阿尔山旅游景区开发工作已经全面展开，要把阿尔山景区建成中国一流旅游名胜区。

阿尔山旅游产业快速发展，2015 年旅游人数达到 252.19 万人次，同比增长 27.8%；旅游收入实现 32.99 亿元，同比增长 26.9%。阿尔山国家森林公园顺利通过国家 5A 级旅游景区资源与景观质量评审，列入创建 5A 级景区预备名单，阿尔山市先后成功入选国家全域旅游示范区和中国国际养生度假旅游目的地创建名单。旅游设施不断完善，投资 0.25 亿元完成温泉街桥梁景观改造工程、河滨公园绿地景观工程和两处中国优秀旅游城市雕塑。投入 1.4 亿元完善口岸景区、白狼峰太阳谷景区、奥伦布坎景区、好森沟景区基础设施建设。启动白狼林俗雪村、白狼野生动植物观赏园项目，奥伦布坎景区实现正式营业。阿尔山国家地质公园与中国地质大学正式签订产学研基地协议，世界地质公园创建工作进展顺利。品牌影响力全面提升，累计投入 0.32 亿元通过央视等高端媒体强力营销，利用微信平台宣传"巍巍大兴安、梦幻阿尔山"品牌，点击和转载量超过 4000万条。成功举办圣水节、冰雪节、国际森林音乐节，承办内蒙古自治区青年歌手大奖赛等大型活动。积极兑现旅游包机、专列奖励，激发旅行社招徕团队的积极性。顺利通过国家级服务业综合标准化试点验收工作，旅游行业服务水平进一步提升。

（2）乌兰浩特经济技术开发区。乌兰浩特工业经济开发区始建于 2002 年，是盟委、行署和乌兰浩特市委、市政府拓展生产力布局，加速经济发展的重大举措。开发区位于乌兰浩特市城区东南部，距市中心 4 公里，地处东北经济圈，规划总面积为 21.24 平方公里，现已建成面积为 5 平方公里。近几年，乌兰浩特市委、市政府逐步加大对工业经济开发区基础设施的建设力度，使开发区真正成为招商引资的洼地和产业的聚集地。

2013 年，乌兰浩特工业经济开发区实现营业收入 101.5 亿元，乌兰浩特物流园区实现销售收入 104.8 亿元，双双实现了"百亿园区"战略发展目标，成功迈入"双百亿园区"行列。近年来，乌兰浩特市全面发力紧抓开发区建设，以提升"百亿园区"发展水平为目标，形成了竞相发展、晋位升级的强大合力。如今，乌兰浩特经济技术开发区已经成为拉动经济增长的"主引擎"。2016 年开发区实施各类工业重点项目 16 项，总投资 10.86 亿元，年内完成投资 5.14 亿元。2016 年乌兰浩特经济技术开发区共投入 4000 万元完善园区基础设施。开发区纬九街与 302国道连接桥梁已经全面通车，再生水回用工程已经顺利竣工验收，热源管网铺设工程积极推进，污水厂扩建工程开工建设。双回路电网架设工程全面完工，可实现开发区入园企业"双电源全覆盖"。开发区加大投入力度，加快实施重点道路延伸工程，全面启动2.8公里排污管线铺设、双回路电网架设、中央大路两侧绿化等工程，进一步优化园区发展环境，不断提升园区承载能力。开发区准确把握东北地区以及长三角、珠三角等沿海发达地区产业资本流动转移新趋势和全面打造绿色农畜产品生产加工输出基地的新机遇，加大绿色农畜产品加工、食品加工、高新技术产业、现代服务业项目的招商引资力度，有重点、有目标地进行招商。

在招商方式上，开发区摒弃"有项目就招、捡到篮子里就是菜"的招商模式，采取以商招商、委托招商等方式，提高招商引资质量和效率。特别是依托中小企业创业园E区、H区、大学生创业基地等园区资源，下大力引进一批附加值高、符合市场需求的小微企业项目入驻，为园区发展注入新鲜血液。

3. 经济与社会发展对策及建议

(1)阿尔山。阿尔山市应充分利用"十二五"发展创造的有利条件。一是围绕建设旅游城市，实施资源综合开发战略，建成国际知名的生态休闲养生度假地。基于文化旅游资源富集优势，加快文化旅游融合发展，力争满足"候鸟"式养老、休闲旅游、回归自然三个层次市场需求。二是围绕建设现代化口岸城市，实施开放带动战略，建成欧亚大陆桥的重要通道。基于阿尔山口岸优势，紧紧抓住国家推进"中蒙俄经济走廊"建设契机，依托阿尔山口岸的重要区位优势，加快阿尔山中蒙边境跨境旅游合作区建设步伐，积极发展跨境旅游、跨境物流、跨境电子商务等产业。三是围绕建设森林城市，实施转型发展战略，建设林业转型发展先行区。基于阿尔山市作为资源枯竭型城市，"十三五"时期亟须建立保护和发展森林资源、改善生态和民生、增强林业发展活力的林区新体制。四是围绕建设矿泉城市，实施矿泉产业化战略，建成大兴安岭地区重要的健康产业基地。基于阿尔山拥有世界罕见的大矿泉群优势，按照产业化思路，把矿泉产业培育成为支柱产业。

(2)乌兰浩特。

其一，着力推动县域经济持续健康发展。牢固树立创新发展理念，全面落实供给侧结构性改革五大任务，以"十三五"规划为引领、项目建设为支撑，用创新发展驱动第一、第二、第三产业融合，促进县域经济持续健康发展。一是抓好重大项目建设。全面完成"十三五"规划编制工作，构建经济社会发展新格局。进一步加大项目争取和盯跑力度，推动中电电气光伏发电二期、垃圾焚烧发电、污泥处理等一批事关长远发展的重大项目尽快启动建设。着力解决土地流转、项目审批、贷款融资等难题。围绕"十三五"规划做大做实项目库，加快推进41个亿元以上重大项目建设，计划投资230亿元以上，力争完成投资100亿元以上。二是壮大特色产业。围绕"五大基地"建设，培育壮大烟草制造、冶金机械、绿色能源、生物制药、乳肉食品、新型材料等产业，探索推动信息技

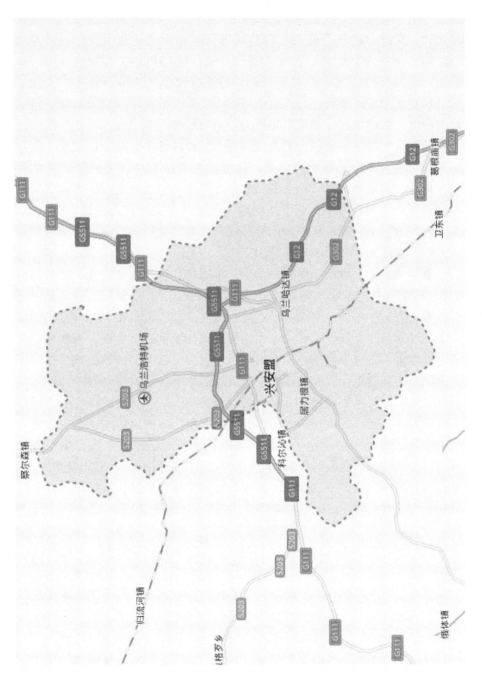

图 5 – 18 乌兰浩特市主要区域规划结构示意图

术和节能环保等产业。支持烟厂调整产品结构，力争早日实现"3030"目标；加大对煤、电、油、运等主要生产要素的协调力度，全力保障乌钢、金源达等重点企业稳定运行；支持白医制药股份有限公司等重点骨干企业加大新产品研发力度，进一步提高企业内生动力。实施"僵尸企业"退出机制，有效提升园区资源配置效率。大力推进"互联网＋"行动，持续放大乌兰浩特市农畜产品加工产业优势，培育新的经济增长点。三是做好服务文章。推进商事制度改革，进一步转变政府职能，简政放权，激发市场活力。全力落实盟委出台的关于扶持非公经济的八项措施，在结构性减税、普遍性降费、电价补贴等方面予以倾斜，鼓励市内重点工程、重大项目采购地产商品，促进非公经济发展。大力开展"助保贷"业务，解决企业融资难题。全力扶持科沁万佳等本土企业上市，带动区域经济增长和产业发展。加强本土企业家队伍建设，促进交流合作，形成整合效应。加大引企入园力度，推进开发区环城南路、纬七街等基础设施配套，启动勘测定界、土地收储等扩区工作，增添发展动力。

其二，着力增强中心城市辐射带动作用。牢固树立协调发展理念，紧紧把握"盟市共建"政策机遇，全面落实城市工作"五个统筹"，重规划、强基础、攻难关、抓管理，促进中心城市更加和谐宜居、富有活力、独具特色。一是抓好规划编制。围绕统筹空间、规模、产业三大结构，服务城乡建设发展，编制和完善各类规划，保障重大工程顺利推进。在城市总规划的引领下，加快控规、修建性详规和专项规划的编制工作，完善市镇村三级规划体系。加强规划管理，进一步提升行政审批效率。二是完善基础设施。围绕统筹规划、建设、管理三大环节，结合老工业区搬迁、棚户区改造、地下综合管廊工程，加快给排水、燃气等重点项目建设，实现"里子"和"面子"同步提升；实施道路畅通工程，集中力量打通断头路，新续建公园西路等街路51条、40公里，进一步完善城市交通网络；坚持依法征收、和谐征收、廉洁征收，发挥市级领导分片包抓、责任单位合力攻坚、开发企业主动参与作用，着力破解征收难题，继续完成8000余户收购房源安置工作，新启动棚改7000余户。围绕统筹生产、生活、生态三大布局，实施临街硬化工程，改造升级临街区域及人行道21万平方米；深入推进老旧小区改造，力争三年内完成老旧小区"三水一化"等综合改造任务；实施城市亮化工程，不断提升城市景观照明、功能照明品位和档次；实施一二级饮用水水源地保护工程，切实保障市民饮水安全；有计划、有步骤地实施"去库存"，保障房地产市场平稳有序发展；围绕城市出入口、道路沿线、乡镇村屯等重点区域，大力实施绿化工程，争创国家园林城市和生态宜居城市。三是加强城市管理。围绕统筹政府、社会、市民三大主体，推动自治区卫生城市复检、自治区文明城市创建、市民素质提升工程等活动深度融合，推行"网格化管理"和"路长负责制"，规范物业服务企业准入，强化违建查处、静态车辆管控和小广告、蒙汉文牌匾等治理，促进城市管理水平再上新台阶。围绕统筹改革、科技、文化三大动力，推动"数字化城管""数字化国土"建设，建立健全统一的城市管理信息平台，加快智慧乌兰浩特建设步伐。健全节约用地标准体系，推进国土资源全面节约和高效利用。认真落实《不动产统一登记实施细则》，扎实开展不动产统一登记工作。严格执行耕地占补平衡制度，加大耕地保护监督执法力度。积极争取国开行贷款，通过政府采购、现有土地开发利用、PPP 等模式进行融资，全力攻克融资难关。

其三，着力加快农牧业现代化进程。牢固树立绿色发展理念，依托区位、市场、资源优势，紧紧围绕农牧业产业结构调整，在"十个全覆盖"、脱贫攻坚、产业发展和生态建设上集中用力，促进传统农牧业向"城郊型高效、精准、休闲、观光农业"转型升级。一是实现"十个全覆盖"。认真贯彻落实盟委行署提出的"四个重点突破、三个完善提升、两个及时配备、一个补齐到位"的总体要求，紧紧抓住建设、管理和产业发展三个核心要素，精心打造中心镇、重点打造行政村、科学改造自然屯，确保全盟一流。建设上要把握节俭、实用原则，体现"摊薄覆盖度、扩大覆盖面"，坚持高标准、保证高质量、体现先进性，加大投资力度，对每一个项目、每一个环节、每一个部位都做到精益求精。管理上按照"三分建、七分管"的理念，把管理维护作为工程的必要环节，把村容村貌、美化亮化、村规民约等列入管理内容，长期不懈地坚持下去，确保工程管理常态化、成果长效化。产业发展要因地制宜培育特色产业、富民产业，特别是要大力发展庭院经济，支持引导农民结合实际发展蔬菜、果树、食用菌和农家乐等产业，努力形成"一村一品，一镇一业"的庭院经济产业格局，真正让农牧民群众腰包鼓起来、生活富起来。要广泛动员、积极组织农民参与规划设计、主动投资投劳，使其真正成为建设、管理和受益的主体。二是加快脱贫攻坚。按照"六个精准"和"五个一批"的扶贫思路，做好建档立卡工作，做到不漏一户、不漏一人，确保真扶贫、扶真贫。注重内力与外力并举，通过易地搬迁、产业发展、社会兜底等方式，采取"一村一策、一户一法"等办法，年内完成5127人脱贫任务，确保实现"人脱贫、县摘帽"的目标。三是壮大富民产业。全力实施绿色有机水稻基地建设，不断扩大旱改水面积，挖掘水稻产业潜力。依托设施农业园区，鼓励发展生态观光采摘，促进农业增效、农民增收。以市场为导向，推进肉牛、奶牛、肉羊、生猪等标准化养殖小区（场）建设，加快传统畜牧业向现代畜牧业升级步伐。依托乳、肉、水稻、蔬菜等资源，发挥龙头企业作用，不断完善龙头企业与农牧户的利益联结机制，着力打造"绿色农畜产品生产加工输出基地"。积极推进"三品一标"认证登记，不断提高农产品附加值。四是抓好生态建设。牢固树立"尊重自然、顺应自然、保护自然"的理念，大力发展设施农业、舍饲养殖，推广农作物秸秆转化，减少传统农牧业生产方式对环境的破坏。深入实施"百万果树进红城""三北防护林"等林业重点工程，抓好"千亩丁香花山"、生物绿化等项目，启动洮儿河国家湿地公园建设和城北国家森林公园申报工作，打造集休闲、健身、观光于一体的生态景区，让广大市民享受更多的绿色福利。加强污染物排放监测管控，推进水、大气、土壤、裸露山体等综合治理，让青山常在、绿水长流。

其四，着力提升改革开放和服务业水平。牢固树立开放发展理念，坚持推进全面深化改革，扩大对内对外开放，挖掘消费潜力，发展现代服务业，切实增强经济社会发展的活力和动力。一是全面深化改革。突出问题导向和发展导向，积极探索"供给侧"与"需求侧"改革。加强先行先试三项改革创新力度，激发经济社会持续健康发展新动力。把"十三五"规划提出的改革任务纳入台账，积极探索有利于经济发展新常态、有利于"五大发展理念"的改革举措。抓好绿色工业、司法体制、社区事务准入等12项改革试点，让市民有更多收获。结合市情实际，抓好六大领域改革，严格执行定期调度、督查通报、考核评价等制度，确保全年64项改革任务改有所成。二是扩大对内对外开放。推动"走出去"和"引进来"有机结合，围绕建设"五大基地"、培育"六大主导产业"，深化精准招商、以商引商，积极招大引强，力争年内引进资金78亿元以上。依托临近阿尔山口岸优势，扩大同俄蒙两国商贸往来。加强与东北三省、环渤海、长三角、珠三角等地区的联系，推动区域合作取得新进展。大力发展农村、社区、跨境等电子商务，培养线上线下、跨区跨境等多种消费业态，扩大电商覆盖面。三是发展第三产业。推动第一产业、第二产业、第三产业融合，培育新型消费热点。进一步完善物流园区建设、经营和管理，力争销售收入超140亿元。依托乌兰浩特机场，推进空港物流园区建设。优化站点设置，提高服务水平，积极推动城乡公交一体化。加快博源等星级酒店和欧蓓莎商业综合体建设与运营，全力打造区域商贸中心，增强城市辐射能力。启动运营新城区、城东区菜市场，加快都林街、城南区菜市场建设进度，扩大农产品销售渠道，方便市民日常消费。提升餐饮、住宿等传统服务业，发挥消费对经济增长的基础性作用。大力发展文化体育、娱乐休闲、家政服务等新型服务业，推动消费结构升级。积极引入知名旅游公司，促进旅游产业发展。加强乌—阿—海—满四地区域交流合作，共同打造精品旅游线路。积极推动成吉思汗庙文化旅游园区建设，深度开发红色文化、民族文化、工业文化、乡愁文化等特色旅游，努力打造"体现草原文化、独具北疆特色的旅游观光、休闲度假基地"。

六、呼兴经济协作区对外开放与区域经济关系

呼伦贝尔—兴安盟经济协作区与东北三省在历史中形成了紧密的内在经济联系，是不可分割的大东北经济区。兴安盟与吉林省地理相连，文化相通，人缘相亲，大力发展联合协作，实行优势互补，促进生产要素的优化组合，推动区域经济一体化，将有利于促进该区域经济社会快速发展。另外，城市化和工业化是现代化的两个轮子，积极推进城市化，做大做强区域中心城市，对于拉动社会投资、扩大消费需求，对于集聚生产要素和集约利用资源，加快第二产业、第三产业的发展，对于促进社会就业，提高群众生活质量，提升社会文明程度，都具有非常重要的作用。兴安盟作为一个城市化和工业化程度都比较低的经济发展落后的地区，要实现经济的跨越式发展必须主动承接周边区域中心城市的经济影响和辐射。主动配合并参与到该区域的经济合作发展之中，实现资源整合、优势互补，进而提升区域整体的经济实力和社会发展水平。

2014年，呼伦贝尔市加快提升对外开放水平。抢抓党的十八届三中全会提出的"扩大内陆沿边开放，加快沿边开放步伐"机遇，积极推进中俄蒙合作先导区建设，推动《呼伦贝尔中俄蒙合作先导区建设实施方案》获得国家批准，启动中蒙跨境合作区建设。抓好《黑龙江和内蒙古东北部地区沿边开发开放规划》落实，落实国家将满洲里、额尔古纳、新巴尔虎左旗、新巴尔虎右旗、陈巴尔虎旗五旗（市）定位为沿边开放"先导带"战略发展机遇，加快口岸跨境通道建设，重点发展煤炭深加工、木材综合利用、冶金建材产业和商贸物流、文化旅游，建设进出口加工、能源开发转化、国际贸易合作、跨境旅游基地和国际物流枢纽；落实国家将海拉尔、牙克石、鄂温克、扎兰屯四旗市定位为绥满开放"支撑带"战略发展机遇，大力发展总部经济，重点发展高端装备制造、能源化工、食品医药、电子信息、冶金建材等制造业，积极、金融服务、研发设计、信息咨询、现代物流、服务外包、文化创意等现代服务业，建设高端产业集聚区、开放合作综合服务平台和综合交通枢纽；落实国家将根河市、阿荣旗、莫旗、鄂伦春旗四旗市定位为沿边开放"带动区"的战略发展机遇，积极发展现代农牧业，重点发展农畜和林产品加工、煤炭采掘和精深加工、新能源、建筑材料、装备和石化配套产业，建设全国重要的粮食生产、绿色农畜产品生产加工和承接产业转移基地。抓好满洲里国家重点开发开放试验区建设，启动满洲里综合保税区申报工作，继续推进"走出去"战略，推进中俄蒙贸易、跨境合作、进出口加工、旅游会展等多元化合作。完善建立与俄蒙高层和地方政府间定期会晤与对话协商工作机制。进一步加强区域合作，积极承接发达地区产业转移，重点加强与

东北老工业基地在产业、项目和基础设施上的对接。全力推动呼伦贝尔—天津综合能源产品输出基地建设，抓好天津能源投资集团有限公司投资 270 亿元在市境内建设发电厂、煤制气等项目的落实，争取尽早将送津输电通道及输气管线建设纳入国家相关规划。多措并举开展招商工作，引进一批市场前景好、产业带动能力强、有成长性的大企业、大项目。

主动融入"一带一路"，全面扩大对外开放。呼伦贝尔中俄蒙合作先导区上升为国家战略，满洲里国家重点开发开放试验区建设加快推进，蒙古国驻呼伦贝尔领事馆正式开馆。《呼伦贝尔——天人合一的地方》城市宣传片亮相纽约时代广场，提升了呼伦贝尔的知名度和美誉度。对外贸易稳定增长，进出口总额累计完成 137.8 亿美元。招商引资成效显著，累计引进国内（市外）资金 3496.2 亿元，是"十一五"时期的 2.1 倍。

七、呼兴经济协作区发展特点

从地理位置、自然资源及经济发展状况分析，呼伦贝尔—兴安经济协作区经济发展具有以下特点：

（一）具有独特的区位优势

呼伦贝尔—兴安经济协作区与东三省山水相连，在经济区划上同属东北经济区，与京津冀相邻，是环渤海经济圈的组成部分，与俄罗斯和蒙古国接壤，处于中俄蒙经济带上，是东北经济向北开放的前沿。同时，呼伦贝尔—兴安经济协作区经济的发展，会影响到蒙东地区经济的发展，也必然会给蒙东地区经济发展带来很多机遇。

（二）具有明显的资源优势

呼伦贝尔—兴安经济协作区最大的优势就是资源优势。该区域地域辽阔，土地肥沃，拥有丰富的水资源和风力资源。在矿产资源方面，该地区为煤炭富集区，有全国五大露天煤矿之一的伊敏煤矿，同时还富含银、铅锌、铁、锰、铜等有色金属。口岸资源也很有优势，满洲里口岸及阿尔山口岸均为我国重要的陆路口岸。

（三）具有充分的政策优势

呼伦贝尔—兴安经济协作区地处蒙东地区，属于西部大开发地区和边疆少数民族地区，同时也是国家经济规划中为振兴东北老工业基地的资源和原材料接续地，可以充分享受国家各项相关的优惠政策。

（四）经济发展水平仍然很低

呼伦贝尔—兴安经济协作区突出特点是矿产资源丰富，电力资源也很充沛（风电和热电），电价低廉。科尔沁右中旗的一大特色是发展绿色、有机农牧业有着得天独厚的条件。尽管兴安盟的发展态势和前景令人十分看好，但必须指出，资金不足依然是个十分严峻的问题。科尔沁右中旗是国家级贫困县，突泉县是内蒙古自治区区级贫困县，在这里，经济发展受投资环境、资金、技术、人才等因素的制约非常明显，工业不够发达，大量的资源不能很好地转化和增值，工业对经济发展的带动作用尚不够明显。

八、经济协作区未来经济发展趋势及对策

（一）立足能源优势，打造能源基地

呼伦贝尔占有能源和有色金属基地优势。在未来的能源发展行业，应积极掌握、储备和发展褐煤深加工技术，打造国家级伊敏现代煤化工示范基地。通过技术创新手段，探索褐煤优化利用途径，加快褐煤就地加工转化，促进工业生产结构调整和优化发展。建立全国统一开放的电力市场，利用内蒙古自治区及呼伦贝尔市的能源优势，争取签署更多能源战略合作协议的机会，推进呼伦贝尔市电力等清洁能源输出。

（二）充分利用政策优势

《东北振兴和西部开发新十年意见》和《大小兴安岭林区生态保护和经济转型规划》的实施，将推动呼伦贝尔市生态保护、经济转型、民生改善、基础设施等方面建设；同时，国务院将呼伦贝尔市全部纳入全国资源型城市可持续发展规划，并列为成长型城市，明确提出将呼伦贝尔市建成国家能源资源的供给和后备基地，并在审批通过的《黑龙江和内蒙古东北部地区沿边开发开放规划》中，给予呼伦贝尔市"国家重要能源和有色金属生产加工基地，重要的绿色农畜产品加工、新型建材、装备制造、生物制药和商贸物流、文化创意、特色旅游基地"的定位，为呼伦贝尔市全面推进新型工业化发展，提供了政策支撑。自治区也在加快实施对蒙开放合作战略，为呼伦贝尔市利用"两种资源、两个市场"提供了机遇，并在支持东部盟市加快发展，提出要在产业发展、项目优先核准、多元化融资、基础设施建设等方面给予扶持。

（三）积极融入"一带一路"和"草原丝绸之路"建设

2013 年，国家提出"一带一路"的发展战略，这一重大战略的核心就是要进一步深化沿线区域城市合作共赢、推动沿线各地共同繁荣发展。2013 年 9 月，习近平总书记访问中亚国家时提出，为了使欧亚各国经济联系更加紧密、相互合作更加深入、发展空间更加广阔，要共同建设"丝绸之路经济带"。作为四条通道之一的"草原丝绸之路"不仅是连接东西方经济、文化交往的重要通道，也是连接中国长城以南地区与北方草原地区经济文化交往的要道，在促进丝绸之路的全面繁盛中发挥了重要作用。自治区"8337"发展思路也提出要把内蒙古建成中国向北开放的重要桥头堡和充满活力的沿边开放经济带。满洲里市被列入国家重点开发开放试验区，呼伦贝尔中俄蒙合作先导区建设已纳入东北振兴规划，这为呼伦贝尔市发挥口岸和人文交流优势，全面加强与俄蒙政治沟通、道路联通、贸易联通和民心相通合作，为呼伦贝尔市"十三五"时期对外开放合作建立良好平台，并为建成区域性中心城市奠定了坚实的基础。

（四）工业园区带动工业转型升级

工业园区的健康发展是实现工业经济升级转型的重要途径。首先，因为工业园区一般都为产业集群优化使用土地资源、统一建设公用设施创造了条件，使单个企业降低生产和流通成本，企业很容易从集群区获取技术和市场信息，有利于公共技术推广和普及，使产业集群表现出较明显的外部效应。其次，产业集群和工业园区有利于大批中小企业向专业化、社会化发展，产生较强的内部规划效应，促进企业向专业化、社会化迈进，不仅会降低企业成本，而且还会促进创新能力的不断提高，促使在集群区内形成内部规划效应。最后，产业集群和工业园区有利于产业区域分工和新型产业基地的形成。

走新型工业化道路，促进工业经济由外延型向内涵型转型，关键问题是如何提高企业的竞争力，使企业在全球价值链的竞争中不断创新和学习，向高增值的价值链环节攀登。推进转型跨越，加快发展特色产业集群无疑是至关重要的。经济协作区应注重培育特色产业集群，注重发挥区域比较优势，选择最具优势的产业，加大引导和投入力度，聚合各种要素，进行重点培育，把企业群体做大，把产业链做长，完善产业体系；全力扶持和培育特色产业中的龙头企业，使其做大做强，成为集群的核心主体，重点要在引导企业家兴办工业和培育骨干企业上下功夫，特别是把培育产值较大的骨干企业作为县域工业提质增效的关键举措来抓；实施品牌战略，以品牌引领传统块状经济向现代产业集群转变，鼓励集群内龙头企业积极培育名牌产品，促进企业联合协作，实现资源共享，不断拓展产业空间，提高县域经济竞争力。树立"不求其多，但求其特"的新理念，宜农则农、宜工则工、宜商则商、宜（旅）游则游，使特色产业化、产业特色化、特色产业规模化，通过做优结构、做大产业，带动区域经济实现大发展。在第一产业方面，重点发展特色农业（养奶牛、养兔、养肉牛）和苹果、花卉苗木；在第三产业方面，大力发展具有地方特色的旅游业和服务业。

（五）加强呼兴地区经济合作，构筑产业链

呼伦贝尔市与兴安盟，双方应充分发挥各自优势，进一步加强合作。兴安盟经济社会发展水平相对比较落后，区位、交通、项目、资源上没优势，严重制约了兴安盟的经济发展。为改变这种现状，兴安盟利用自身的比较优势，借助较强的外力，与历史悠久、生态良好、口岸众多、资源富集、经济快速发展的呼伦贝尔市进行广泛的合作，特别是以煤炭资源开发为切入点，充分利用伊尔施至伊敏铁路通车、白阿线扩能改造等机遇，修建好煤炭运输专用线，促进双方区域经济技术合作。经济协作区可扩大发展煤化工产业，充分发挥水煤组合、跨区配置资源等优势，加快煤化工项目建设。以乌兰浩特经济开发区、科右中旗百吉纳重化工园区为载体，积极引进产业示范项目和技术先进项目，努力延伸产业链条，提高资源转化利用效率，形成产业集聚优势，打造内蒙古自治区新型煤化工基地。旅游业上要联合打造海拉尔—满洲里—阿尔山蒙东旅游精品区，共同搞好旅游软、硬件设施建设，完善旅游集散中心，提升旅游接待能力，增加精品线路沿途景区景点。同时，要发挥好现有的基础设施功能，将铁路、公路、机场等交通基础设施继续建设、完善好，最终实现两地优势互补、互利共赢。

（六）面向东北，承接产业转移

立足区域协调发展，可找准呼伦贝尔—兴安经济协作区在东北经济区的战略定位。要根据呼伦贝尔、兴安盟与东北三省进行区域合作的基础条件，立足在资源、产业、发展潜力等方面的比较优势，按照优势互补、资源整合、产业错位的基本原则，在充分考虑东北老工业基地振兴战略总体定位的基础上，确定协作区实施东靠战略的定位。要充分利用东北老工业基地振兴的产业发展机遇，以企业为主体积极参与东北老工业基地振兴，主动接受东北地区经济技术辐射和产业转移，使协作区成为东北的产业合作区和产业转移承载地；立足东北老工业基地振兴的资源需求，积极整合利用区内、国外两种资源，通过实现东北地区稀缺资源的空间集聚。使协作区成为东北重要能源供给和资源接续地；借助东北的出海口和陆路出口通道，面向东北亚各国，积极发展壮大出口导向的优势产业，稳步推进协作区与东北亚各国的经济合作，使协作区成为内蒙古自治区向东北亚各国和

东北向蒙俄出口产品的前沿生产地和流通中转地；立足良好的生态环境和旅游资源优势，大力加强生态环境保护和建设，积极发展生态经济和旅游经济，使协作区成为东北重要生态防线和东北客源旅游中心地。

（七）争取国家支持，打造能源基地和农畜产品加工基地

面向东北经济区，积极争取国家、自治区支持，重点推进煤电基地、风电基地和电力外送通道建设，打造蒙东地区重要的新型能源基地。加大矿产资源勘探力度，搞清资源家底，实现永续利用。依托周边地区有色矿产资源，充分利用国家、自治区重点扶持的政策优势，吸引、鼓励盟内外有实力的企业投资参与有色金属冶炼加工基地建设。通过市场调节机制，促进矿产资源向大型企业集中，产业发展向探、采、选、冶、加一体化延伸，建设蒙东地区重要的有色金属冶炼加工基地。利用兴安盟优越的生态环境，突出抓好水稻、玉米、大豆、马铃薯、卜留克等特色农业和生猪、肉牛、肉羊、禽类和特种养殖等畜产品生产，积极推进农牧业标准化、集约化和产业化，打好绿色品牌。做大做强一批农畜产品加工企业，形成立足本地、辐射东北的北方绿色农畜产品加工基地。

（八）扩大对外开放，建设开放型经济地区

充分利用国际与国内两种资源、两个市场，坚持对内对外开放并举，内资外资并重。与自治区规划及国家主体功能区规划相衔接；统筹考虑，整合资源、整合力量，形成合力，打造内陆开放型经济战略新高地。充分发挥协作区向北开放的地缘区位优势，抢抓机遇，拓展对外开放的广度和深度，按照"五区两带"的范围和领域，形成对外开放新格局。强化国内区际联系，积极承接东部产业转移，建设承接产业转移示范区。与大集团、大企业联手发展高端制造业和服务贸易，联合开拓新兴国际市场。探索东部地区接单订货、市内生产加工、面向东北销售的跨区域经济合作模式，努力形成新的外向型生产加工基地。搭建向北开放合作平台，探索建立促进与俄罗斯、蒙古国等在资源、资金、技术、商品、信息和人员等方面双向流动的便利化措施。发展出口加工和转口服务贸易；积极争取国家支持。积极开拓新的国际市场。扩大农副产品、高新技术产品出口。全面推进外经贸经营主体多元化，建立完善进出口和产业损害预警体系。鼓励有条件的企业在境外投资办厂，开展对外工程承包和劳务输出。

坚持"引进来"与"走出去"相结合，充分利用国内、国外两种资源、两个市场，加强对外经济技术合作，引进外资、激活内资、培育市场、搞活流通、扩大进出口，拉动城乡消费，实现生产要素向本地流动和富集，培育一批新的产业支撑点和经济增长点，培植壮大旅游、矿产、水能资源开发产业，加快新型工

业化、农业产业化、城镇化进程。

（九）大力发展口岸经济

经济协作区对蒙古国有三个口岸：位于兴安盟的阿尔山口岸、位于呼伦贝尔市新巴尔虎左旗境内的额布都格口岸、地处呼伦贝尔市新巴尔虎右旗境内的阿日哈沙特口岸。口岸载体城市是口岸进出口贸易活动的枢纽，应充分利用其区位与资源禀赋优势，带动区域经济的整体发展，形成产业集聚效应。过境贸易是内蒙古自治区对蒙古国边境贸易的主要形式，整体贸易发展仍缺少完整的产业集群或起支撑作用的产业链条。口岸物流仍处于传统物流向现代物流转变的过渡阶段，载体城市在进出口贸易中没有真正发挥载体城市功能，主要还是充当中转站的角色。协作区应凭借优越的区位、口岸、人文优势，在中蒙两国交往和经贸合作中起到纽带和桥梁的作用。

阿尔山口岸是沟通俄蒙、连接欧亚大陆的重要通道。应依托区位和口岸优势，从服务、引导和促进区域经济协调发展出发，积极拓展中俄蒙经贸交流，加强与周边地区的经济协作与交流，努力构建综合交通枢纽，打造蒙东地区区域性的物流中心。

建立满洲里国际经济合作区。目前，满洲里与日本、俄罗斯、波兰、匈牙利、新加坡等40个国家和地区建立了广泛的贸易关系，逐步形成铁路、公路、管道和航空并举的立体化口岸贸易运输体系。凭借其独有的区位优势、政策优势、疏运优势和资源优势，应充分拓展对外经济贸易合作的广度和深度，构成口岸开放型经济新格局。满洲里立足口岸优势，依托边境贸易优惠政策，使外经贸产业成为牵动该市经济发展的主导产业。区位优势、口岸数量和便捷的铁路交通充分保障了货物能够快速通关。实现国际间产品结构和产业结构、能源和劳动力等方面的互补。

（十）协调经济发展与生态保护

可持续的经济发展，其最大的特点就是将环境作为经济成本的一个部分，因而环境保护成为降低成本、提高经济效益的途径。在当代，环境保护在国际经济交往中的分量正在加重，环境保护越来越成为与国际贸易、信贷、经济援助等活动密切相关的一项具有举足轻重影响的制约因素。经济发展速度的持续性和稳定性，依赖于自然资源的丰富程度和持续生产能力。因而，保持和改善环境提供了经济稳定持续发展的物质基础和条件，如果失去环境的支持，经济会衰退，人们的发展权和环境权都会受到损害。保持经济系统和环境系统之间物质的良性循环，对经济的持续发展以及人类发展权的实现具有关键性作用。

大兴安岭中南部，属于温带半湿润、半干旱生态区域，是东北的主要河流发源地，生态环境比较脆弱。本地区正面临着沙漠化的严重威胁，尤其东北西部地区草场严重沙化和盐碱化，松嫩平原是世界上三大苏打盐碱土分布区之一，也是我国盐碱化最严重和对农业影响最大的地区之一。因此，通过建立生态补偿机制，推进生态保育工程建设，使土地利用方式与土地生态特征相适应，促进退化土地逆转、生态复原和农林牧业的可持续发展。要加大森林、草原、湿地保护和建设力度，加强水土流失和沙漠化土地治理，实施一批综合治理工程，依托丰富的森林、草原资源，大力培育生态经济，形成节约能源资源和保护生态环境的产业结构、发展方式、消费模式，努力将经济协作区建设成为东北经济区重要的生态屏障。

（十一）推进具有地区特点的城镇化建设

城镇化是一项系统工程，也是一项长期艰巨的工作任务。城镇化作为人类经济社会发展的一种历史进程，有其自身的规律性。走什么样的城镇化道路，直接关系到地区经济社会发展的成功与否。伴随着我国城镇化进程的快速发展，传统的城镇化道路已经不再适合未来经济发展的需要。党的十八大报告提出，要积极稳妥推进城镇化，走中国特色的新型城镇化道路。新型城镇化，是以科学发展观为统领，坚持以人为本和生态文明的理念与原则，工业化、信息化、城镇化、农业现代化"四化同步"，全面提升城镇化质量和水平，实现城乡一体、区域协调发展，集约、智能、绿色、低碳的特色城镇化。

呼伦贝尔市新型城镇化发展要以人的全面发展为目标，以城镇内涵增长为重点，以加快体制创新为先导，实现新型工业化、城镇化、农牧业产业化"三化"互动，促进城乡经济、社会、环境全面协调可持续发展。具体来说：构筑以先进制造业和现代服务业为主导，优势产业突出，多元产业协作发展的产业体系；按照循环经济和产业集群要求，坚持走资源节约、环境友好型发展道路；加强中心城市对全市、都市区发展的整合与带动，构筑以城带乡、城乡一体的长效发展机制；突出草原、森林、多民族共融等特色，构筑城市发展的特色空间体系；创造宜居、宜业、安全、和谐、舒适的生产生活空间。优化城镇空间结构，完善城镇功能，推进城镇质量提升按照"组团式、集群化"发展理念，优化空间功能布局，促进组团产业集聚发展，完善基本功能，构建周边与中心城区的便捷交通网络，推动形成以中心城市为核心、周边小城市和中心镇为依托的城镇集群，构建"一核两极多节点"的市域城镇空间结构。①一核。呼伦贝尔都市区，承载全市核心功能、整合与带动全市发展、参与区域竞争的主体。②两极。将满洲里打造成东北亚重要的国际化口岸枢纽，提升呼伦贝尔市的国际地位；将扎阿莫发展极打造成融入东北振兴、对接哈大齐工业走廊的区域化门户枢纽，提高区域协作水平。③多节点。以区域中心城镇和重点镇为支撑，构建市域网络化空间结构的重要节点。

坚持"拉大城镇框架，提升城镇内涵，完善城镇功能，发挥辐射作用"的总体思路，科学制定符合当地实际、适应当地发展的城镇规划，构建以乌兰浩特市、科尔沁镇为核心，以阿尔山市区、巴彦呼舒镇、突泉镇及音德尔镇为重点支撑，重点城镇和特色小镇统筹发展的四级城镇体系。打造"布局合理、城乡协调、中心带动、次级支撑、功能互补、配套呼应"的一体化发展布局。

1. 中心城市

积极推进乌兰浩特市—科尔沁镇一体化建设，按照 50 万以上人口规模，构建城市框架，强化城市功能，将全盟 30% 左右人口和 60% 左右经济总量向中心城市聚集，建设功能齐全、设施配套、品位高尚、方便生活的中等城市。

2. 城关镇

加强阿尔山市、巴彦呼舒镇、突泉镇及音德尔镇城关镇建设，完善城关镇建设规划体系，加大道路、电力、给排水、防洪减灾、垃圾无害化处理等城镇基础设施建设，切实提高综合承载能力。

3. 重点城镇

切实做好重点城镇经济发展、村庄建设、劳动力就业和基层组织建设规划工作，加快完善重点城镇的基础设施和公共服务，打造功能齐全、环境优美、文明和谐的重点城镇，使之迅速成为支撑全盟经济发展的重要极点和未来发展新兴产业、特色产业的重要集聚区。

4. 特色小镇

要根据各自乡镇的发展特点，实施差异化发展战略，力争培育发展一批布局合理、特色鲜明、集聚带动能力较强的特色小镇。

加快推进城镇化是改善民生、统筹城乡发展、促进社会和谐的需要，是加快推进现代化进程、实现经济又好又快发展的必由之路。推进特色城镇化应从地域、民族、文化、经济等实际情况出发，遵循城镇化发展规律，积极稳妥地走公平共享、集约高效、可持续的特色城镇化道路。坚持以人为本、统筹兼顾，稳步推进农村转移人口市民化，促进基本公共服务均等化，使城乡居民共享城镇化发展成果。坚持合理布局、以大带小、培育壮大城镇群，使城镇的布局和形态与资源环境承载能力相匹配。坚持节地节能、生态环保，提高城镇综合承载能力，加快建设绿色低碳、和谐宜居的新型城镇。

专题报告

第 六 章

县域经济发展专题报告

一、县域经济概念及内涵

县域经济是指一个县域范围内全部经济活动的总和，是国民经济各部门相互交织的综合体。其主要含义：一是县域经济是各部门的综合体，包括工业、农业、商业、运输业、建筑业、旅游业、信息业、金融业等多种产业。二是县域经济活动是在一定空间范围内进行的，包括社会再生产的全过程，涉及生产、分配、交换、消费等各环节，形成多层次、立体交叉的三维和多维结构。三是县域经济不是各部分经济活动的简单汇总，而是组成要素有机结合的整体。这个有机体是由共同目标所联系起来的许多相互依存的子系统、分系统组成的复杂的社会经济系统。四是从县域经济的地域范围来看，县域经济是一种典型的区域经济，与行业经济相比，县域经济是较为完整和相对独立的经济体系。

二、内蒙古自治区县域经济发展现状

内蒙古自治区现有 102 个旗县市区，除 26 个盟市辖区外，有 76 个属于县域经济范畴的旗县市（见表 6 - 1）。由于地域辽阔，东西狭长、南北跨度大，县域经济特色鲜明，表现为显著的地域性和差异性，类型多样。2015 年全区县域土地面积占全区土地总面积的 97%，县域人口占全区总人口的 67.3%，同 2013 年比减少 5%。改革开放以来，内蒙古自治区政府大力调整产业结构，积极推进新型工业化、农牧业产业化和城镇化进程，县域经济得到了较快的发展，形成了强县率先发展，中等县迅速崛起，弱县加速前进，经济与社会发展同步推进，城乡人民生活水平不断提高的良好局面。主要表现在以下几个方面：

表 6 - 1　内蒙古自治区旗县划分

地区	旗县（个）	旗县（市、区）及名称
全区合计	102	旗 52 个、县 17 个、盟（市）辖县级市 11 个、区 22 个
呼和浩特市	9	新城区、回民区、玉泉区、赛罕区、土默特左旗、托克托县、和林格尔县、清水河县、武川县
包头市	9	东河区、昆都仑区、青山区、石拐区、白云矿区、九原区、土默特右旗、固阳县、达尔罕茂明安联合旗
呼伦贝尔市	14	海拉尔区、扎赉诺尔区、满洲里市、扎兰屯市、牙克石市、额尔古纳市、根河市、阿荣旗、莫力达瓦达斡尔族自治旗、鄂伦春自治旗、鄂温克族自治旗、新巴尔虎右旗、新巴尔虎左旗、陈巴尔虎旗

地区	旗县（个）	旗县（市、区）及名称
兴安盟	6	乌兰浩特市、阿尔山市、科尔沁右翼前旗、科尔沁右翼中旗、扎赉特旗、突泉县
通辽市	8	科尔沁区、霍林郭勒市、科尔沁左翼中旗、科尔沁左翼后旗、开鲁县、库伦旗、奈曼旗、扎鲁特旗
赤峰市	12	红山区、元宝山区、松山区、阿鲁科尔沁旗、巴林左旗、巴林右旗、林西县、克什克腾旗、翁牛特旗、喀喇沁旗、宁城县、敖汉旗
锡林郭勒盟	12	二连浩特市、锡林浩特市、阿巴嘎旗、苏尼特左旗、苏尼特右旗、东乌珠穆沁旗、西乌珠穆沁旗、太仆寺旗、镶黄旗、正镶白旗、正蓝旗、多伦县
乌兰察布市	11	集宁区、丰镇市、卓资县、化德县、商都县、兴和县、凉城县、察哈尔右翼前旗、察哈尔右翼中旗、察哈尔右翼后旗、四子王旗
鄂尔多斯市	8	东胜区、达拉特旗、准格尔旗、鄂托克前旗、鄂托克旗、杭锦旗、乌审旗、伊金霍洛旗
巴彦淖尔市	7	临河区、五原县、磴口县、乌拉特前旗、乌拉特中旗、乌拉特后旗、杭锦后旗
乌海市	3	海勃湾区、海南区、乌达区
阿拉善盟	3	阿拉善左旗、阿拉善右旗、额济纳旗

资料来源：《内蒙古自治区统计年鉴2016》。

第一，县域经济基本竞争力明显增强，发展速度居西部地区之首。由工信部对全国将近3000个县（市）（不包括市辖区）进行综合评估，发布了县域经济100强榜单，内蒙古自治区有四个旗上榜，分别是：鄂尔多斯准格尔旗，排名第15位；伊金霍洛旗，排名第23位；乌审旗，排名第44位；阿拉善左旗，排名第45位。在"西部百强"榜中，内蒙古自治区进榜旗县数量居西部省区市之首，其中四个旗县进入前十名。内蒙古自治区10亿元以上的依次有准格尔旗（79亿元）、伊金霍洛旗、鄂托克旗霍林郭勒市、乌审旗、达拉特旗、土默特右旗、西乌珠穆沁旗、阿拉善左旗、扎鲁特旗、鄂托克前旗、达尔罕茂明安联合旗、土默特左旗、托克托县、杭锦旗、东乌珠穆沁旗、和林格尔县16个旗县，占全国10亿元以上公共财政收入旗县个数的2.2%。

第二，县域经济对自治区经济的贡献率较大，县域工业发展势头较好。根据《内蒙古自治区统计年鉴》资料所显示，截至2015年底，自治区列入县域经济统计范围的76个旗县市，完成生产总值10919.55亿元，占全区生产总值的

61.24%。其中，生产总值超百亿元的旗县有 36 个，前五名依次为准格尔旗、伊金霍洛旗、达拉特旗、鄂托克前旗、乌审旗。

第三，人均指标大幅度提高。到 2015 年末，全区已有四成以上的旗县人均地区生产总值和农牧民人均纯收入超过全国平均水平。2015 年，全区 76 个旗县人均生产总值为 8.48 万元，其中人均生产总值超过全区平均水平 8.48 万元的旗县有 22 个，占 76 个旗县的 28.9%。城镇居民人均可支配收入 2.6 万元，农牧民人均纯收入达到 1.15 万元，高出全区平均水平 733 元，其中有 34 个旗县超过全区平均水平。全国农民人均纯收入达 1.5 万元以上旗县有 114 个、1 万~1.5 万元的旗县有 582 个、0.5 万~1 万元的旗县有 1139 个、0.5 万元以下的旗县有 244 个，内蒙古自治区农民人均纯收入达 1.5 万元以上旗县包括东乌珠穆沁旗、额尔古纳市、西乌珠穆沁旗、阿巴嘎旗、额济纳旗、鄂温克族自治旗、陈巴尔虎旗、阿拉善右旗、新巴尔虎右旗、新巴尔虎左旗 10 个旗县。

然而，当前县域经济面临诸多问题，主要表现在县域综合实力不强、产业发展水平不高、发展不够平衡、基础设施比较薄弱、民生和社会事业欠账较多、发展的动力和活力不强等问题。在经济体制转轨和社会主义市场经济体制尚不完善的条件下，相当一部分旗县的经济发展受到较大冲击，县域经济面临的困难较多，县域经济转型已经成为当前和今后一个时期经济工作亟须解决的重点和难点。东西部发展不平衡。县域经济对全区经济发展的推动主要依靠农牧业发展的状况尚未改变，且县域经济第二产业所占比重同全区平均水平相比有逐渐降低的趋势，工业基础相对薄弱，工业化水平亟待提高。县域工业经济规模小、产业层次低、区域性特色经济不突出。县域经济发展的关键在于要形成自己的特色产业。大部分旗县市都有一定的农牧业基础。发展农产品加工业可以形成比较优势。但是，目前这一潜在的比较优势尚未形成现实的经济优势。

三、县域经济发展水平测度方法

县域经济发展水平的测度方法通常有单一指标法和综合指标法。前者简单明了但有失偏颇，常用指标为人均 GDP。后者考虑因素较多，相对客观全面，但测算相对复杂。鉴于此，本书选择综合指标法。为真实反映经济发展水平而非经济规模，指标体系建立以相对指标为主。按照科学性、相对独立性、可比性、可获得性等基本原则，选择地均 GDP（x1）、城镇化水平（x2）、人均地方财政收入（x3）、人均社会消费品零售总额（x4）、人均 GDP（x5）、人均全社会固定资产投资额（x6）、城镇居民可支配收入（x7）、农村居民人均纯收入（x8）和非农产业比重（x9）九个指标，构建起县域经济发展水平评价指标体系。所采用的数据均来源于《内蒙古自治区统计年鉴2016》和《中国县（市）社会经济统计年鉴2016》。

评价方法选用主成分分析法，评价过程和结果借助 SPSS17.0 软件实现。为避免数据标准化带来的样本变异信息的损失，本报告采用均值标准化法。经 SPSS17.0 软件测算，按照累计贡献率大于 80% 的原则，对前述九个指标提取三个主成分（累计贡献率为 84.4%）。其中，第一主成分（Z1）涵盖了 x3、x4、x5、x6、x7、x8、x9 七个指标信息，具有很大的载荷，这些变量在很大程度上代表县域经济发展水平；Z2 体现 x2 信息，可解释为城镇化水平；Z3 主要体现 x1 信息，可解释产业化水平（见表 6-2）。在分别测算 Z1、Z2 和 Z3 得分的基础上，依据经济发展水平指数 Z 的表达式：$Z = 0.61 \times Z1 + 0.12 \times Z2 + 0.10 \times Z3$，测算出 76 个县域经济发展指数。

表 6-2 相关强度矩阵

评价要素	成分								
	1	2	3	4	5	6	7	8	9
地均 GDP	0.497	0.107	0.832	0.038	0.178	0.113	0.026	0.024	0.038
城镇化水平	0.400	0.825	-0.264	0.171	0.195	-0.040	0.147	0.005	0.001
人均地方财政收入	0.920	-0.134	0.064	-0.175	0.153	-0.181	-0.017	-0.058	-0.201
人均社会消费品零售总额	0.873	0.091	-0.229	-0.218	0.050	0.306	-0.107	-0.144	0.033
人均 GDP（元）	0.918	-0.215	0.014	0.018	-0.030	-0.250	0.076	-0.125	0.164
人均全社会固定资产投资额（万元）	0.886	-0.188	-0.235	-0.202	0.160	-0.015	-0.052	0.223	0.070
城镇居民人均可支配收入	0.884	-0.217	-0.028	0.052	-0.247	0.153	0.279	0.045	-0.055
农村居民人均纯收入	0.722	0.524	0.172	-0.089	-0.363	-0.088	-0.158	0.049	-0.008
非农产业比重	0.756	-0.213	-0.095	0.589	0.019	0.039	-0.157	0.010	-0.028

提取方法：主成分分析法。

从表 6-3 中可以看出，第一主成分得分排在前五位的是霍林郭勒市、伊金霍洛旗、鄂托克旗、额济纳旗、准格尔旗，其分值依次为 3.82、2.51、2.50、2.39、2.08；第二主成分得分排在前五位的是牙克石市、霍林郭勒市、额尔古纳市、根河市、阿尔山市，其分值依次为 3.11、3.07、2.46、2.27、1.88；第三主成分得分排在前五位的是霍林郭勒市、托克托县、土默特右旗、土默特左旗、杭锦后旗，其分值依次为5.47、2.22、1.89、1.38、1.28。

表6-3　内蒙古自治区76个县域经济发展指数得分（2015年）

序号	主成分 地区	Z1	Z2	Z3	Z值总和	位次
1	土默特左旗	- 0.10	- 0.53	1.38	0.01	29
2	托克托县	0.47	- 0.38	2.22	0.47	14
3	和林格尔县	- 0.04	- 0.97	0.47	- 0.09	33
4	清水河县	- 0.56	- 0.88	0.20	- 0.43	56
5	武川县	- 0.60	- 0.89	0.08	- 0.46	62
6	土默特右旗	0.41	- 0.34	1.89	0.40	17
7	固阳县	- 0.26	- 0.58	0.12	- 0.21	42
8	达尔罕茂明安联合旗	1.07	- 0.55	- 1.00	0.49	13
9	扎兰屯市	- 0.30	0.59	- 0.16	- 0.13	35
10	牙克石市	0.37	3.11	- 0.47	0.55	12
11	额尔古纳市	- 0.18	2.46	- 0.36	0.15	26
12	根河市	- 0.51	2.27	- 0.87	- 0.13	36
13	阿荣旗	- 0.53	0.32	0.30	- 0.26	44
14	莫力达瓦达斡尔族自治旗	- 1.21	0.38	0.31	- 0.66	74
15	鄂伦春自治旗	- 0.91	1.64	- 0.59	- 0.42	55
16	鄂温克族自治旗	0.26	1.79	- 0.67	0.31	19
17	新巴尔虎右旗	0.80	0.04	- 0.49	0.44	16
18	新巴尔虎左旗	- 0.10	0.83	- 0.26	0.01	28
19	陈巴尔虎旗	0.40	1.06	- 0.38	0.33	18
20	阿尔山市	- 0.24	1.88	- 1.43	- 0.06	31
21	科尔沁右翼前旗	- 1.06	- 0.37	0.29	- 0.66	75
22	科尔沁右翼中旗	- 0.98	- 0.03	- 0.01	- 0.60	73
23	扎赉特旗	- 1.15	0.08	0.28	- 0.66	76
24	突泉县	- 1.02	- 0.01	0.25	- 0.60	72
25	霍林郭勒市	3.82	3.07	5.47	3.24	1
26	科尔沁左翼中旗	- 0.84	- 0.17	0.28	- 0.51	64
27	科尔沁左翼后旗	- 0.69	0.02	0.09	- 0.41	53
28	开鲁县	- 0.50	0.32	0.65	- 0.20	39
29	库伦旗	- 0.82	- 0.26	0.20	- 0.51	65

续表

序号	地区　　　主成分	Z1	Z2	Z3	Z值总和	位次
30	奈曼旗	− 0.73	− 0.14	0.16	− 0.44	60
31	扎鲁特旗	− 0.33	− 0.04	0.01	− 0.20	40
32	阿鲁科尔沁旗	− 0.74	− 0.51	− 0.03	− 0.51	66
33	巴林左旗	− 0.63	− 0.63	0.14	− 0.45	61
34	巴林右旗	− 0.56	− 0.17	− 0.26	− 0.39	50
35	林西县	− 0.58	− 0.31	− 0.07	− 0.40	52
36	克什克腾旗	− 0.39	− 0.62	− 0.15	− 0.33	46
37	翁牛特旗	− 0.87	− 0.20	0.18	− 0.53	68
38	喀喇沁旗	− 0.74	− 0.57	0.39	− 0.48	63
39	宁城县	− 0.64	− 0.48	0.54	− 0.39	51
40	敖汉旗	− 0.84	− 0.36	0.39	− 0.51	67
41	阿巴嘎旗	0.73	0.61	− 0.59	0.46	15
42	苏尼特左旗	0.45	− 0.36	− 0.73	0.16	24
43	苏尼特右旗	0.20	0.01	− 1.00	0.03	27
44	东乌珠穆沁旗	1.14	0.97	− 0.63	0.75	7
45	西乌珠穆沁旗	1.08	0.66	− 0.54	0.68	8
46	太仆寺旗	− 0.61	− 0.57	0.28	− 0.42	54
47	镶黄旗	0.52	− 0.51	− 0.48	0.21	22
48	正镶白旗	− 0.40	− 0.77	− 0.15	− 0.35	47
49	正蓝旗	0.32	0.75	− 0.74	0.21	21
50	多伦县	0.05	− 0.37	− 0.12	− 0.03	30
51	丰镇市	− 0.38	− 0.17	0.51	− 0.20	38
52	卓资县	− 0.58	− 0.41	0.14	− 0.39	48
53	化德县	− 0.62	− 0.66	0.13	− 0.44	59
54	商都县	− 0.85	− 0.32	0.18	− 0.54	70
55	兴和县	− 0.72	0.11	− 0.03	− 0.43	57
56	凉城县	− 0.71	− 0.36	0.41	− 0.44	58
57	察哈尔右翼前旗	− 0.51	0.11	0.14	− 0.28	45
58	察哈尔右翼中旗	− 0.86	− 0.64	0.24	− 0.58	71
59	察哈尔右翼后旗	− 0.55	− 0.50	0.10	− 0.39	49

序号	地区 主成分	Z1	Z2	Z3	Z值总和	位次
60	四子王旗	−0.83	−0.24	0.02	−0.53	69
61	达拉特旗	0.57	−0.96	0.59	0.29	20
62	准格尔旗	2.08	−1.76	1.25	1.18	5
63	鄂托克前旗	1.58	−1.39	−1.16	0.68	9
64	鄂托克旗	2.50	−1.60	−1.46	1.19	4
65	杭锦旗	0.46	−0.65	−0.45	0.16	25
66	乌审旗	2.26	−2.08	−1.09	1.02	6
67	伊金霍洛旗	2.51	−2.07	0.79	1.36	2
68	五原县	−0.51	0.19	0.83	−0.20	41
69	磴口县	−0.33	0.66	−0.11	−0.13	37
70	乌拉特前旗	−0.47	0.11	0.33	−0.24	43
71	乌拉特中旗	−0.10	−0.32	−0.19	−0.12	34
72	乌拉特后旗	0.44	−0.09	−0.92	0.17	23
73	杭锦后旗	−0.39	0.23	1.28	−0.08	32
74	阿拉善左旗	1.22	0.22	−1.57	0.61	11
75	阿拉善右旗	0.97	1.71	−1.63	0.63	10
76	额济纳旗	2.39	0.59	−2.70	1.26	3

四、县域经济发展水平空间分异特征分析

表6−4　内蒙古自治区县域经济发展水平划分与比较

类型	指数范围	个数	占76个旗县比重（%）		
			国土面积	GDP总量	总人口
高水平县域	指数≥1	6	28.05	6.96	4.13
中水平县域	1＞指数≥0	23	15.18	41.44	28.27
低水平县域	指数＜0	47	56.77	51.60	67.60

（一）总体特征分析

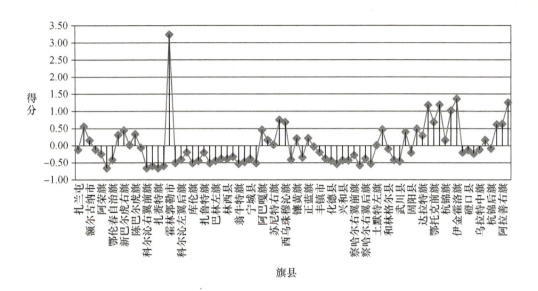

图 6-1　内蒙古自治区部分县域经济发展指数（2015 年）

第一，县域经济发展水平差距较大，指数变化范围为 -0.66~3.24，表明内蒙古自治区县域经济发展水平呈现两极分化的分异格局，即强者偏强，弱者偏弱；县域经济发展指数在全区平均水平之上（>0）的一共有 29 个旗县，占全区县域的 38%，它们是县域经济发展水平较发达的区域，其中，前十名依次为霍林郭勒市、额济纳旗、伊金霍洛旗、准格尔旗、鄂托克旗、乌审旗、东乌珠穆沁旗、阿拉善左旗、牙克石市、鄂托克前旗。其他旗县则位于全区平均水平之下（<0），一共有 47 个旗县，占全区旗县的 62%，得分最后两位的是扎赉特旗和科尔沁右翼前旗（-0.66），其县域经济发展水平最低（如图 6-1 所示）。

第二，在县域数量频数分布上（如表 6-4 所示），低水平县域（47）>中水平县域（23）>高水平县域（6），表明内蒙古自治区县域社会经济发育并不健全，大部分县域经济发展水平集中在低水平和中水平，而高水平县域数量较少；此外，县域综合发展水平空间分异格局特征明显，总体上呈东—西方向递增，南—北方向呈"W"形分布，即县域经济发展水平自蒙东地区—蒙中地区—蒙西地区有逐渐递增的趋势；在南—北方向表现出"W"形分异格局（如图 6-2 所示），由西向东依次为：呼伦贝尔市的旗县—兴安盟、通辽市、赤峰的旗县—锡林郭勒盟的旗县—乌兰察布市、呼和浩特市、包头市、巴彦淖尔市的旗县—鄂尔多斯市、阿拉善盟的旗县，其中扎赉特旗和科尔沁右翼前旗（－0.66）发展水平相对较低，处于"W"形谷底，东乌珠穆沁旗（0.92）出现在"W"形中间一次高峰。

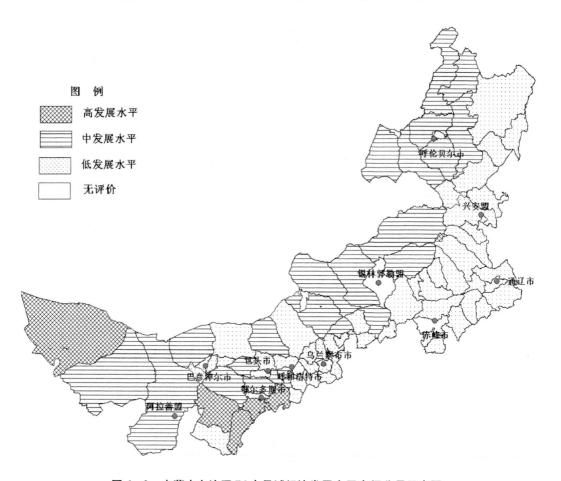

图 6 - 2　内蒙古自治区 76 个县域经济发展水平空间分异示意图

　　第三，位于相似区位的县域其县域综合发展水平呈现一定的相似性，反之则表现为一定的差异性。从分类结果来看，各类型县域的空间分布具有明显的区位趋同性，基本呈"轴带""集聚区""轴带—集聚区"的形式分布；此外，各类别县域空间集聚分异格局特征明显，高水平县域和中高水平县域几乎全都集中在蒙西部和北部地区，而低水平县域则主要分布在内蒙古自治区东部及东南地区。

　　（二）局域特征分析

　　其一，高水平县域包括有 6 个县，其特征如下：在地理分布上，高水平县域主要分布在蒙中，蒙东（霍林郭勒市）和蒙西（额济纳旗）各分布一个旗县；在空间形态上，高水平县域经济的分布表现为"集聚区"。具体而言，高水平县域"集聚区"大致沿省界分布，其中伊金霍洛旗、准格尔旗、鄂托克旗、乌审旗等相邻四旗县构成一个典型的集聚区。

其二，中水平县域包括23个县，特征如下：在地理分布上，中水平县域均匀分布在蒙东、蒙中、蒙西，其次为关中地区；在空间形态上，中水平县域的分布表现为一个"轴带—集聚区"型分布，具体而言，中水平县域"轴带—集聚区"由蒙东—蒙中—蒙西23个旗县构成。

其三，低水平县域包括47个县，其特征如下：在地理分布上，低水平县域主要分布在蒙东、蒙中，而蒙西地区仅有少量分布，且多与中水平县域相邻，等级分布较为明显；在空间形态上，低水平县域的分布表现为"轴带"型，具体而言，"轴带"的主轴自西南向东北依次由巴彦淖尔市部分旗县—包头市、呼和浩特市、乌兰察布市部分旗县—赤峰市、通辽市、兴安盟大部分旗县—呼伦贝尔市辖区的扎兰屯市、莫力达瓦达斡尔族自治旗、鄂伦春自治旗三个旗县。

（三）县域综合发展水平空间分异机理分析

影响内蒙古自治区县域经济发展水平空间分异的因素是多方面的。具体而言，可以划分为内部要素影响和外部要素影响两个方面，而内部要素又可以进一步细化为自然要素影响和社会经济要素影响，其具体影响机理如下：

1. 内部要素影响

（1）自然要素影响。内蒙古自治区自然要素的空间分异决定了其县域经济发展水平空间分异的基本格局，其影响也是多方面的。具体而言，其自然要素的影响集中体现在地形地貌特点和自然资源禀赋两个方面。第一，内蒙古自治区地形狭而长，中北部弯曲成钝角，因此将内蒙古自治区分成东中西三部分，平均海拔800～1300米，除东部兴安岭和西部少数的山岳地区外，其余属平原起伏地形；兴安岭山脉是在内蒙古自治区中部呈南北向的突起，山脉以西即呼伦贝尔大草原，是一望无际的半沙漠性草地，天然成为牧畜区域。山脉以东因为沙质较少，其后亦觉温暖，便成为农业区和半农半牧区，故内蒙古农牧情况，因兴安岭山脉，而很自然地将其进行划分。第二，内蒙古自治区资源按照蒙东、蒙中、蒙西分散分布，其内部分布极不均衡，种类不一。蒙东地区是内蒙古自治区能源资源开采最早的地区，煤炭和天然气资源储量大，易开采，也有相当储量的石油和油页岩。近年来，随着蒙中能源化工基地的开发建设，极大地促进了蒙中县域经济发展水平的提高，因此，蒙中地区县域经济发展水平总体较高。蒙西虽然也分布有金、银、铜、铁、汞、钼等矿产，且其近年来采矿业也取得了一定的效益，但是由于受矿物分布、开采条件、开采历史以及环境问题等一系列因素的限制，能源开采对蒙西县域经济发展的促进作用并不明显，加之地形地貌等诸多因素要素的影响，自然资源要素县域经济发展贡献较低。此外，气候、河流分布等自然影响因素的作用也不可忽视。

（2）社会经济要素影响。从得分结果来看，所遴选的九项社会经济指标的关联指数得分均在 0.6 以上，关联等级全都为较强关联，表明社会经济活动对内蒙古自治区县域经济发展水平的空间分异影响显著。其中人均生产总值的关联数值最高，达到了 0.952，城镇化水平的关联值最低，为 0.692。人均生产总值在一定程度上表征地区经济质量程度，这表明差异化的县域人均生产总值最能促进内蒙古自治区县域经济发展水平空间分异，而差异化的城乡市场经济状况则相对贡献最小。从关联强度排序来看，人均生产总值（0.952）＞人均地方财政收入（0.903）＞人均社会消费品零售总额（0.888）＞城镇常住居民人均可支配收入（0.883）＞人均社会固定资产投资额（0.88）＞非农产业比重（0.751）＞农村牧区常住居民人均可支配收入（0.75）＞地均 GDP（0.72）＞城镇化水平（0.692），表明社会经济要素对县域综合发展水平空间分异的作用强度存在差异。进一步研究发现，除了人均生产总值相对较高，城镇化水平相对较低之外，其他七项指标的关联指数得分相对接近，非农产业比重和农村牧区常住居民人均可支配收入的关联指数得分相对接近，这一可能的解释是，引起内蒙古自治区县域经济发展水平空间分异的机理是复杂的，各要素不是单独作用的，而是存在着复杂的相互作用关系。

2. 外部要素影响

内蒙古自治区县域经济发展水平的空间分异除了受自身影响因素外，还受相邻区县社会经济发展状况的影响。整体来看，内蒙古自治区不同等级水平县域的空间分布形态或呈"轴带"，或呈"集聚区"，或呈"轴带—集聚区"的形式分布，且其空间分布具有明显的等级分布特征，这就在一定程度上表明了内蒙古自治区县域经济发展具有较强的空间黏性，其发展或多或少受相邻区县社会经济发展的影响。进一步研究发现，高水平、中水平县域大多分布在蒙西、蒙中局部、蒙东西部地区，且邻近市辖区分布，而蒙东、西部地区的市辖区附近则多低水平旗县。

五、县域经济类型的划分

中国县域具有人口众多、经济发展水平不一、发展方式各异、所处区位有差异等特征，用单一的方式分类很难表述县域经济的特征，因此在分类过程中采用不同的分类方式。根据中国县域发展的具体情况，可以从不同角度对中国的县域经济进行划分。如按照经济发展水平划分（发达型、贫困型），按照主导产业划分（农业主导型、工业主导型、服务业主导型、特色产业主导型），按照所处区位划分（区位优良型、区位劣势型），按照主导资源划分（发展特色农副产品生产加工型、发展资源型工业、开发特色旅游资源）。依据内蒙古自治区县域经济发展过程、条件，本书按照主导产业划分。

从目前的相关文献分析来看，表征县域经济类型的指标非常多，主要集中在两个方面：一是经济发展的总体水平，二是产业结构与主导产业类型。本书也从这两方面来选定划分指标，将两方面划分的结果进行综合，确立出县域经济类型。采用求三次产业产值占总产值比重的均值与标准差之和作为临界点的方法进行主导产业类型的判定，然后将两个判定结果相结合确定县域经济类型。这两种方法的共同优点在于数据获得性较强，能适应进行跨年度比较研究，而且计算相对简易。

本书按主导产业类型将县域分为专业化发展型和综合发展型，其中专业化发展型又可分为农业主导型、工业主导型和服务业主导型，综合发展型指县域的第一产业、第二产业、第三产业中没有比较突出的产业部门主导，三个产业在产业结构中所占比例也较为均衡。对于县域主导产业的判定，其划分方法、步骤主要如下：①计算样本中每个县域第一产业、第二产业、第三产业占县域社会总产值的比重；②计算第一产业、第二产业、第三产业占县域社会总产值比重的均值和标准差，如果某一县市的某一产业在社会总产值中所占的百分比超过全体样本的平均值与标准差之和，则该产业在县域经济发展中则占据主导地位，计算结果见表6－5；③根据计算结果将所有样本划分为农业主导型、工业主导型、服务业主导型、综合发展型，划分主导产业类型的取值范围见表6－6。

表6－5　内蒙古自治区县域经济类型判定的取值范围

产业类型	极小值	极大值	均值	标准差	均值＋标准差	主导产业类型
第一产业	0.88	48.11	18.21	10.75	28.96	农业主导型
第二产业	13.05	84.44	55.02	15.75	70.77	工业主导型
第三产业	10.19	55.03	26.77	8.83	35.60	服务业主导型

表6－6　内蒙古自治区县域经济类型及发展水平

市旗县	第一产业比重	第二产业比重	第三产业比重	发展水平	经济类型
土默特左旗	19.86	38.22	41.92	低水平	服务业主导型
托克托县	9.45	72.70	17.85	中水平	工业主导型
和林格尔县	17.10	49.83	33.07	低水平	综合发展型
清水河县	13.25	45.20	41.55	低水平	服务业主导型
武川县	13.28	58.47	28.25	低水平	综合发展型
土默特右旗	12.66	57.34	30.00	中水平	综合发展型
固阳县	12.38	70.00	17.62	低水平	综合发展型
达尔罕茂明安联合旗	7.94	71.46	20.59	中水平	工业主导型
扎兰屯	25.56	52.36	22.09	低水平	综合发展型
牙克石市	17.65	49.44	32.90	中水平	综合发展型
额尔古纳市	35.53	28.90	35.56	中水平	服务业主导型
根河市	27.73	27.67	44.60	中水平	服务业主导型
阿荣旗	32.84	45.00	22.16	低水平	农业主导型
莫力达瓦达斡尔族自治旗	48.11	23.89	28.00	低水平	农业主导型
鄂伦春自治旗	38.89	13.05	48.06	低水平	农业主导型
鄂温克族自治旗	7.76	69.17	23.07	中水平	综合发展型
新巴尔虎右旗	6.30	79.42	14.28	中水平	工业主导型
新巴尔虎左旗	21.43	49.99	28.58	中水平	综合发展型
陈巴尔虎旗	11.57	68.05	20.38	中水平	综合发展型
阿尔山市	19.60	25.37	55.03	低水平	服务业主导型
科尔沁右翼前旗	42.85	32.56	24.59	低水平	农业主导型
科尔沁右翼中旗	34.86	34.43	30.72	低水平	农业主导型
扎赉特旗	47.10	25.26	27.64	低水平	农业主导型
突泉县	39.03	41.95	19.02	低水平	农业主导型
霍林郭勒市	0.96	74.97	24.07	高水平	工业主导型
科尔沁左翼中旗	25.13	45.80	29.07	低水平	综合发展型
科尔沁左翼后旗	22.09	48.07	29.84	低水平	综合发展型
开鲁县	23.67	54.63	21.71	低水平	综合发展型
库伦旗	26.36	49.65	24.00	低水平	综合发展型
奈曼旗	18.88	56.19	24.93	低水平	综合发展型
扎鲁特旗	17.59	62.63	19.78	低水平	综合发展型

市旗县	第一产业比重	第二产业比重	第三产业比重	发展水平	经济类型
阿鲁科尔沁旗	17.45	48.75	33.80	低水平	综合发展型
巴林左旗	18.79	52.36	28.84	低水平	综合发展型
巴林右旗	15.97	56.63	27.40	低水平	综合发展型
林西县	17.96	47.36	34.68	低水平	综合发展型
克什克腾旗	12.67	66.47	20.86	低水平	综合发展型
翁牛特旗	29.77	45.69	24.54	低水平	综合发展型
喀喇沁旗	19.31	43.90	36.79	低水平	综合发展型
宁城县	22.19	43.58	34.23	低水平	综合发展型
敖汉旗	25.79	45.26	28.94	低水平	综合发展型
阿巴嘎旗	12.35	73.23	14.42	中水平	工业主导型
苏尼特左旗	12.16	68.09	19.75	中水平	综合发展型
苏尼特右旗	9.15	67.25	23.60	中水平	综合发展型
东乌珠穆沁旗	12.41	75.35	12.24	中水平	工业主导型
西乌珠穆沁旗	11.56	77.19	11.26	中水平	工业主导型
太仆寺旗	26.84	40.19	32.97	低水平	综合发展型
镶黄旗	6.59	76.85	16.56	中水平	工业主导型
正镶白旗	17.19	51.78	31.03	低水平	综合发展型
正蓝旗	9.88	70.46	19.66	中水平	综合发展型
多伦县	11.26	72.16	16.57	低水平	工业主导型
丰镇市	12.34	60.26	27.39	低水平	综合发展型
卓资县	15.68	49.96	34.36	低水平	综合发展型
化德县	18.46	56.41	25.13	低水平	综合发展型
商都县	24.47	45.86	29.67	低水平	综合发展型
兴和县	19.20	46.84	33.97	低水平	综合发展型
凉城县	22.73	51.51	25.76	低水平	综合发展型
察哈尔右翼前旗	15.73	62.07	22.20	低水平	综合发展型
察哈尔右翼中旗	29.73	37.99	32.28	低水平	综合发展型
察哈尔右翼后旗	15.11	64.24	20.65	低水平	综合发展型
四子王旗	30.54	35.41	34.05	低水平	综合发展型
达拉特旗	6.52	62.01	31.48	中水平	综合发展型
准格尔旗	0.88	62.58	36.54	高水平	服务业主导型

市旗县	第一产业比重	第二产业比重	第三产业比重	发展水平	经济类型
鄂托克前旗	9.40	62.65	27.96	中水平	综合发展型
鄂托克旗	1.75	78.63	19.62	高水平	工业主导型
杭锦旗	22.43	37.77	39.80	中水平	服务业主导型
乌审旗	3.30	79.72	16.98	高水平	工业主导型
伊金霍洛旗	1.10	60.99	37.91	高水平	服务业主导型
五原县	27.63	44.58	27.79	低水平	综合发展型
磴口县	16.11	67.12	16.78	低水平	综合发展型
乌拉特前旗	23.37	50.52	26.11	低水平	综合发展型
乌拉特中旗	17.54	72.27	10.19	低水平	工业主导型
乌拉特后旗	5.73	80.06	14.21	中水平	工业主导型
杭锦后旗	25.39	50.97	23.64	低水平	综合发展型
阿拉善左旗	2.13	84.44	13.43	中水平	工业主导型
阿拉善右旗	6.44	73.63	19.93	中水平	工业主导型
额济纳旗	3.47	58.59	37.94	高水平	服务业主导型

2013 年，在内蒙古自治区 76 个县域经济中，专业化发展型与综合发展型各占其总县域数的份额为 40.8%（31 个）和 59.2%（45 个）。对于专业化发展型县域来讲，农业主导型县域数量为 7 个，占内蒙古自治区所有县域总数的 9.2%；工业主导型县域数量为 15 个，所占比例为 20%；服务业主导型县域有 9 个，占总县域数的 11.8%。

按照主导产业类型划分的专业化发展型（农业主导型、工业主导型、服务业主导型）和综合发展型，同经济发展水平两个判定结果相结合，确定县域经济类型总共分为九种类型：高水平工业主导型、高水平服务业主导型；中水平工业主导型、中水平服务业主导型、中水平综合发展型；低水平农业主导型、低水平工业主导型、低水平服务业主导型、低水平综合发展型。具体旗县情况如表 6-6、图 6-3 所示。

内蒙古自治区县域主导产业划分的空间格局总体有以下几个特征：

其一，农业主导型县域主要分布在蒙东呼伦贝市与兴安盟农区，并且集中分布，这一类型旗县的当地经济和自然条件以农业种植业为主，农业人口比重大，效益低下，财政收入来自第一产业的份额较大，资源缺乏，零星分散和资源储备难以为工业化进程的形成提供有力保障。这类旗县以农业为主，工业不发达，基本没有工业骨干企业，农民收入偏低，消费非常有限，市场需求不旺，财源极不

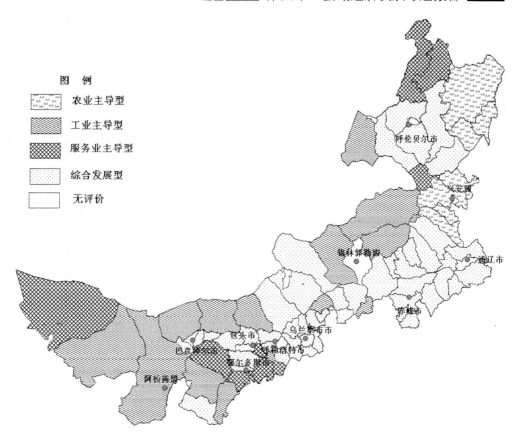

图 6 – 3 内蒙古自治区 76 个县域经济发展类型（按主导产业划分）空间分异示意图

稳定。随着经济转轨时期市场环境变化和经济结构调整加快，农业旗县县域经济发展局限性日益显现，面临的问题相当多，突出表现在以下几个方面：农业旗县经济基础薄弱；农牧业产业化水平相对滞后，农牧民收入水平偏低；产业结构趋同，特色经济不明，以"种植业生产为主、养殖业为辅、种养兼顾"的农牧业新技术和新产品的推广体系尚未形成，低质农产品积压现象时有发生。

　　其二，工业主导型县域主要分布在蒙西、蒙中和蒙东部分。旗县利用丰富的矿产资源为发展工业提供了条件，这些旗县矿产资源储量较大，有一定的运输通达性，产业结构以采掘和原材料为主。如鄂尔多斯市的达拉特旗、准格尔旗、伊金霍勒旗和鄂托克旗西部煤炭资源的富足，因此产业调整很快，从农牧业很快就调节到出卖煤炭资源方面，以煤炭调动一大批相关产业，如电和运输，特别是第三产业迅速发展，给旗县增加了财政收入。同时，由于第二产业的发展，需要大量第一产业各个层次的产品，使第一产业的各种产品只要生产出来就能近距离进入市场。

其三，商贸业主导型县域均主要分布在蒙中若干县域，蒙东有额尔古纳市、根河市、霍林郭勒市三个县级市，蒙西有额济纳旗。

其四，综合发展型县域，在空间布局上分两大部分：一部分是蒙东呼伦贝尔市部分旗县；另一部分是从东往西呈带状分布，从东往西依次为兴安盟、通辽市、赤峰市到巴彦淖尔市部分旗县。

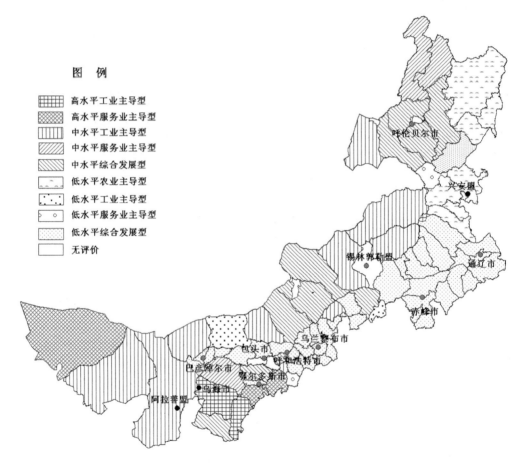

图 6 - 4　内蒙古自治区 76 个县域经济发展水平与经济类型组合空间分异示意图

全区县域按照主导产业划分的经济类型，同经济发展水平两个判定结果相结合确定县域发展水平与经济类型组合总共分为九种类型，具体如图 6 - 4 所示。从低到高分别为低水平综合发展型（35 个）、低水平农业主导型（7 个）、低水平服务业主导型（3 个）、低水平工业主导型（2 个）、中水平工业主导型（10

个）、中水平综合发展型（10 个）、中水平服务业主导型（3 个）、高水平服务业
主导型（3 个）、高水平工业主导型（3 个）低水平综合发展型县域数量最多，
主要分布在蒙东东部、蒙中局部地区，共 35 个旗县。该区域落后的经济发展水
平制约了主导产业形成和发展，同时没有主导产业又制约了地区经济发展水平，
由此确立主导产业对地区经济发展至关重要。内蒙古自治区县域间经济差距，不
论是在发展程度上还是在主导类型上，都突出表现在地域分布上。蒙东北部由于
广阔的大草原以及矿产资源，县域经济在工农业上都相对发达，而蒙东南部在区
位上农牧交错，生态环境破坏严重，其他资源相对最稀少，其县域经济发展滞
后。蒙中地区由于区位上的优势和较丰富的煤炭等资源，因此县域经济在工业、
服务业上都相对发达。蒙西地区占据地大物博的优势，在全区县域经济发展中占
有领先地位。

六、县域经济发展模式

内蒙古自治区地域广、东西跨度大，县域经济特色鲜明，表现为显著的地域
性和差异性，类型多样。目前，全区纳入县域经济统计范畴的 76 个旗县市可划
分为农牧业产业化推进型、劳务经济主导型、工业突破型、资源开发型、产业集
聚型、都市圈一体化型六大模式。

（一）农牧业产业化推进型

农牧业产业化推进型适合于传统农牧业大旗县，其依据是农业产业化理论。
农牧业发展的出路在于产业化，农牧业产业化是传统农牧业与市场经济对接的最
佳发展模式。内蒙古自治区是全国重要的粮油及乳、肉、绒生产基地，农牧业是
内蒙古自治区具有比较优势的产业。传统的农牧业大旗县多数在平原农区和广阔
的草原，这些农牧业旗县如何走出经济和财政的困境一直是一个难题。近几年随
着自治区大力推进农牧业产业化，许多传统的农牧业大旗县积极调整农牧业结
构。一方面强化优质粮食和畜产品基地建设；另一方面改变单一的粮食生产，用
发展工业的理念发展农业，扬长避短，发挥优势，发展规模化和基地化特色农牧
业，走农牧业产业化强县的道路。从龙头企业到基地再到利益联结机制的产业化
链条的架构基本形成，尤其是乳、绒两大产业基本成型，连续多年保持行业领
先，玉米、番茄、肉羊等产业逐步成为全区的优势产业，特色产业成为发展的新
亮点，经济效益显著提高。据自治区农牧业厅统计，截至 2011 年，全区农牧业
产业化销售收入 500 万元以上的加工企业发展到 1779 家，比 2014 年增加 35 家；
实现销售收入 2658.1 亿元，同比增长 9.9%；实现利润总额 195.2 亿元，同比增

长10.2%。品牌建设成效显著,全区获得中国驰名商标的农畜产品加工品牌达到近30件。

(二)劳务经济主导型

劳务经济主导型适合于边远的贫困旗县以及劳动力资源比较丰富的旗县,其依据的是城市化及劳动力转移理论。内蒙古与全国一样处于城市化的高峰时期,农村牧区富余劳动力特别是贫困地区富余劳动力快速、有序地向城市转移,农民在异地打工挣钱,在本乡本土消费,有力地拉动本土经济的发展;同时城市支持农村、工业反哺农业,积累了一定资金和技术的经济能人又返乡创业,带动县域经济的发展。有一部分贫困县在资源、资本、产业等方面都处于劣势,最大的比较优势就是富余劳动力。所以,应大力发展劳务经济,把本地区的富余劳动力适当培训后有组织地转移到城市或输出到发达地区,走出农村来发展农村,走迂回发展和曲线致富的道路。大力发展劳务经济,把劳务经济作为县域经济发展的战略突破口,一方面,积极组织引导农村富余劳动力向发达地区转移,强化技术培训,逐步形成特色劳务品牌;另一方面,制定配套优惠政策,吸引有资本、有技术、有市场、善管理的经济能人返乡创业。如赤峰市的敖汉旗、宁城县,通辽市的奈曼旗、开鲁县,包头市的土右旗,乌兰察布市的凉城县、兴和县,呼和浩特市的土左旗等通过大量输出农村剩余劳动力,实现了农牧民增收致富。

(三)工业突破型

内蒙古自治区正处在工业化加速推进的战略机遇期,对县域经济而言,因地制宜,培育比较优势,营造优越的投资环境,积极承接发达地区产业转移,实施"工业强县"战略,是实现跨越式发展的重要途径。内蒙古自治区有一定工业基础的旗县,突破原有的思维定式,以工业为突破口,开辟了县域经济发展的新思路。截至2015年,全区有38个市旗县第二产业占GDP的比重已经高于全区50%的平均水平,涌现出了一批如准格尔旗、伊金霍洛旗、阿拉善左旗、达拉特旗、鄂托克旗、霍林郭勒市等工业强市县。2015年,准格尔旗的地区生产总值、地方财政一般预算收入、工业增加值、固定资产投资总量居全区76个旗县首位。其中,准格尔旗的人均生产总值和地区生产总值均居全区的第一位。

(四)资源开发型

资源开发型适合于矿产资源和山水、草原、人文、旅游资源比较丰富的旗县,其依据是古典经济学中的资源禀赋比较优势以及专业化分工理论。许多旗县依托独特的资源优势,进行深层次、高强度、综合性的科学开发,延长资源开发链条，促进产业升级，把资源优势转化成产业优势及品牌优势。许多山区、牧区旗县通过开发旅游资源，形成产业和品牌优势；同时，放大旅游业的产业功能，旅游搭台，工业唱戏，以知名旅游品牌为先导大力招商引资，带动资源开发型工业的大发展，形成旅游业和工业两翼发展格局。

（五）产业集聚型

产业集聚型适合于工业强县，其依据是产业集群化理论。内蒙古自治区传统的工业强旗市县，如准格尔旗、伊金霍洛旗、阿拉善左旗、达拉特旗、鄂托克旗、霍林郭勒市等，坚持"突出特色、强化优势、做大总量、集中布局、产业升级"的发展思路，产业集中度提高，对县域经济发展带动作用不断增强，不仅继续在全区县域经济发展中领跑，而且已经进入中国西部百强县的行列。

（六）都市圈一体化型

都市圈一体化型适合于城郊县，其依据是增长极和都市圈一体化理论。随着全区工业化与城市化的快速推进，中心城市的发展空间正在向周边旗县区域快速扩展，中心城市对周边旗县的辐射带动作用不断增强，中心城市与周边旗县正在形成良性互动与一体化发展的大趋势。中心城市与周边的卫星城镇共同构成都市圈，都市圈必然要求"一体化规划、布局和发展"，一体化的重点是实现产业上的专业化分工和优势互补，目标是要实现中心城市与卫星城镇在功能上的错位发展、特色发展、专业化发展、协调发展、融合发展和共赢发展。内蒙古自治区不少旗县充分利用紧邻区域中心城市的区位优势，积极融入中心城市都市圈，主动推进一体化发展。例如，和林格尔县、托克托县融入呼和浩特市，达茂旗、土右旗加紧融入包头市，喀喇沁旗加紧融入赤峰市中心区域，霍林郭勒市加紧融入通辽市中心区域。总之，这些城郊型旗县通过融入都市圈、推进一体化，找准了发展方向，抓住了发展机遇，拓展了发展空间。

七、推进内蒙古自治区县域经济发展措施

（一）空间协调发展

按照现在县域的社会经济发展态势，内蒙古自治区县域经济发展水平的空间分异将日趋极化。虽然适度的经济差异对宏观经济的发展具有积极的推动作用，但是现有的空间模式并不是最优有效的运行方式：第一，蒙西地区县域综合发展水平虽然总体水平较高，但是其主要是依托能源化工产业，但大部分区域属于生

态脆弱或者生态重要的区域，对于维护区域生态系统安全具有极为重要的意义，不适宜大规模、高强度的工业化和城镇化开发；第二，蒙中地区县域经济发展水平总体也较高，承担着人口集聚和经济发展的重要功能，但是从长远来看，有限的空间，过于集聚的人口、经济要素必然不利于县域社会经济的发展；第三，蒙东地区县域经济发展水平总体较低，但是其所处的大兴安岭山地和农牧交错带大部分区域亦处于生态脆弱地区或生态重要地区，盲目的工业化和城镇化虽然在短时间内有利于县域经济发展水平的提高，长远来看却是有损区域利益的；第四，各个区域内分异也较为明显，县域经济发展水平较高的区域大都分布在市辖区附近，远离市辖区的县域则相对发展较弱，资源较为缺乏的县区也遭遇发展的难题。有鉴于此，提出以下几点建议，以促进内蒙古自治区县域经济的可持续发展。

1. 优化城镇空间结构体系

蒙西地区应加快以巴彦浩特市、临河、乌海为中心的蒙西城镇发展和建设，扩大其中心城市的规模、逐步完善并提高综合服务水平，引导人口、经济的有序转移，以促进蒙西地区国民经济社会的快速发展；蒙中地区以呼包鄂地区为核心，在优化区域城镇体系的同时，积极开展不同区段的经济分工与合作，完善小城镇的基础设施建设等以促进蒙中地区的可持续发展；蒙东地区应加快海拉尔、乌兰浩特、通辽市、赤峰四市的城镇化建设，以它们为核心带动所辖区的县域经济发展。此外，加强对边境旗县的扶持力度，以形成较为完善的城镇格局体系。

2. 加强跨行政区域合作

县域经济发展水平的提高依赖于区域政府之间加强交流与合作，冲破妨碍发展的行政区划限制，革除影响发展的体制弊端。在中宏观上，加强省际合作与交流，积极承担东部沿海的产业转移以及加强省际相邻县域的分工合作；在中观上，加强蒙东、蒙中、蒙西地区的分工与合作，以实现区际间要素的合理流动及集聚；在中微观上，加强相邻县域的社会经济联系，以产业为关联，以交通网络为联系介质，积极开展以县域为空间单元的社会经济分工与合作，避免产业的同构与恶性竞争。

3. 加大对落后县域的扶持力度

蒙西地区在保障生态安全的前提下，利用其能源化工优势，通过相应的政策倾斜，如减免税收等措施，引导"乌海小三角"相应产业向阿拉善盟转移以促进蒙西地区县域国民经济社会的快速发展；蒙中地区依托呼—包—鄂经济区建设，加大对落后区县基础设施的投入力度，以加快其县域经济发展水平的提高，尤其大力支持服务产业；蒙东地区利用其丰富的自然资源，通过相应的政策、财政倾斜等，大力发展绿色、特色产业，以促进蒙东县域综合发展水平的提高。

4. 空间层面上推行面向区域空间分区的长期战略

任何有人类活动的区域空间都同时发挥着社会功能、经济功能、生态功能，区域空间功能分区正是通过充分协调利用和保护区域空间多功能性，以实现区域的可持续发展。内蒙古自治区地形地貌结构复杂，气候类型多样，丰富的自然资源等形成了自然环境以及纵横交错的经济空间布局，导致了内蒙古自治区的地域功能多样，社会经济与生态环境和谐发展的现实需求使内蒙古自治区在空间层面上推行面向区域空间分区的区域规划成为其长期战略的必然选择。

5. 集聚——县（旗）域经济核心竞争力

要从战略思想上进行一次深刻的革命，即要打破传统的封闭式打造区县（旗）域经济核心竞争力的方法，集聚打造全区县（旗）域经济核心竞争力。本旗县的范围打造县（旗）域经济核心竞争力，导致的恶果之一就是相同或相似旗县经济结构的高度同构化。例如，毗邻的若干旗县都有同一矿产资源，这些旗县都以开发这种矿产资源作为其支柱产业，认为是从本旗县的资源优势出发，殊不知这也是其他旗县的优势，各旗县竞相开发这一矿产资源的项目，迅速造成产品供大于求，然后互相压价，自相残杀，特色的叠加扼杀了特色。这种结构性矛盾使企业的竞争费用额外增加，仅靠市场的作用来解决结构性矛盾需要很长的时间。而由集群县（旗）域政府来协商调整区域内的产业结构，因地制宜地确定支柱产业和主导产业并加以扶持，则可以大大降低市场调整产业结构的成本。

集群县（旗）域尽量避免盲目上项目、铺摊子、重复投资、重复引进、重复建设，从而避免造成县（旗）域产业结构的趋同化。集群打造全区县（旗）域经济核心竞争力要实现地域分工，突出区域经济的地域整体性，进行优势互补，形成集群县（旗）域总体定位，各旗县找准在这个整体的位置。在此过程中，有的旗县可能暂时充当配角，但这个配角做大后就成为了主角、主力，成为了集群旗域县域区域产业链上的重要一环。

集群须跳出县（旗）域行政边界，从集聚县（旗）域区域空间谋划发展战略，加强地域相近，资源同构的县（旗）域的全面融合，形成与壮大组团县（旗）域的产业集群。组团县域（旗）共同统筹城乡规划，统筹产业布局，统筹基础设施建设，统筹就业，统筹社会管理；实现城乡规划一体化、基础设施一体化、经济社会发展一体化、科教文卫事业一体化。按照制度经济学理论，任何一次制度变迁都必须有"两级行动集团"的推动才能实现，初级行动集体是政府，次级行动集体是企业家队伍，集聚打造区县（旗）域经济核心竞争力也强调充分发挥县（旗）域政府和企业家的作用。当然，集聚打造全区县（旗）域经济核心竞争力会造成较大的协调成本，需要集聚县（旗）域共同制定规划和区划；同时，要加强集聚县（旗）域成员之间的相互监督和信任，建立和健全冲突解决机制，构建促使集聚打造全区县（旗）域经济核心竞争力的政治、法律和社会环境，为集聚打造全区县（旗）域经济核心竞争力的实施提供保障。

（二）加强主导产业、特色产业发展，推进产业结构优化

内蒙古自治区农牧业主产区主要集中在76个县域旗县，同时，农牧业资源丰富的大旗县既是经济小旗县，也是财政穷旗县。由于过去产业政策导向、国家对资源需求的变化，导致农牧业产业发展不充分，县域经济发展不均衡，非公经济发展很困难，尤其是很多县域对矿产资源过度开发，导致生态环境破坏严重。随着经济下行压力的加大，国家产业政策的调整，我国经济由高速发展向中速发展过渡，内蒙古自治区以能矿资源型为主的经济受到了严重的挑战，而内蒙古自治区的农牧业及加工业、新兴化工业和机械制造业发展很好，产品价格和生产效益都在不断增加。所以，内蒙古自治区必须打破"一煤独大"的产业格局，突出县域资源禀赋，体现区域特色和产业优势，宜农则农、宜工则工、宜商则商、宜游则游，更加注重生态环境建设保护、民生改善和改革创新，实现产业多元、均衡发展，为不断壮大大县域经济，做强区域特色经济奠定良好的基础，也为小而活的非公经济创造更加优越的发展空间和环境。

1. 农牧业主产区发展

农牧业是内蒙古自治区县域经济的重要基础产业和优势产业。近年来，内蒙古自治区各旗县加快推进农牧业生产布局、调整种养结构和农牧业产业化进程，农牧业生产由低效、粗放、分散向高效、集约、规模方向发展。因而，在国内外经济形势严峻、复杂、多变和自治区总体经济形势下行压力加大的情况下，全区县域农牧业经济仍然呈现出稳定增长的良好发展势头。但同时，农牧业发展面临着资源和市场的双重约束，农牧业稳定发展与环境保护以及农牧民持续增收难度加大，工业化、城镇化快速推进与农牧业资源要素流失加快、优化配置难度加大，农牧区劳动力大量转移与农牧区劳动力呈现的结构性短缺等压力。这些新的要求、任务和挑战，必然给农牧业和农牧区经济发展带来广泛而深刻的影响。加快农牧业现代化建设必须注重组织、制度和规模创新。就农牧业技术问题而言，高精尖技术在国与国之间有封锁，但总体相差不大，比较容易得到和掌握。因此，推进农牧业现代化，主要困难是要建立一个与本地实际和市场经济要求相匹配的制度、组织和规模体系。

2. 推进新型工业化

加快推进新型工业化是加快内蒙古自治区县域经济社会发展的重要条件。近年来，各旗县把坚持"工业强县"作为旗县经济发展的主要战略，逐步形成了较为完善的工业体系，县域工业呈现快速增长的良好态势。但由于内蒙古自治区

县域经济粗放型增长方式还没能根本转变，经济发展环境压力不断增大，尤其是草原生态、水资源和大气环境等形势非常严峻，要求我们必须走出一条科技含量高、效益好、资源消耗低、环境污染少、人力资源优势得到充分发挥的新型工业化道路。全区县域间经济发展差距明显、工业化进程快慢不同，推进新型工业化、调整经济结构和转变发展方式的做法也不尽相同，必须根据自身的实际及宏观经济、政策背景，坚持市场导向，科学确定县域产业发展规划，做到因地制宜、择业发展，彻底改变粗放式运作的传统工业发展理念，跳出高污染、高消耗、高投入的传统发展模式，注重发展具有县域特色的低碳、循环经济，坚持以差异化赢得竞争优势、获得发展机遇和空间。当前需要紧紧抓住世界性产业转移由我国沿海发达地区向西部延伸、东部地区有一定竞争力的产业向西部转移的机遇，努力消除因资本不足等带来的县域新型工业化的瓶颈制约。全区县域经济工作会议指出："围绕'五大基地'建设，紧紧抓住重点企业这一龙头、投资和项目建设这一关键、产业园区这一载体，大力发展优势特色产业。""立足旗县实际，尊重发展规律，突出比较优势，明确发展路径，防止规划雷同"，各旗县市区要根据自身资源禀赋、地域特点等，做好特色规划、选准特色产业，有效杜绝盲目模仿和重复建设。

3. 积极发展现代服务业

制定旅游业发展规划，加强旅游基础设施、重点景区和综合服务体系建设，不断提高旅游综合服务能力，努力把自治区建成体现草原文化、独具北疆特色的旅游观光、休闲度假基地。深入挖掘草原文化资源，规划建设县域精品旅游景区，大力发展"农家乐""牧家乐"和休闲观光农牧业，推动旅游与文化融合发展。改造提升传统商贸服务业，以县城为重点，加快老旧商业街区改造，积极引进国内外大型商贸连锁企业，推动商贸企业规模化、品牌化经营。深入实施万村千乡市场工程、农畜产品现代流通工程、新网工程、产地农畜产品流通渠道再造工程，畅通农畜产品进城和工业品下乡双向流通渠道，减少流通环节，推进城乡商贸流通一体化发展。加强现代物流体系建设，深化与俄罗斯、蒙古国和周边省区的物流协作，引进和培育一批物流龙头企业，建设一批重点物流园区、区域性物流分拨中心和专业化物流配送中心，搭建区域性物流信息平台。大力发展社区服务业，加强县城及重点镇社区综合服务机构建设，鼓励企业设立社区服务网点，重点发展家政服务、养老服务和病患陪护服务，规范发展家庭用品配送、家庭教育等家庭服务业态。加快发展县域餐饮住宿、信息、中介咨询、电子商务等服务业。

4. 做大特色产业

县域经济虽是一个相对完整的经济体系，但具有地域特色，不是"小而全"

的"经济大拼盘"。提升县域经济竞争力的关键在于突出特色产业。从自治区到旗县在县域经济的管理工作中按照国家和自治区主体功能区划，围绕自治区"521"战略定位，根据各旗县自然环境、资源禀赋、区位特征和发展基础，因地制宜，坚持有所为有所不为，宜农则农、宜牧则牧、宜工则工、宜商则商、宜（旅）游则游，突出产业优势和特色，注重差异化发展，避免"村村点火、户户冒烟"的恶性竞争。同时，要借鉴浙江省等地的县域特色产业集群发展的经验，加强本地资源的纵深挖掘和产业链条的延伸，培育特色产业集群经济，做大特色产业。自治区和各盟市在县域经济考核中也要强化区域特色和分类，建立差别化的考核制度，引导县域特色产业发展。

县域经济发展一是要更好地理解发展特色经济指导下的"特色"，要夯实农牧业现代化的基础；尤为重要的是，要理解县域经济发展，更多的还是要在"不断提高县域城镇化水平""加强县域基础设施建设""提高农村牧区基本公共服务水平"方面有所建树，将农村牧区这个"全面建成小康社会"的各个薄弱环节建设好。

当前，自治区大部分县域经济发展的规划已经出台，由于整体经济增速减缓的态势已经比较明显，各旗县市提出的 GDP、财政收入、城乡居民收入目标过于脱离实际的情况尚少见，但却在产业发展上仍然有脱离产业发展基础、产业雷同、与政策冲突、与产业趋势矛盾等问题。其间，固然有编制规划时间紧、任务急、长官意志以及"行政表态"的因素，但长期以来形成的"开发经济时代"的经济管理观念，对大趋势缺少认识和把握的痼疾也表现得十分明显。

5. 边境县域发展

内蒙古自治区有 19 个边境旗县，其县域经济的发展对于自治区扩大对外开放，加快内引外联具有重要的战略意义。目前，全区已进入转变发展方式、寻求科学发展的新的历史阶段。从边境县域这一层面看，如何根据其经济发展的特点和实际，大力发挥其潜在优势，推动边境县域经济发展方式的根本转变，是一个值得认真探讨的问题。一是发挥边境效应，扩大合作领域，加快边境县（旗）域经济发展。全区边境县（旗）域具有发展对外经济贸易合作的地缘优势和经济优势。在长达 4221 公里的边境线上，与蒙古国就有 3211 公里的陆地边境线，可以说，内蒙古自治区是中蒙经济贸易合作的主体，也是未来东北、华北资源型加工产业的重心。但受双边经济发展、基础设施状况、口岸分布等因素的影响，目前，边境效应在内蒙古自治区不同的边境县（旗）域的地位和作用不尽相同。目前，除满洲里市和二连浩特市以边境经济贸易合作为重要经济支柱外，其余边境县（旗）域的口岸经济和边境贸易虽有发展，但还不足以成为支柱产业，更多的是以进口资源落地加工方式带动口岸经济的发展。尤其是"十一五"时期以来，随着口岸基础设施的完善，内蒙古自治区一些边境县（旗）域边贸量大幅度提高，边境经济合作快速增长，口岸经济效应凸显，同时带动了相关产业的发展，对当地经济发展的贡献逐年增强，如额济纳旗、乌拉特中旗、东乌珠穆沁旗等。因此，边境县（旗）域要在现有经济贸易合作的基础上，抓住国家与周边国家关系日益改善和经贸合作不断深化的有利条件，继续扩大合作领域，由目前的贸易为主向多领域、多层次合作扩展。在条件成熟的地区，加快自由贸易区和加工贸易区的建设。同时，大力支持具备条件的地区和企业实施"走出去"战略，扩大对外投资合作。大力发挥区位优势，借助国内大型企业对周边国家资源开发投资增加的有利时机，引进外部资本加快基础设施建设，并为这些企业提供配套服务，参与对外合作。二是发挥自然资源优势，发展特色经济，加快边境县（旗）域产业化、工业化进程。边境县域经济具有很强的差异性，发展特色经济是边境县域产业结构调整和优化的关键。农牧业领域，当前传统农牧业虽在内蒙古自治区边境县域的比重逐年下降，但农牧业仍是县域经济中产业关联度最高、辐射范围最广、带动作用最强的经济类型，其发展直接关系到边境县域农牧民的收入和生活水平，而且内蒙古自治区边境县域有发展特色农牧业的环境和资源优势，具备开发特色农畜产品的天然市场竞争力。另外，内蒙古自治区边境县域人均耕地和草场面积高于其他地区，有利于发挥规模优势，实现规模化经营，把特色和规模化经营结合起来，在降低单位产品成本的同时提高附加值，弥补可达性差、运输成本高的局限。虽然内蒙古自治区边境县域远离国内经济中心，运输距离远，但可以发挥口岸优势，工业领域关键要根据县域经济类型科学选择工业项目。鉴于内蒙古自治区边境旗县市场化程度低、民营经济不发达等因素，边境工业型县域需要借助政府和市场的双重力量来发展，根据自身资源特点，因地制宜，有选择地承接国内发达地区和周边主要城市的产业转移，大力发展配套产业，把拓宽资源开发领域、延长资源产业链条作为工业发展的重要方向。同时，要借助地理区位优势，再造后发优势，加强工业经济与生产服务业的协同发展。要充分利用口岸资源这一大特色，加强口岸经济与县域经济的内在联系，加快以口岸加工业、口岸物流业为主的口岸经济的发展，使其成为内蒙古自治区边境县（旗）域经济新的支撑力量。

6. 产业结构的优化升级

内蒙古自治区的县域经济正处于良好的发展时期，将会出现一个大发展阶段。内蒙古自治区以开采矿业、能源开发为主的经济发展模式已不适合当前的经济发展形势，应积极推动产业结构的优化升级，不能走发达国家的老路。

后　记

内蒙古自治区位于祖国北疆，面积占国土的1/8。当前，正在积极推进祖国北疆安全稳定屏障和我国北方重要生态安全屏障建设，构建多元发展、多极支撑的现代产业体系和"一核多中心、一带多轴线"的新型城镇体系，以及富有特色、具有优势的区域创新体系，强力推动新型工业化、信息化、城镇化、农牧业现代化和绿色化协同发展；着力建设国家重要能源基地、新型化工基地、有色金属生产加工基地、绿色农畜产品生产加工基地、战略性新兴产业基地和国内外知名旅游目的地；加快推进铁路网、公路网、航空网、水利网、市政网、能源网、信息通信网七大网络体系建设；大力培育新能源、新材料、节能环保、高端装备、大数据云计算、生物科技、蒙中医药七个战略性新兴产业；切实推动综合经济实力实现新跨越、努力保持地区生产总值、城乡居民收入增幅高于全国平均水平，确保全面建成小康社会。

本书立足于内蒙古自治区发展实际，着眼于自治区发展未来，从宏观和微观层面，运用定量与定性相结合的分析方法，针对"供给侧"结构改革、稳定经济增长、加快产业升级、激发市场活力、融入"一带一路"等带来的机遇和挑战，对内蒙古自治区各经济区域的经济现状、发展特征、产业结构、城乡融合等问题进行了深度剖析和探讨，对未来发展趋势进行预测，提出了可行性的对策建议，力图对内蒙古自治区经济发展提供有价值的参考。

本书框架和思路由金良、王世文设计。各章节由下列作者编写：第一章由王世文、金良、李玉刚编写；第二章由周春生、李琪、澈丽牧歌编写；第三章由王岩、张晓娜、徐杰编写；第四章由乌云嘎、代志波、关海波编写，第五章由龚萍、赵盼盼、代志波编写，第六章由哈斯巴根编写。数据收集和部分图表制作由硕士研究生李伟娇、吴威承担，全文由王世文、代志波统稿。

本书在编写过程中，参考了大量国内外相关区域经济文摘以及数据资料，在此向这些作者表示衷心的感谢。还有一些作者的文献参考没有能标注，敬请谅解。

在本书即将出版之际，感谢内蒙古财经大学校领导的关怀和大力支持；感谢内蒙古财经大学科研处、内蒙古财经大学资源与环境经济学院、内蒙古财经大学资源环境与可持续发展研究所等有关部门领导的大力支持和帮助；感谢经济管理出版社的王光艳编辑和相关人员；感谢参与本书编写的各位老师和学生的辛勤劳动。

由于时间仓促，加之编者水平有限，这本书从结构到内容，都还有不尽人意和欠妥之处，真诚地希望得到领导、专家及所有读者的批评指正。

王世文　金良

2017 年 3 月